2025年度版

熊本県・熊本市の
理科

過 去 問

協同教育研究会 編

協同出版

本書には，熊本県・熊本市の教員採用試験の過去問題を収録しています。各問題ごとに，以下のように5段階表記で，難易度，頻出度を示しています。

難 易 度

非常に難しい　☆☆☆☆☆
やや難しい　　☆☆☆☆
普通の難易度　☆☆☆
やや易しい　　☆☆
非常に易しい　☆

頻 出 度

◎　　　　ほとんど出題されない
◎◎　　　あまり出題されない
◎◎◎　　普通の頻出度
◎◎◎◎　よく出題される
◎◎◎◎◎　非常によく出題される

※本書の過去問題における資料，法令文等の取り扱いについて
　本書の過去問題で使用されている資料や法令文の表記や基準は，出題された当時の内容に準拠しているため，解答・解説も当時のものを使用しています。ご了承ください。

はじめに～「過去問」シリーズ利用に際して～

　教育を取り巻く環境は変化しつつあり，日本の公教育そのものも，教員免許更新制の廃止やGIGAスクール構想の実現などの改革が進められています。また，現行の学習指導要領では「主体的・対話的で深い学び」を実現するため，指導方法や指導体制の工夫改善により，「個に応じた指導」の充実を図るとともに，コンピュータや情報通信ネットワーク等の情報手段を活用するために必要な環境を整えることが示されています。

　一方で，いじめや体罰，不登校，暴力行為など，教育現場の問題もあいかわらず取り沙汰されており，教員に求められるスキルは，今後さらに高いものになっていくことが予想されます。

　本書の基本構成としては，出題傾向と対策，過去5年間の出題傾向分析表，過去問題，解答および解説を掲載しています。各自治体や教科によって掲載年数をはじめ，「チェックテスト」や「問題演習」を掲載するなど，内容が異なります。

　また原則的には一般受験を対象としております。特別選考等については対応していない場合があります。なお，実際に配布された問題の順番や構成を，編集の都合上，変更している場合があります。あらかじめご了承ください。

　最後に，この「過去問」シリーズは，「参考書」シリーズとの併用を前提に編集されております。参考書で要点整理を行い，過去問で実力試しを行う，セットでの活用をおすすめいたします。

　みなさまが，この書籍を徹底的に活用し，教員採用試験の合格を勝ち取って，教壇に立っていただければ，それはわたくしたちにとって最上の喜びです。

協同教育研究会

CONTENTS

第1部

熊本県・熊本市の
理科
出題傾向分析

熊本県・熊本市の理科　傾向と対策

　2024年度試験の中学理科・高校理科はともに，試験時間80分・全問記述式の一次試験と，受験科目についての論述試験が1問課される二次試験から構成されている。この構成は近年変わっていない。一次試験の試験時間は2022年度以降100分から80分に短縮されているが，問題量はさほど変わらないので，適切な時間配分と解答スピードが要求される。2024年度は高校理科の募集科目が，化学・生物のみであった。2023年度および2022年度では物理・化学・生物・地学の4科目から募集されており，募集科目については事前の確認が必要となる。

　中学理科の一次試験は，物理・化学・生物・地学の各科目大問2〜3問の計9問から構成されており，どの科目も中学基本レベルから高校基礎レベルの出題となっている。決まった分野から出題されるといった傾向は見られない。そのため，どの科目も教科書に掲載されているような基礎項目については，しっかりと理解しておくことが重要である。1つの小問に複数の設問が含まれることもあるので，問題文の読み落としには注意が必要である。また，記述問題が多く，作図問題もあるが，中学教科書の内容を確実に理解し，生徒に理解してもらうという観点で問題演習を積んでおけば対応できる。発展事項，関連事項に関しては，高校の教科書レベルで確認しておくとよい。学習指導要領に関しては，大問内に関連した設問として出題されるのが特徴で，他の自治体ではほとんど見られない形式である。2024年度および2023年度は物理，地学分野の大問で出題された。過去には，2022年度は物理分野，2021年度は化学，地学分野，2020年度は物理，地学分野，2019年度は生物，物理分野，2018年度は化学，物理分野の大問内で出題されている。出題内容は，単なる空欄補充問題だけではなく，記載内容を記述させる設問が多いので，学習指導要領ならびに同解説はしっかりと熟読・理解しておく必要がある。

　中学理科の二次試験は，2024年度は「年周運動と公転」(地学)について，四季の星座と地球の公転運動についての実際の指導方法を論述させ

るものであった。学習指導要領に記載されている内容や必要な配慮を理解した上で、「主体的・対話的で深い学び」の視点からの指導方法を論述する必要があり、理科の基礎的な知識と教員としての指導力が試される設問である。過去の出題内容は、2023年度は「力学的エネルギーの保存」(物理)、2022年度は「前線通過に伴う天気の変化」(地学)、2021年度は「音についての実験」(物理)、2020年度は「生物の殖え方」(生物)、2019年度は「塩酸と水酸化ナトリウム水溶液の中和反応の実験」(化学)、2018年度は「月がいつも同じ面を地球に向けている理由」(地学)、2017年度は「オームの法則」(物理)、2016年度は「遺伝の規則性」(生物)、2015年度は「電気分解のしくみ」(化学)、2014年度は「凸レンズのはたらき」(物理)であり、科目・分野の偏りなく出題され、いずれも基礎的な知識を簡潔に表現する能力と指導力が試される内容である。

　高校物理一次試験は、例年、学習指導要領が1問、小問集合が1問、力学が1問、熱力学か波動が1問、電磁気が1問の計5問構成を基本としている。大学入試標準レベルの問題であり、学習指導要領は用語と論述、小問集合は記号選択式だが、力学以降の3問は、解答を導く途中過程を書く必要がある。物理の場合、根拠となる公式や法則を述べ、式の羅列にならないよう言葉を補って答案を作成すればよい。

　高校化学一次試験は例年通り、学習指導要領が1問、各分野から6問の計7問構成であった。解答を導く途中過程を書く問題、化学反応式や構造式を書く問題、理由や現象を説明する論述問題など、大学入試でよく見かけるオーソドックスな形式で構成されており、教科書のマスターと大学入試問題演習で対応できる。

　高校生物一次試験も例年通り、学習指導要領が1問、各分野から4問の計5問構成であった。用語の記述などの短答式問題だけでなく、計算問題や作図問題、現象や理由を説明する論述問題も含まれる。生徒に説明するつもりでの論述を心がけながら、化学と同様、教科書のマスターと大学入試問題演習で対応できる。

　高校地学は、一次試験では、学習指導要領が1問、各分野から5問の計6問構成が基本である。他の科目と同様に、短答式問題だけでなく、計算問題、論述問題も含まれ、大学入試でよく見かける形式であるので、教

科書のマスターと大学入試問題演習で対応できる。1つの小問に複数の設問が含まれることが多いので，問題文の読み落としには注意が必要である。

　高校理科一次試験では，各科目で学習指導要領問題が課されるが，新学習指導要領からの改訂点を記述させる問題やインクルーシブ教育システムへの言及など他の自治体ではあまり見られない設問が出題される。二次試験との対策と併せて学習指導要領と同解説は計画を立ててしっかりと学習する必要があるだろう。

　高校理科の二次試験は，各科目別に出題される。2024年度の化学は「有機化合物における酸素を含む脂肪族化合物に関する単元の指導と評価の計画」，生物は「陸上における一次遷移と森林の階層構造の図示と説明」に関する論述問題であった。いずれの問題も基礎知識や論理的な文章構成能力の他に，学習指導要領に沿った計画や板書の作成能力が求められる問題である。論述問題の解答は日頃からの計画的な対策を心がけたい。指導方法や学習計画については第三者による添削が効果的である。添削を受けて修正し，さらに別の人に見てもらって修正することで評価の観点に沿った文章構成がつかめるはずである。

　一次試験，二次試験を通し，過去問には必ず当たっておこう。数年分の過去問を実際の受験のつもりで試すことにより，出題傾向を自分で分析し，出題形式に慣れ，自分の苦手な分野を知ることができる。苦手克服の対策により，自信にもつながるであろう。

過去5年間の出題傾向分析

▲は二次試験

■中学理科

科目	分類	主な出題事項	2020年度	2021年度	2022年度	2023年度	2024年度
物理	身近な物理現象	光		●			
		音		▲		●	
		力	●		●		●
	電流の働き	電流と回路			●		
		電流と磁界	●				●
	運動の規則性	運動と力	●	●		●	
		仕事, エネルギー, 熱	●	●		● ▲	
	学習指導要領	内容理解, 空欄補充, 正誤選択			●	●	●
化学	身近な物質	物質の性質					●
		物質の状態変化					●
		水溶液				●	
		酸性・アルカリ性の水溶液	●				●
		気体の性質	●		●		
	化学変化と分子・原子	物質の成り立ち	●			●	
		化学変化と物質の質量	●	●			
	物質と化学変化の利用	酸化・還元	●			●	
		化学変化とエネルギー				●	
	学習指導要領	内容理解, 空欄補充, 正誤選択		●			●
生物	植物のからだのつくりとはたらき	観察実験	●				
		花や葉のつくりとはたらき		●	●	●	●
		植物の分類		●			
	動物のからだのつくりとはたらき	刺激と反応		●			
		食物の消化					
		血液の循環	●				●
		呼吸と排出			●		●
	生物の細胞と生殖	生物のからだと細胞				●	
		生物の殖え方	● ▲	●	●	●	
		環境・生態系			●		
	学習指導要領	内容理解, 空欄補充, 正誤選択					●
地学	大地の変化	岩石		●		●	
		地層		●	●		●
		地震				●	
	天気の変化	雲のでき方・湿度	●		●	●	
		前線と低気圧	●		▲		
		気象の変化	●		▲		

科目	分類	主な出題事項	2020年度	2021年度	2022年度	2023年度	2024年度
地学	地球と宇宙	太陽系		●			
		地球の運動と天体の動き	●	●			●
	学習指導要領	内容理解, 空欄補充, 正誤選択	●	●		●	●

■高校物理

分類	主な出題事項	2020年度	2021年度	2022年度	2023年度	2024年度
力学	力	●		●		
	力のモーメント					
	運動方程式	●		●	●	
	剛体の回転運動					
	等加速度運動	●	●	●	●	
	等速円運動			●		
	単振動					
	惑星の運動・万有引力		●			
	仕事, 衝突	●	●	●	●	
波動	波動の基礎					
	音波				●	●
	光波	●	●		▲	
電磁気	電界と電位		●	●▲		
	コンデンサーの基礎	●				
	直流回路	●	●			
	コンデンサー回路	●▲				
	電流と磁界	●				
	電磁誘導				●	
	交流電流	▲			●	
	電磁波			●		
熱と気体	熱, 状態の変化	●	▲	●		
	状態方程式	●			●	
	分子運動		●		●	
	熱力学第一法則	●		●	●	
原子	光の粒子性					
	物質の二重性					
	放射線	●		●		
	原子核反応		●		●	
その他	実験・観察に対する考察					
学習指導要領	内容理解, 空欄補充, 正誤選択	●	●	●	●	

■高校化学

分類	主な出題事項	2020年度	2021年度	2022年度	2023年度	2024年度
物質の構成	混合物と純物質					
	原子の構造と電子配置					●
	元素の周期表			▲		
	粒子の結びつきと物質の性質	●	●			
	原子量，物質量		●			
	化学変化とその量的関係	●	●	●	●	
物質の変化	熱化学	●▲	●			
	酸と塩基	●	●▲		●	●
	酸化と還元	●		●	●	
	電池				●	●
	電気分解		●			●
無機物質	ハロゲン			▲		
	酸素・硫黄とその化合物			▲		
	窒素・リンとその化合物			▲		
	炭素・ケイ素とその化合物		●	▲		
	アルカリ金属とその化合物	●				
	2族元素とその化合物			▲	●	
	アルミニウム・亜鉛など		●			
	遷移元素			●		
	気体の製法と性質	●				
	陽イオンの沈殿，分離			●		●
有機化合物	脂肪族炭化水素	●		●	●	●
	アルコール・エーテル・アルデヒド・ケトン			●		●
	カルボン酸とエステル			●	●	
	芳香族炭化水素	●	●			
	フェノールとその誘導体		●			
	アニリンとその誘導体		●			
	有機化合物の分離					
物質の構造	化学結合と結晶		●			●
	物質の三態					
	気体の性質		●	●	●	
	溶液，溶解度	●			●	
	沸点上昇，凝固点降下，浸透圧					
反応速度と化学平衡	反応速度					
	気相平衡	●	●			●
	電離平衡				▲	●
	溶解度積			●		●
	ルシャトリエの原理		●			●

分類	主な出題事項	2020年度	2021年度	2022年度	2023年度	2024年度
天然高分子	糖類		●			
	アミノ酸・タンパク質	●				●
	脂質					
合成高分子	合成繊維				●	
	合成樹脂（プラスチック）			●		
	ゴム					
生活と物質	食品の化学					
	衣料の化学					
	材料の化学					
生命と物質	生命を維持する反応					
	医薬品					
	肥料					
学習指導要領	内容理解，空欄補充，正誤選択	●	●▲	●	●	●

■高校生物

分類	主な出題事項	2020年度	2021年度	2022年度	2023年度	2024年度
細胞・組織	顕微鏡の観察	●				●
	細胞の構造	●			●	
	浸透圧			●	●	●
	動物の組織				●	
	植物の組織					
分裂・生殖	体細胞分裂			●		
	減数分裂					
	重複受精					
発生	初期発生・卵割	●				●
	胚葉の分化と器官形成	●				●
	誘導	●				●
	植物の組織培養					
感覚・神経・行動	感覚器					
	神経・興奮の伝導・伝達			●	●	
	神経系					
	動物の行動				●	●
恒常性	体液・血液循環		●			
	酸素解離曲線					
	ホルモン					
	血糖量の調節			▲		
	体温調節					
	腎臓・浸透圧調節					
	免疫					

分類	主な出題事項	2020年度	2021年度	2022年度	2023年度	2024年度
恒常性	器官生理					
	自律神経系					
遺伝	メンデル遺伝					
	相互作用の遺伝子					
	連鎖					
	伴性遺伝					
	染色体地図					
植物の反応	植物の反応					●
	植物ホルモン			●		●
	オーキシンによる反応				●	●
	種子の発芽				●	
	花芽形成		▲			
遺伝子	DNAの構造とはたらき	▲	●	●		
	遺伝情報の発現とタンパク質合成		●	●	●	
	遺伝子の発現・調節					
	遺伝子工学		●		●	
酵素・異化	酵素反応					●
	好気呼吸					
	嫌気呼吸				▲	
	筋収縮					
同化	光合成曲線	●				●
	光合成の反応	●				●
	窒素同化	●				
	C4植物	●				●
個体群・植物群落・生態系	成長曲線・生存曲線・生命表					
	個体群の相互作用		●			
	植物群落の分布		●			
	植物群落の遷移		●			●
	物質の循環					
	物質生産					
	湖沼生態系	●				●
	環境・生態系	●		●		●
進化・系統・分類	進化の歴史				●	
	分子系統樹					●
	進化論				●	
	集団遺伝		●		●	
	系統・分類				●	
学習指導要領	内容理解, 空欄補充, 正誤選択	●	●	●	●	●

11

出題傾向分析

■高校地学

分類	主な出題事項	2020年度	2021年度	2022年度	2023年度	2024年度
惑星としての地球	地球の姿			●	●	
	太陽系と惑星			▲		
大気と海洋	大気の運動			●	● ▲	
	天候					
	海水の運動				●	
地球の内部	地震と地球の内部構造				●	
	プレートテクトニクス				●	
	マグマと火成活動			●		
	地殻変動と変成岩					
地球の歴史	地表の変化と堆積岩					
	地球の歴史の調べ方			●	●	
	日本列島の生い立ち					
宇宙の構成	太陽の姿					
	恒星の世界				●	
	銀河系宇宙			●	●	
その他	実習活動の要点					
学習指導要領	内容理解，空欄補充，正誤選択			●	●	

第2部

熊本県・熊本市の
教員採用試験
実施問題

２０２４年度　実施問題

一次試験 (県・市共通)

【中学理科】

【１】植物から放出される水分量を調べるために，次のような実験を行った。以下の(1)〜(6)の各問いに答えなさい。

【実験】

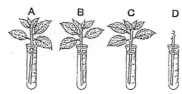

① 葉の大きさや数をそろえた4本のアジサイの枝を，A〜Dのように準備した。

 A　葉はそのまま。

 B　葉の表にだけワセリンをぬる。

 C　葉の裏にだけワセリンをぬる。

 D　葉を切り取り，切り口にワセリンをぬる。

② 水の入った目盛り付き試験管にそれぞれさし，水面に油を浮かべた。

③ 試験管を明るい風通しのよい場所に置き，水の減少量を調べた。表はその結果をまとめたものである。

	減少した水の量（cm³）
A	X
B	2.6
C	2.0
D	0.5

---

(1) 植物が根から水を吸い上げるはたらきを何というか，また，この水が通る管を何というか，それぞれ答えなさい。

(2) 植物の根には根毛というつくりが見られる。このようなつくりになっている利点について，簡潔に答えなさい。

(3) 水面に油を浮かべるのはなぜか，簡潔に答えなさい。

(4) 表のXに入る値として適当なものを次のア～エから1つ選び，記号で答えなさい。

　　ア　0.6　　イ　4.1　　ウ　4.6　　エ　5.1

(5) 図1は，15倍の接眼レンズと40倍の対物レンズを使ってサクラの葉の裏側の表皮を観察したときの視野の一部である。この時の視野の直径は0.16mmであった。この観察結果から求められる葉の面積1mm²あたりの気孔のおおよその数として適当なものを次のア～エから選び，記号で答えなさい。

　　ア　5個　　イ　450個　　ウ　800個　　エ　5400個

0.16mm

図1

(6) 次の文は，気孔の開口について述べたものである。文中の(①)，(②)に当てはまる適当な語句をそれぞれ答えなさい。

　気孔の開口に有効な光は青色光で，(①)が光受容体として光をとらえる。これにより，孔辺細胞への(②)の流入を促進し，浸透圧を高めることで気孔は開く。

(☆☆◎◎◎◎)

【２】 図2は，ヒトの血液循環の様子を模式的に表した図である。以下の
(1)〜(7)の各問いに答えなさい。

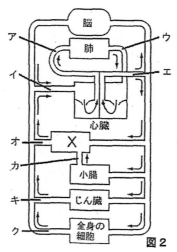

図２

(1)　酸素が最も多く含まれている血液が流れている血管はどれか，図
2のア〜クから1つ選び，記号で答えなさい。また，この血管を何と
いうか，答えなさい。

(2)　ブドウ糖やアミノ酸が最も多く含まれる血液が流れる血管はどれ
か，図2のア〜クから1つ選び，記号で答えなさい。

(3)　器官Xの主なはたらきについて，正しいものを次のア〜オからす
べて選び，記号で答えなさい。

ア　タンパク質をアミノ酸に変える。

イ　ブドウ糖をグリコーゲンに変え，貯蔵する。

ウ　胆汁をつくる。

エ　有害なアンモニアを無害の尿素に変える。

オ　血液中から尿素などの不要物をとり出す。

(4)　血液によって運ばれた酸素と小腸で吸収された養分を使って細胞
はエネルギーをとり出している。このような細胞の活動を何という
か，答えなさい。

(5)　A～Dは魚類，両性類，ハチュウ類，ほ乳(鳥)類のいずれかの心臓を模式的に表したものである。ハチュウ類の心臓として，最も適当なものをA～Dから1つ選び，記号で答えなさい。

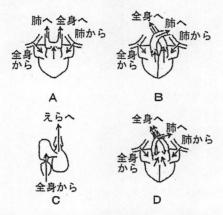

(6)　(5)のAの心臓は，Bの心臓と比較してどのような違いがあるか，心室と血液に着目して簡潔に答えなさい。

(7)　学校や駅など様々な場所に設置してあり，心臓がけいれんし，拍動しなくなったときに正常に戻す医療機器を何というか，答えなさい。

(☆☆◎◎◎◎)

【3】ある地域の標高が異なる図3のA～Dの4地点でボーリング調査を行った。図4はA～C地点における柱状図である。なお，この付近の地層は上下逆転しておらず，断層も見られなかった。以下の(1)～(7)の各問いに答えなさい。

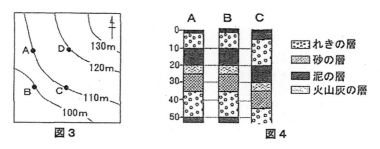

図3　　　　　図4

(1) 火山灰の層の中に見られるマグマが冷えて結晶化した粒を何というか，答えなさい。

(2) 各地点の柱状図から，火山灰が堆積する前後で堆積物が砂から泥に変わっていることが分かる。このことから，海水面はどのように変化したと考えられるか，簡潔に答えなさい。

(3) この地域の地層からブナの化石が発見された。この地層が堆積した当時はどのような環境だったと考えられるか。また，ブナのように堆積した当時の環境を知る手掛かりになる化石を何というか，それぞれ答えなさい。

(4) 地層はどの方位に向かって下がっていると考えられるか，東，西，南，北で答えなさい。

(5) D地点の柱状図として最も適当なものはどれか，次のア〜エから1つ選び，記号で答えなさい。

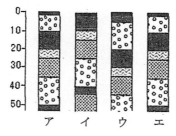

ア　　イ　　ウ　　エ

(6) 地層をつくっている堆積物は，堆積直後はまだやわらかく，水分を多く含んでいるが，次々に新たな堆積物が重なるとその重みや鉱物に含まれる成分によって固い堆積岩になっていく。この過程を何

18

というか，答えなさい。

(7)　「中学校学習指導要領(平成29年告示)解説　理科編」の「第2章
　　理科の目標及び内容」，「第2節　各分野の目標及び内容[第2分野]」，
　　「2　第2分野の内容」における「(2)大地の成り立ちと変化」では，
　　「各学校の実態に応じて身近な地形や地層，岩石を観察する」とあ
　　るが，地域の露頭の観察以外に何を活用するとよいと書かれている
　　か，答えなさい。

（☆☆☆○○○○）

【4】図5は，ある日の月の様子を観察したときのスケッチである。以下
　　の(1)～(5)の各問いに答えなさい。

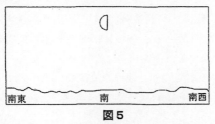

図5

(1)　観察した時間帯として最も適当なものを次のア～エから1つ選び，
　　記号で答えなさい。
　　ア　朝方　　イ　正午ごろ　　ウ　夕方　　エ　真夜中
(2)　観察したときの月と地球の位置関係について，最も近いと考えら
　　れる月の位置を図6のA～Hから1つ選び，記号で答えなさい。

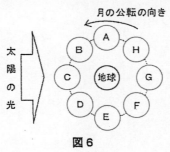

図6

19

(3)　月の見え方について述べた次の文中の①に当てはまる適当な語句を(　)の中から1つ選び，記号で答えなさい。また，(　②　)に当てはまる月の形を以下のa〜dから1つ選び，記号で答えなさい。

3日後の同じ時刻に月を観察すると，月が見える位置は①(ア　東寄りの　　イ　西寄りの　　ウ　ほぼ変わらない　)位置になる。また，この時の月の形は(　②　)のようになる。

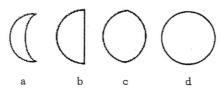

a　　　　　b　　　　　c　　　　　d

(4)　月の公転周期はおよそ27.3日である。満月から次の満月までの周期はおよそ29.5日である。月の公転周期と満ち欠けの周期に違いが生じる理由について，簡潔に答えなさい。

(5)　月食が起こるときの月と地球の位置関係について，最も近いと考えられる月の位置を図6のA〜Hから1つ選び，記号で答えなさい。

(☆☆☆◎◎◎◎)

【5】図7，図8のような装置をつくり，導線に電流を流したときの磁界の変化について調べる実験を行った。以下の(1)〜(6)の各問いに答えなさい。

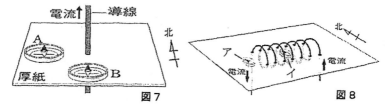

※(1)，(2)についてはN極側を塗りつぶして表しなさい。

(1)　図7の方位磁針は電流が流れる前のようすを表している。図7の↑の向きに電流を流したとき，AとBの位置にある方位磁針が指す向

きはそれぞれどうなるか，次に図で表しなさい。

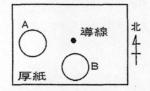

(2) 図8の↑の向きに電流を流したとき，ア，イの位置にある方位磁針が指す向きはそれぞれどうなるか，次に図で表しなさい。

(3) 図8の装置で，コイルの巻き数を増やすと，磁界を強くすることができる。その他に磁界を強くするにはどのような方法があるか，2つ答えなさい。

次に，図9のような装置をつくり，(a) <u>電源装置の電圧を6Vにして電流を流したところ，矢印の向きにコイルが動いた。</u>

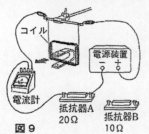

図9

(4) 次の①，②の場合，コイルはどのように動くか，適当なものを以下のア〜ウからそれぞれ選び，記号で答えなさい。

① 磁石の向きは変えず，電流の向きを逆にする。

② 磁石の向きもコイルに流れる電流の向きも逆にする。

　　ア　矢印の向きに動く　　　イ　矢印と反対方向に動く

　　ウ　動かない

(5)　図9の抵抗器Aを抵抗器Bにつなぎ換え，電源装置の電圧は3Vにした。このときコイルの振れ幅は下線部(a)と比べてどうなるか，最も適当なものを次のア〜ウから1つ選び，記号で答えなさい。

　　ア　大きくふれる　　　イ　小さくふれる

　　ウ　ほとんど変わらない

(6)　図9の実験で，回路に抵抗器をつないでいる理由を，簡潔に答えなさい。

(☆☆◎◎◎)

【6】次の図10で示す質量3.6kgの物体を図11のように置き方を変えて台に及ぼす圧力の違いを比べた。以下の(1)〜(4)の各問いに答えなさい。ただし，100gの物体にはたらく重力の大きさを1Nとする。

図１０　　図１１

(1)　この物体を図11のように置き方を変えながらスポンジの上に置いた。スポンジがもっとも沈む物体の置き方はA，B，Cのどの場合か，1つ選び記号で答えなさい。

(2)　図11のBのとき，物体が床に及ぼす圧力は何Paになるか，答えなさい。

(3)　雪が降り積もっている上を靴で歩くと，足が雪に沈み込むが，スキー板をつけるとあまり沈まない。その理由を簡潔に答えなさい。

(4)　Paの他にも圧力を表す単位がある。平均海水面(標高0m)における平均気圧を1気圧というが，その1気圧の大きさと等しいものを次のア〜エからすべて選び，記号で答えなさい。

　　ア　760mmHg　　イ　1atm　　ウ　1013hPa　　エ　10130N/m²

(☆☆◎◎◎)

【7】 図12のように，重さ0.6Nの直方体の物体を水中に沈め，ばねばかり
の目盛りを調べたら，0.4Nを示した。以下の(1)～(3)の各問いに答えな
さい。

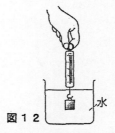

図12

(1) 次の文は，水中で働く浮力について述べたものである。文中の
（ ア ）～（ ウ ）に当てはまる適当な語句をそれぞれ答えなさい。

> 水中では浮力が働く。この力は，水中の直方体の上の面と底
> 面にはたらく（ ア ）の違いによって生じる。上の面に加わる
> （ ア ）より底面に加わる（ ア ）のほうが（ イ ）ため，水
> 中の物体には上向きの力が生じる。この力が浮力である。
> （ ア ）は深いところほど大きくなるが，どの深さでも，直方
> 体の底面と上の面の（ ア ）の差は（ ウ ）。そのため，浮力
> の大きさは，深さによって（ ウ ）。

(2) 図12の水中の物体にはたらく浮力を矢印で表しなさい。ただし，
解答用の次図の2目盛りを0.1Nとする。

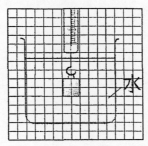

(3) 「中学校学習指導要領(平成29年告示)解説 理科編」の「第1章

総説」,「3　理科改訂の要点」,「(4)内容の改善の要点」,「②指導の重点等の提示について」では，3年間を通じて計画的に，科学的に探究するために必要な資質・能力を育成するために，第1学年では,「自然の事物・現象に進んで関わり，その中から問題を見いだす」過程，第2学年では「解決する方法を立案し，その結果を分析して解釈する」過程を重視すると整理されている。第3学年ではどのような過程を重視すると示されているか，答えなさい。

(☆☆◎◎◎)

【8】酸性の水溶液とアルカリ性の水溶液を混ぜたときの反応を調べるために，次のような実験を行った。以下の(1)～(6)の各問いに答えなさい。

【実験1】
　うすい塩酸と水酸化ナトリウム水溶液の反応を次のA～Dのような手順で調べた。

A　試験管に塩酸2cm³をとり，BTB液を加え黄色にした。

B　Aに，こまごめピペットを用いて水酸化ナトリウム水溶液を1cm³加え，色の変化を観察したところ，黄色のままだった。

C　Bに，さらに水酸化ナトリウム水溶液を1cm³加え，色の変化を観察したところ緑色になった。

D　Cに，さらに水酸化ナトリウム水溶液を1cm³加え，色の変化を観察したら青色になった。

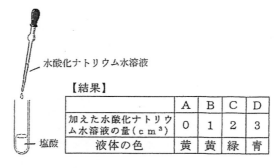

水酸化ナトリウム水溶液

【結果】

	A	B	C	D
加えた水酸化ナトリウム水溶液の量（cm³）	0	1	2	3
液体の色	黄	黄	緑	青

塩酸

【実験2】

　実験1で用いた塩酸の濃度を2倍にうすめ，2cm³を試験管に入れた。それに，実験1で用いた水酸化ナトリウム水溶液を3cm³加えたところ，水溶液の色が青色になった。

【実験3】

　うすい硫酸2cm³を試験管にとり，水酸化バリウム水溶液を少量加えると，白い沈殿が観察できた。

(1)　実験1のように，酸性の水溶液とアルカリ性の水溶液を混ぜると，互いの性質を打ち消し合う中和という反応が起こる。実験1のA～Dのうち，中和が起きているものをすべて選び，記号で答えなさい。

(2)　この実験で，加えた水酸化ナトリウム水溶液の体積と ①水酸化物イオンの数，②塩化物イオンの数の関係　を表しているグラフを次のア～エからそれぞれ選び，記号で答えなさい。

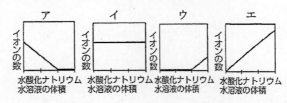

(3)　実験1のCの水溶液をスライドガラスの上にとり，水分を蒸発させ，観察したら結晶が見えた。その結晶は，次の図のa～cのどれか，1つ選び記号で答えなさい。また，その物質名を答えなさい。

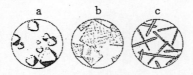

(4)　実験2でできた水溶液を緑色にする場合，実験2で用いた2倍にうすめた塩酸を何cm³加えればよいか，答えなさい。

(5)　実験3で起きた化学変化を，化学反応式で表しなさい。

(6)　石灰水に二酸化炭素を溶かすと白く濁る反応が起こる。この反応

について,「中和」という語句を用いて説明しなさい。

(☆☆○○○)

【9】赤ワインからエタノールをとり出すために,次のような実験を行った。以下の(1)～(6)の各問いに答えなさい。

> 【実験】
> ①　図13のような装置を組み立て,赤ワイン12cm³を試験管にとり,弱火で加熱する。
> ②　出てきた気体を冷やしてa,b,cの順に3本の試験管に約2cm³ずつ液体を集める。
> ③　試験管a・b・cにたまった液体の性質を調べる。

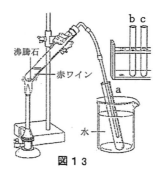

図13

(1)　次のア～カの物質を純粋な物質と混合物に分類しなさい。
　　　ア　一円硬貨　　　　イ　五百円硬貨　　ウ　海水　　　エ　空気
　　　オ　ドライアイス　　カ　液体窒素
(2)　②で液体を集め終えた後,加熱をやめる前に行わなければならない操作は何か,簡潔に答えなさい。
(3)　③で液体の性質を調べる方法を,2つ答えなさい。
(4)　試験管に集めたa・b・cの3本の試験管のうち,エタノールが一番多く含まれていたのはどれか,記号で答えなさい。
(5)　赤ワインの主な液体成分は水とエタノールである。この実験で赤

ワインからエタノールを取り出すことができたのは，水とエタノールにどのような性質の違いがあるからか，簡潔に答えなさい。

(6) 加熱して集めた液体を，繰り返し蒸留をしていくことで，より純度の高い物質を取り出すことができる。このように，より純度の高い物質を得る操作を何というか，答えなさい。

(☆☆◎◎◎)

【高校化学】

必要であれば次の数値を用いなさい。

原子量　H＝1.0　　Li＝6.9　　　C＝12　　　O＝16　　　S＝32

Pd＝106　　　Pb＝207

気体定数：R＝8.3×10³〔Pa・L/(K・mol)〕

ファラデー定数：F＝9.65×10⁴〔C/mol〕

大気圧：1.0×10⁵〔Pa〕

$\log_{10}2=0.30$，$\log_{10}3=0.48$，$\log_{10}5=0.70$

【1】次の1，2の各問いに答えなさい。

1　次の文章は，「高等学校学習指導要領(平成30年告示)理科」の「第2款　各科目」からの抜粋である。文章中の空欄[　ア　]〜[　エ　]に当てはまる語句を答えなさい。

「第4　化学基礎　1　目標」

　物質とその変化に関わり，理科の[　ア　]を働かせ，見通しをもって観察，実験を行うことなどを通して，物質とその変化を[　イ　]するために必要な[　ウ　]を次のとおり育成することを目指す。

(1) 日常生活や社会との関連を図りながら，物質とその変化について理解するとともに，[　イ　]するために必要な観察，実験などに関する基本的な[　エ　]を身に付けるようにする。

(2) 観察，実験などを行い，[　イ　]する力を養う。

27

(3)　物質とその変化に主体的に関わり，[　イ　]しようとする態度
　　を養う。

2　「高等学校学習指導要領(平成30年告示)解説　理科編　理数編」に
　示されている内容について，次の(1)，(2)に答えなさい。

(1)　「第1部　第1章　第2節　理科改訂の趣旨及び要点　2　理科改
　　訂の要点　(3)　『理科の見方・考え方』」で，理科における「見方
　　(様々な事象等を捉える各教科等ならではの視点)」については，
　　理科を構成する領域ごとの特徴を見いだすことが可能とされてい
　　る。「エネルギー」を柱とする領域では，自然の事物・現象を主と
　　して量的・関係的な視点で捉えることが特徴的とされている
　　が，「粒子」を柱とする領域では，自然の事物・現象を主として
　　どのような視点で捉えることが特徴的とされているか。

(2)　「第1部　第2章　第5節　化学　3　内容とその範囲，程度　(2)
　　物質の変化と平衡　ア(ア)　化学反応とエネルギー　⑦　化学反
　　応と熱・光」で，化学反応の前後における物質のもつ化学エネル
　　ギーの差については，何の変化で表すとされているか。

(☆☆☆◎◎◎◎)

【2】金属のパラジウムは，条件によって水素を吸収することが知られて
　おり，水素の吸蔵過程は発熱反応である。

　　　$2Pd + H_2 \rightleftarrows 2Pa - H$

　　さらに，水素原子を吸蔵したパラジウムは次図の構造の単位格子を
　とることが知られている。以下の1〜4の各問いに答えなさい。ただし，
　アボガドロ定数は，N_A〔/mol〕とする。

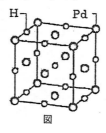

図

1 パラジウム原子の原子半径をr〔cm〕とし，この単位格子1辺の長さ〔cm〕を，rを用いて答えなさい。

2 この単位格子の密度〔g/cm³〕を，rとN_Aを用いて答えなさい。

3 パラジウム1.0gが吸収できる水素の質量を有効数字2桁で答えなさい。

4 この金属から，水素を効率よく放出させるためには，温度を（ ① ）く，圧力を（ ② ）くすればよい。

（ ① ），（ ② ）に入る語句を書きなさい。

(☆☆☆◎◎◎)

【3】次の図は，アルミニウムイオン，銀イオン，カルシウムイオン，銅(Ⅱ)イオン，鉄(Ⅲ)イオン，カリウムイオン，鉛(Ⅱ)イオン，亜鉛イオンの混合溶液からそれぞれの金属イオンを分離するための実験操作である。以下の1～6の各問いに答えなさい。

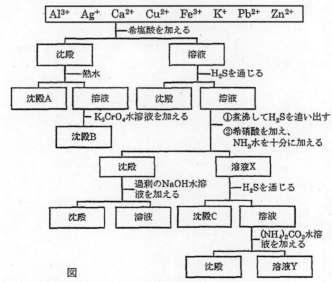

図

1 沈殿A～Cの化学式及び色をそれぞれ答えなさい。

2 図中の②の操作で，希硝酸を加える理由を簡潔に答えなさい。

3　溶液Xには錯イオンが含まれている。この錯イオンのイオン式を答えなさい。

4　溶液Yに含まれる金属イオンを確認するためには，どのような実験操作を行えばよいか。結果を含めて具体的に説明しなさい。

5　水溶液中に複数の金属イオンが含まれる場合，金属硫化物の溶解度積の差により各金属イオンを分離できる。

　Zn^{2+}とCu^{2+}を$1.0×10^{-3}$mol/Lずつ含む水溶液がある。ここに[HCl]＝0.10mol/Lになるように塩酸(体積は無視できるものとする)を加えた後，硫化水素を十分に通じ$[H_2S]$＝0.10mol/Lとした。このとき起こる現象を，計算式等を使って説明しなさい。ただし，ZnSの溶解度積を$2.0×10^{-22}$〔mol^2/L^2〕，CuSの溶解度積を$4.0×10^{-36}$〔mol^2/L^2〕とし，硫化水素の電離定数は次のとおりとする。

　　H_2S　$\rightleftarrows$　$H^+ + HS^-$　（一段目）

　　　一段目における電離定数$K_1 = 1.0×10^{-7}$mol/L

　　HS^-　$\rightleftarrows$　$H^+ + S^{2-}$　（二段目）

　　　二段目における電離定数$K_2 = 1.0×10^{-15}$mol/L

6　5のとき沈殿せず溶液中に残ったZn^{2+}とCu^{2+}のモル濃度〔mol/L〕をそれぞれ求めなさい。

（☆☆☆◎◎◎）

【4】大気圧下で，炭素1.0molおよび，水蒸気0.80molを滑らかに動くことのできるピストン付きの反応容器に入れ，687℃に保ったところ次の反応式で表される反応が起き，しばらくして平衡状態に達した。このとき，反応容器内の気体の体積は80Lであった。以下の1〜3の各問いに答えなさい。

　　C(固体) + H_2O(気体)　$\rightleftarrows$　CO + H_2

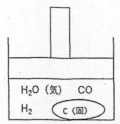

H₂O（気）　CO

H₂　　C（固）

1　平衡状態時の混合気体中における一酸化炭素の物質量を有効数字2桁で求めなさい。

2　この化学反応式の平衡定数を有効数字2桁で求めなさい。

3　同音・同圧で，炭素1.0mol，水蒸気0.80mol，一酸化炭素0.40mol，水素0.40molを封入したところ，反応容器内の気体の体積が10Lとなり平衡に達した。このときの反応の向きを，平衡定数を用いて説明しなさい。

(☆☆☆◎◎◎)

【5】次の文章を読み，以下の1〜4の各問いに答えなさい。

鉛蓄電池は代表的な二次電池であり，自動車に用いられる。また，リチウムイオン電池は，負極にリチウムを取り込んだ黒鉛系炭素材料を用いる二次電池であり，ノートパソコンや携帯電話などの電子機器に利用されている。リチウムイオン電池の各電極での放電時の反応は次のとおりとする。

負極：$LiC_6 \rightarrow Li_{1-x}C_6 + xLi^+ + xe^-$　　（$0 < x \leqq 1$）

正極：$Li_{1-x}CoO_2 + xLi^+ + xe^- \rightarrow LiCoO_2$　（$0 < x \leqq 1$）

1　鉛蓄電池の負極における放電時の反応を，電子e^-を含むイオン反応式で表しなさい。

2　鉛蓄電池で電流5.0Aで1時間20分25秒の放電を行ったとき，負極の質量は何g増減するか。有効数字2桁で答えなさい。

3　図はリチウムイオン電池を用いて鉛蓄電池を充電する様子を模式的に表したものである。電極Ⅰで起こる反応を，電子e^-を含むイオン反応式で表しなさい。

31

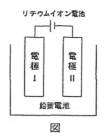

図

4　3のとき，リチウムイオン電池の負極の質量が2.3g減少した。この
　ときの電極Ⅰの質量減少は理論上何gとなるか。有効数字2桁で答え
　なさい。

（☆☆☆〇〇〇）

【6】ある炭化水素1.4mgを，次図の実験装置を用いて定量分析を行った
　ところ，管①の質量が1.8mg，管②の質量が4.4mg増加した。また，こ
　の物質の分子量を別の実験にて求めたところ，70であった。あとの1
　～4の各問いに答えなさい。ただし，構造式は【例】を参考にしなさい。

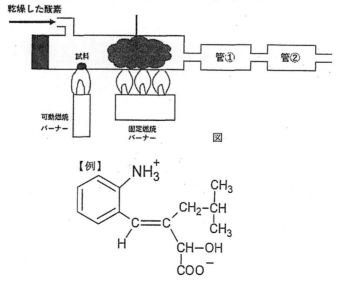

図

1 管①及び管②には，ソーダ石灰，塩化カルシウムのいずれかの物質が入る。管①に入る物質を答えなさい。また，その理由を答えなさい。

2 酸化銅(Ⅱ)を作用させる理由を答えなさい。

3 この物質の分子式を答えなさい。

4 この物質に臭素水を加えると，臭素の色が脱色された。さらに，この物質を硫酸酸性条件下で過マンガン酸カリウム水溶液と加熱すると，二酸化炭素が発生した。この物質として考えることのできる構造をすべて構造式で答えなさい。

(☆☆☆◎◎)

【7】次の文章を読み，以下の1〜5の各問いに答えなさい。

　7個のα-アミノ酸からなるペプチド①は，リシン，A，Bの3種の天然α-アミノ酸が脱水縮合したものである。Bは鏡像異性体をもたない。このペプチド①を適切な条件のもと加水分解すると，B同士で結合しているペプチド結合が分解され，ペプチド②とペプチド③の2つのペプチドに分かれた。ペプチド②とペプチド③に塩基性アミノ酸のカルボキシ基側のペプチド結合のみ加水分解する酵素を作用させると，ペプチド②はペプチド④とペプチド⑤に分かれたが，ペプチド③は反応しなかった。ペプチド③，④，⑤のそれぞれの水溶液に水酸化ナトリウム水溶液を加えて塩基性にした後，少量の硫酸銅(Ⅱ)水溶液を加えると，ペプチド④の水溶液のみ赤紫色に呈色した。また，ペプチド③，④，⑤のそれぞれの水溶液に，濃硝酸を加えて加熱し，アンモニア水を加えて塩基性にするとすべての水溶液が橙黄色になった。ペプチド⑤はAのみからなるジペプチドで，分子式は$C_{18}H_{20}N_2O_3$であった。なお，それぞれのα-アミノ酸は側鎖ではペプチド結合を形成せず，それぞれのα-アミノ酸の鏡像異性体は区別しないものとする。

1 文中の下線部の反応名を答えなさい。

2 Aの分子式を答えなさい。

3 Aの双性イオンの構造式を答えなさい。ただし，【6】の【例】を参

考にすること。

4　Bの陽イオンをB$^+$，双性イオンをB$^\pm$，陰イオンをB$^-$と表すと，B$^+$とB$^\pm$の平衡は式①，B$^\pm$とB$^-$の平衡は式②のように表すことができる。Bの等電点を小数第1位まで求めなさい。ただし，答えに至る過程も示すこと。

　　　B$^+$ $\rightleftarrows$ B$^\pm$ ＋ H$^+$ …①　①における電離定数K_1＝5.0×10^{-3}mol/L

　　　B$^\pm$ $\rightleftarrows$ B$^-$ ＋ H$^+$ …②　②における電離定数K_2＝2.5×10^{-10}mol/L

5　ペプチド①には，リシン，A，Bがそれぞれ何個ずつ含まれているか，答えなさい。

(☆☆☆◎◎◎◎)

【高校生物】

【１】次の文章は，「高等学校学習指導要領(平成30年告示)理科」の「第3款　各科目にわたる指導計画の作成と内容の取扱い」からの抜粋である。以下の(1)～(4)の各問いに答えなさい。

・単元など内容や時間のまとまりを見通して，その中で育む資質・能力の育成に向けて，生徒の①主体的・対話的で深い学びの実現を図るようにすること。その際，理科の学習過程の特質を踏まえ，[　ア　]を働かせ，見通しをもって観察，実験を行うことなどの[　イ　]する学習活動の充実を図ること。

・②障害のある生徒などについては，学習活動を行う場合に生じる困難さに応じた③指導内容や指導方法の工夫を計画的，組織的に行うこと。

(1)　文中の[　ア　]，[　イ　]に当てはまる語句を答えなさい。

(2)　下線部①について，観察，実験など探究の過程において，このような学びの実現を図るために踏まえるべき授業改善の視点について，「主体的な学び」，「対話的な学び」，「深い学び」に分け，それぞれ簡潔に説明しなさい。

(3)　下線部②について，障害者の権利に関する条約に掲げられた，障害のある生徒の自立と社会参加を一層推進するために，障害のある

者と障害のない者が共に学ぶ教育システムの名称を答えなさい。

(4) 下線部③について，生徒の学習負担や心理面にも配慮する必要が
ある。実験を行う活動において，実験の手順や方法を理解すること
が困難である場合の配慮として考えられることについて，簡潔に説
明しなさい。

(☆☆☆☆◎◎)

【2】次の[A]，[B]を読み，以下の(1)〜(7)の各問いに答えなさい。

[A]

酵素は基質特異性を示すが，①基質とよく似た構造の物質が存在す
ると，この物質と基質との間で酵素の活性部位を奪い合う。このよう
な酵素反応の阻害を[ア]という。また酵素の中には，活性部位以
外に特異的に別の物質を結合する部位を持つ[イ]酵素と呼ばれる
ものがあり，調節部位に特定の物質が結合すると活性部位の[ウ]
が変化し，酵素−基質複合体が形成されなくなって反応が阻害される。

(1) 文中の[ア]〜[ウ]に当てはまる最も適当な語句を答えな
さい。

(2) 下線部①について，阻害物質の存在により酵素と本来の基質の親
和性はどう変化するか，答えなさい。

[B]

植物やシアノバクテリアが行う光合成では，②光エネルギーが有機
物の③化学エネルギーに変換されており，地球上のほとんどの生物は，
④光合成によってつくられた有機物を直接または間接に利用して生活
している。

植物の気孔が開くと，光合成に必要な二酸化炭素が，大気から取り
込まれる一方，蒸散によって水が水蒸気として葉の内部から，大気に
放出され失われる。蒸散は水の損失という点では植物にとって有害に
みえるが，⑤さかんに蒸散する植物は炎天下でも高温障害にならずに
生育できるという有益な面もある。

(3) 下線部②について，(i)〜(iii)がもつ主な光合成色素(クロロフィル)

を以下のア〜ウからそれぞれ1つずつ選び，記号で答えなさい。

(i)　シアノバクテリア　　(ii)　紅色硫黄細菌

(iii)　シャジクモ類

　ア　バクテリオクロロフィル　　イ　クロロフィルa

　ウ　クロロフィルa，クロロフィルb

(4)　下線部③について，葉緑体で行われる光リン酸化を説明しなさい。

(5)　下線部④について，次図は光合成のCO_2固定において光やCO_2の有無がPGA濃度にどう影響するかを示している。図中の太枠Xに入る変化を描きなさい。

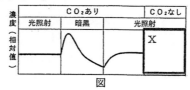

図

(6)　次の文の[　ア　]〜[　ウ　]に当てはまる最も適切な語句を答えなさい。

　　C_3植物の場合，高温・乾燥下では生育しにくくなる。これは，光合成によるO_2濃度の上昇がPGA合成にかかわる[　ア　]と呼ばれる酵素のはたらきを阻害するためである。一方，C_4植物やCAM植物では取り込んだCO_2がオキサロ酢酸を経て同じC_4化合物である　　　[　イ　]となり活用されている。

　　また，光合成速度は光の強さや温度などの外的要因により変化するが，光合成速度を最も制限してしまう外的要因を[　ウ　]という。

(7)　下線部⑤について，さかんに蒸散する植物の1枚の葉は，1時間に55mgの二酸化炭素を光合成の反応のために吸収する一方で，5.5gの水を蒸散により失うとする。このとき，この1枚の葉において，蒸散により失われる水の量は光合成の反応により消費される水の量の何倍か，整数で答えなさい。小数点以下の値が算出された場合は四捨五入すること。ただし，光合成の反応において44mgの二酸化炭素を吸収するときに消費される水の量は18mgとする。

(☆☆☆◎◎)

【3】 次の(1)～(6)の各問いに答えなさい。

(1) 卵割が通常の体細胞分裂と異なる点を2つ答えなさい。

(2) ウニの精子が卵に到達して受精が完了するまでの流れを示した次のa～cについて，正しい説明を1つ選び，記号で答えなさい。

a 精子が卵のゼリー層に到達すると，タンパク質分解酵素などを放出し先体突起を形成する。

b 先体突起が卵黄膜を通過して卵の細胞膜と結合することを先体反応という。

c 卵の細胞膜と卵黄膜の間に表層粒の内容物が放出されることで，細胞膜は受精膜に変化する。

(3) 動物において，各胚葉からいろいろな組織・器官が分化する。各胚葉と将来分化する組織・器官の組み合わせとして正しいものを3つ選び，数字で答えなさい。

	①	②	③	④	⑤	⑥	⑦	⑧
胚葉	外胚葉	外胚葉	外胚葉	中胚葉	中胚葉	中胚葉	内胚葉	内胚葉
組織・器官	真皮	脊髄	水晶体	脳	骨格筋	肝臓	心臓	腎臓

(4) カエルの受精卵において，背腹の軸が決まるしくみを説明しなさい。

(5) カエルの発生における原腸胚後期の縦断面を模式的に描き，中胚葉に当たる部位を塗りつぶしなさい。

(6) 次の文章を読み，以下の(i)～(iii)の各問いに答えなさい。

2007年，山中伸弥教授の研究グループは，①ES細胞(胚性幹細胞)で働く4つの初期化遺伝子を，②レトロウイルスベクターを用いてヒトの繊維芽細胞に導入することにより，ES細胞様の状態に初期化されたiPS細胞(人工多能性幹細胞)の誘導・作成に成功した。

(i) 下線部①について，ES細胞の作成には，どの時期の胚の内部細胞塊を用いるか，胚の名称を答えなさい。

(ii) 下線部②について，1本鎖RNAをもつウイルスが，宿主においてRNAを鋳型にDNAを合成する際に用いる酵素を何というか，答えなさい。

(iii) ES細胞とiPS細胞を比較して，もとになる細胞の違いからもた

らされるiPS細胞の長所を説明しなさい。

(☆☆☆◎◎◎)

【4】次の(1)〜(5)の各問いに答えなさい。

(1) 植物の屈性と傾性の違いについて説明しなさい。

(2) 次の文章は，植物の花粉管誘引について述べたものである。文中の[ア]〜[エ]に当てはまる最も適当な語句を答えなさい。

　　花粉管を胚のうまで導くしくみは花粉管誘引とよばれ，誘引物質の実態が追究されてきた。最近になり，日本の東山哲也らが[ア]という被子植物を使った実験から，胚のう内の[イ]から分泌されるタンパク質が誘引物質の本体であると特定し[ウ]と名付けた。[ア]の[ウ]には種特異性があるため，[ア]と近縁の植物であるアゼトウガラシの花粉管を誘因[エ]。

(3) オーキシンのはたらきについて述べた①〜④から，正しいものをすべて選び，番号で答えなさい。

① 暗黒中でムギの芽生えを水平に置くと，オーキシンが下側に移動することにより，根は正の重力屈性を示す。

② オーキシンの作用により細胞壁のセルロース繊維同士の結びつきが弱くなり，吸水により細胞が伸長する。

③ オーキシンは，頂芽があるときには，側芽伸長作用を持つジベレリンの合成を阻害する。

④ マカラスムギの幼葉鞘にあるフィトクロムが青色光を受光すると，オーキシンの取り込み輸送体の分布が変化し，陰側の伸長成長が促進される。

(4) 孔辺細胞の膨圧運動が生じることで気孔が開口する理由を説明しなさい。

(5) アフリカに生育する寄生植物ストライガは，発芽後数日のうちにイネ科のソルガムなどの宿主に寄生できなければ枯れてしまう。ソルガムは菌根菌を根に定着させて生育しており，菌根菌を定着させる過程の初期において，化合物Sを土壌中へ分泌し，周囲の菌根菌

の菌糸を根に誘引する。化合物Sは，不安定で壊れやすい物質であり，根から分泌された後，土壌中を数mm拡散する間に消失する。これにより，根の周囲には化合物Sの濃度勾配が生じ，菌根菌の菌糸はそれに沿って根に向かう。ストライガは宿主となるソルガムのこのような性質を巧みに利用し，発芽してそれらへ寄生する。このような化合物Sの性質は，ストライガが宿主に寄生するうえでどのような点で有利にはたらくか，説明しなさい。

(☆☆☆◎◎◎)

【5】次の[A]，[B]を読み，以下の(1)～(8)の各問いに答えなさい。

[A]

　ある池に①ザリガニがどれくらいいるかを調べることにした。捕獲用のわな12個をランダムに池の中にしかけると翌朝に合計576匹のザリガニが捕獲された。個体数を推定するため，捕獲したザリガニの背中に特別な蛍光塗料でマークをつけて再び池に戻した。1週間後にわなをしかけると今度は合計360匹のザリガニが捕獲され，そのうち144匹にマークがついていた。

(1)　下線部①について，次の(i)，(ii)の各問いに答えなさい。

(i)　次の文中の[　ア　]～[　エ　]に当てはまる最も適当な語句を答えなさい。

　　ザリガニは節足動物門に分類され，循環系は[　ア　]血管系である。また，集中神経系の中でも各部に2つずつ神経節のある[　イ　]神経系で，頭部に脳をもつ。頭部にある排出器，ぼうこう，排出口からなる[　ウ　]腺から尿を排出する。また，X器官でつくられる脱皮抑制ホルモンや脳でつくられる体色変化ホルモンは眼柄にある[　エ　]腺で貯えられる。

(ii)　捕獲したザリガニは，すべて特定外来生物のウチダザリガニと判明した。特定外来生物に指定されている生物について規制されている項目を簡潔に説明しなさい。

(2)　今回の調査で用いた標識再捕法によって正確な個体数を推定する

ためには，いくつかの条件(仮定)が満たされていなければならない。
例えば，「調査期間中に新たな出生や死亡がないこと」，「個体識別
用のマークが消えないこと」があげられる。これら以外の条件を2
つあげなさい。

(3)　今回の調査で推定されるザリガニの個体群密度(個体/m²)を，小数
第1位を四捨五入して整数で答えなさい。なお，池の面積は500m²で
ある。

(4)　(2)の「個体識別のマークが消えないこと」という条件が満たされ
ていないとき，標識再捕法で推定される個体数はどうなると予想さ
れるか，理由とともに説明しなさい。

[B]
　ミツバチやアリなどは，同種の個体が集合した[　ア　]を形成する。
①これらの集団は，産卵をする女王と雄，大多数のワーカー(すべて
雌)とよばれる個体からなる。ワーカーは採食，巣づくり，育児，防衛
などを分業している。このように自己の利益を犠牲にして他個体を助
けるような行動は②利他行動とよばれる。

　例えばミツバチのワーカーは，外敵に対して一旦刺したら抜けない
針を用いた自己犠牲で対抗している。振り払われて腹部からぎれると，
腹部から「警報[　イ　]」が出て，ほかのワーカーのさらなる攻撃行
動を誘うので，結果として自己犠牲によって巣は守られる。

　共通の祖先に由来する特定の遺伝子を個体間でともにもつ確率を血
縁度といい，利他行動を説明する際に用いられる。二倍体生物の個体
Aと個体Bの兄弟姉妹について，個体Aがもつある遺伝子が父親に由来
する確率は$\frac{1}{2}$，個体Bが父親から個体Aと同じ遺伝子を受け取る確率
は[　ウ　]である。よって，兄弟姉妹が父親由来の遺伝子を共有する
確率は[　エ　]である。母親由来の遺伝子についても父親と同じよう
に考えることができる。このときの兄弟姉妹間の血縁度は[　オ　]と
なる。一方，雄が一倍体であるミツバチでは，はたらきバチの個体
C(姉)のもつある遺伝子が父親に由来する確率は$\frac{1}{2}$，はたらきバチの
個体D(妹)が父親から個体Cと同じ遺伝子を受け取る確率は[　カ　]で

あり，③姉妹間の血縁度は二倍体生物の兄弟姉妹間の血縁度とは異なっている。

(5) 文中の[　ア　]〜[　カ　]に当てはまる最も適当な語句，数値を答えなさい。

(6) 下線部①について，ミツバチやアリなど，[　ア　]内で繁殖と労働の分業が行われている昆虫を何と呼ぶか，答えなさい。また，ミツバチやアリと似た集団生活を行うアフリカ東部に生息する齧歯類の名称を答えなさい。

(7) 下線部②について，鳥類などにみられる，自らは繁殖を行わず，自身の兄弟姉妹の保育を行い両親の繁殖を助ける個体を何というか。また，1回の繁殖で，両親のみで育てることのできる子の数(兄姉からみた弟妹の数)をα，両親が兄姉個体と共同で育てることのできる子の数(兄姉からみた弟妹の数)をβ，兄姉個体が他個体と繁殖して育てることができる自分の子の数をγとおく。兄姉個体による両親との共同子育て行動が進化するために必要な条件をα，β，γを使った数式で示しなさい。

(8) 下線部③について，ミツバチのはたらきバチが自分の姉妹の世話をする理由を，血縁度と包括適応度に触れながら説明しなさい。

(☆☆☆☆◎◎◎)

二次試験 (県のみ)

【中学理科】

【1】観察記録や生活体験を基に，季節によって見える星座が異なることを地球の公転と関連付け，生徒の興味・関心を引き出しながら科学的に理解させる効果的な指導方法について述べなさい。

(☆☆☆☆◎◎◎)

【高校化学】

【１】「高等学校学習指導要領　理科」を踏まえて，次の1，2の各問いに答えなさい。

　１　有機化合物における酸素を含む脂肪族化合物に関する単元の指導と評価の計画(11時間程度)を作り，表で示しなさい。ただし，学習計画には，実験や実習を伴う探究活動を取り入れ，探究活動を通して育成したい資質，能力を明記すること。

　２　1の学習計画において計画した探究活動に関して，次の(1)～(4)について述べなさい。

　　(1)　探究活動の目的や内容

　　(2)　実験や実習の手順及び留意点等

　　(3)　予想される結果，誤差，考察等

　　(4)　評価の例

(☆☆☆☆◎◎◎)

【高校生物】

【１】陸上ではじまる一次遷移と森林の階層構造についてそれぞれ図示し，述べなさい。実際には，極相林は優占種の樹木のみではなく，いろいろな遷移段階の樹種によって構成されている。その理由を述べなさい。

(☆☆☆☆◎◎)

解答・解説

一次試験 (県・市共通)

【中学理科】

【1】(1) はたらき…吸水　　管…道管　　(2) 根の表面積が大きくなり，水や養分を効率よく吸収することができる。　　(3) 水面から水が蒸発するのを防ぐため。　　(4) イ　　(5) イ　　(6) ① フォトトロピン　　② カリウムイオン

〈解説〉(1) 植物の根から吸水された水は道管を通り，葉の気孔から蒸散される。　　(2) 双子葉類の根は主根と側根からなり，単子葉類の根はひげ根からなる。根毛は主根，側根，ひげ根のすべてにあり，表面積を増やすことで水分・養分を効率的に吸収することができる。
(3) 水面から水が蒸発してしまうと，植物自体から放出される正確な水分量が測れなくなる。　　(4) このアジサイの枝の蒸散量Aは，葉の裏と茎からの蒸散量B＋葉の表と茎からの蒸散量C－茎からの蒸散量Dで求められる。　　(5) この視野の面積は，$0.08 \times 0.08 \times 3.14 = 0.020096$ である。この視野に見えている気孔の数は9個なので，葉の面積1mm²あたりの気孔の数は，$9 \times \left(\dfrac{1}{0.020096}\right) = 447.85\cdots$ よって約450個。　　(6) 孔辺細胞にカリウムイオンが流入して浸透圧が上昇すると，細胞内に水が流入し，孔辺細胞の膨圧が上昇する。膨圧によって孔辺細胞は湾曲し，気孔が開く。

【2】(1) 記号…ウ　名称…肺静脈　　(2) カ　　(3) イ，ウ，エ
(4) 細胞の呼吸(呼吸)　　(5) D　　(6) Aの心臓は心室が1つであり，静脈血と動脈血が混じるが，Bは心室が2つに分かれており混じり合うことがない。　　(7) AED(自動体外式除細動器)

〈解説〉(1) 肺から心臓へと続く肺静脈には肺から酸素が供給されるため酸素が多い動脈血が流れている。　　(2) 小腸から肝臓へ流れる門脈

には小腸で吸収された養分が多く含まれている。　(3)　器官Xは肝臓である。タンパク質は消化管から分泌されるプロテアーゼによってアミノ酸に分解されるため，アは誤り。肝臓では尿素を合成するが，血液中から尿素を取り出すことはない。よってオは誤り。　(4)　細胞の呼吸では酸素や養分からATPをエネルギーとして取り出す。　(5)　ハチュウ類は2心房1心室だが，心室を2つに分けるような不完全な壁が見られるDである。なお，魚類は1心房1心室なのでC，両生類は2心房1心室なのでA，ほ乳(鳥)類は2心房2心室なのでBである。　(6)　ほ乳(鳥)類の心臓は心室が2つに完全に分かれているため，静脈と動脈が混ざらない。そのため，効率よく酸素を全身に運搬することができる。(7)　AEDは心臓に電気ショックを与えることで，心臓の拍動を正常に戻すことができる。

【3】(1)　鉱物　　(2)　上昇していった。　　　(3)　環境…寒冷な気候であった。　　　化石…示相化石　(4)　南　(5)　ウ　(6)　続成作用　　　(7)　ボーリングコアや博物館の標本などを活用する。

〈解説〉(1)　解答参照。　(2)　海へ入った堆積物は粒子が大きいほど早く沈むため小さいものほど遠くまで運ばれる。そのため，ある地点の堆積物の粒子が上にいくにしたがって細かいものに変化するときは，海面が上昇している(海進が起きている)ときで，逆は海面が下降している(海退が起きている)ときであると推定できる。　(3)　ブナは冷温地に生える落葉広葉樹である。堆積当時の環境がわかる化石を示相化石という。　(4)　火山灰の層の地表からの深さを見ると，A地点では標高90m，B地点では標高80m，C地点では標高80mになる。地層は上下逆転していないので，南に傾斜している。　(5)　(4)より，A地点からD地点に向けた方向が走向なので，D地点は火山灰の層はA地点と同じ高さにならなくてはならない。よって，地表から30m掘った標高90mから出ることになる。　(6)　解答参照。　(7)　露頭やボーリングコア，標本の観察は，地層の構成物の違いなどに気付かせ，地層の広がりなどについての問題を見いだし，土地の成り立ちや広がり，構成

44

物などについて理解させることや，地形や地層，岩石の観察器具の基本的な扱い方や観察方法・観察記録の仕方を身に付けさせることを目的として行う。

【4】(1) ア　(2) A　(3) ① ア　② a　(4) 月が公転している間に地球も太陽の周りを公転しているので，月と太陽の位置関係が変わるから。　(5) G

〈解説〉(1) 下弦の月が真南に見えるのは，朝方である。　(2) 地表から見て月の左半分が光っているのは，Aの位置である。　(3) 下弦の月は新月に近づいていく(地球と太陽の間に来る)時の月なので，東寄りにずれていき，三日月形になっていく。　(4) 月の公転周期27.3日の間に地球はおよそ27度公転している。月が満月になるためには地球の真後ろに来なくてはならないため，地球の公転分を足したおよそ387度公転する必要がある。よって，満月から満月へは，およそ29.5日かかる。　(5) 月食とは地球の影に月が通過することで月が暗くなったり欠けたりすることである。そのため，月食は満月の時に起こる。満月の時に常に月食にならないのは，月の公転軌道面が地球の公転軌道面より約5度ずれているためである。

【5】(1) 　　　　　　　　　　　(2)

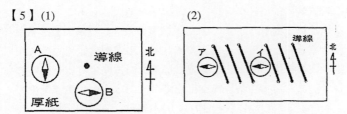

(3) ・電流を大きくする。　・コイルに鉄心を入れる。
(4) ① イ　② ア　(5) ウ　(6) 回路に大きな電流が流れるのを防ぐため。

〈解説〉(1) 地球は北極がS極，南極がN極の磁石となっており，磁力線は南極から北極へ向かっているので，図7の方位磁針は磁力線の進む

方向へ黒の磁針が向くようになっていることがわかる。ここで，図7のように電流が紙面裏側から表側へ流れると，磁力線は右ねじの法則により導線のまわりを紙面上側から見て，時計反対周りの同心円状になる。したがって方位磁針の向きは次図のようになる。

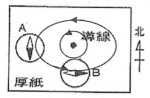

(2)　図8のようにコイルに電流を流すと磁力線は右ねじの法則より，紙面を上から見て，右側から左側へ貫きコイル外側を左側から右側へと進み，再びコイル内部へとコイル右側から進む。したがって，方位磁針の向きは次図のようになる。

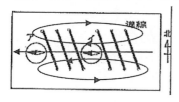

(3)　コイルにより発生する磁界はその巻き数と電流に比例する。また，コイル内部に鉄等の強磁性体を挿入し透磁率を増大させることで磁界を強くすることができる。　　(4)　図9はU字型の永久磁石による磁場中に電流を流せる導線を配置し，電流の流れている導線に働く力の方向に導線が動く装置を示している。導線に働く力の方向は電流と磁場のベクトル積で決まる。①の条件では，磁場の方向はそのままで電流の向きのみを逆にするので，発生する力の方向は逆になる。したがって，答えはイとなる。②の条件では電流と磁場の向き両方を逆にするので，発生する力の方向は変化しない。したがって答えはアとなる。

(5)　磁場の大きさは一定なので，発生する力は導線を流れる電流に比例する。変更前の電流値$\dfrac{6 〔\mathrm{V}〕}{20 〔\Omega〕}=0.3$〔A〕，変更後の電流値は

$\dfrac{3〔V〕}{10〔Ω〕}=0.3〔A〕$ となり電流値は変化しないので，発生する力は変化せず，答えはウとなる。　(6)　図9の実験装置においてコイルの抵抗値はほとんど0なので，回路に流れる電流値は非常に大きな値となる。そこで，回路に直列に抵抗器を挿入することにより，回路に流れる電流値を適当な値にすることができる。

【6】(1)　B　　(2)　15000〔Pa〕　　(3)　スキー板をつけると雪に接する面積が大きくなり，雪にかかる圧力が小さくなるから。　　(4)　ア，イ，ウ

〈解説〉(1)　物体をある面に置いた場合，地球の中心に向かう重力方向に物体の質量に比例する力が働く。この時，その力は物体が接触している面積全体に作用するので，その接触面積が小さいほど，単位面積あたりの力が大きくなり，接触面がもっとも沈むことになる。したがって答えはBである。　(2)　圧力の定義は単位面積当たりに働く力なので，圧力〔Pa〕＝$\dfrac{力〔N〕}{面積〔m^2〕}$である。したがって，$\dfrac{力〔N〕}{面積〔m^2〕}=\dfrac{\frac{3.6}{0.1}}{0.04×0.06}=15000$〔Pa〕となる。　(3)　(1)の考え方から，雪との接触面積が広いほど沈み込みが小さくなり，靴底の面積より，スキー板の面積の方が広いので雪への圧力が小さくなり，足の沈み込みが小さくなる。　(4)　〔mmHg〕は圧力測定器として水銀を使用していた時の単位で，ある高さ〔mm〕の水銀柱の圧力を示し，1〔気圧〕は760〔mm〕の水銀柱の圧力に等しい。〔atm〕は標準大気圧を基準とする単位であり，1〔気圧〕の英語表記である。〔hPa〕と〔N/m^2〕はMKSA単位系の圧力の単位〔Pa〕であり，〔hPa〕＝〔100Pa〕，〔N/m^2〕＝〔Pa〕である。ここで，1〔気圧〕は101325〔Pa〕なので，ウが正解でエは間違いである。

【７】(1)　ア　水圧　　イ　大きい　　ウ　変わらない

(2)

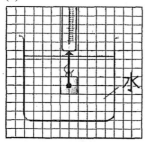

(3)　探究の過程を振り返る過程を重視する。

〈解説〉(1)　解答参照。　　(2)　直方体の重さ0.6〔N〕，直方体が水中でば
ねばかりを引っ張る力0.4〔N〕となっているので，浮力は0.6−0.4＝
0.2〔N〕である。浮心の位置は水を押しのけている部分の中心である
ため，直方体の中心から鉛直上向きに0.2〔N〕の矢印を描く。
(3)　解答参照。

【８】(1)　B，C　　(2)　①　ウ　　②　イ　　(3)　記号…b　　物質名
…塩化ナトリウム　　(4)　4〔cm³〕　　(5)　$H_2SO_4＋Ba(OH)_2→$
$BaSO_4＋2H_2O$　　(6)　二酸化炭素が水に溶け石灰水と反応し中和が起
こり，この時できた炭酸カルシウムが水に溶けないため，白くにごる。
〈解説〉(1)　Cが緑色になったことから中和の終点である。したがって，
BおよびCで中和反応が進行している段階である。　　(2)　①　水酸化
物イオンは，2cm³まではH＋と反応するため存在しない。中和が完了
したのちは増加していくためグラフはウである。　　②　塩化物イオン
は，反応と無関係であるためイである。　　(3)　水溶液ではHCl＋
NaOH→NaCl＋H₂Oの変化が起こり，蒸発することで塩化ナトリウムの
結晶が生じている。塩化ナトリウムの結晶は正六面体である。
(4)　2倍に薄めた塩酸を用いると水酸化ナトリウム3cm³を中和するた
めには，塩酸が6cm³必要であり，もともと2cm³あるので6−2＝4〔cm³〕
である。　　(5)　解答参照。　　(6)　$Ca(OH)_2＋CO_2→CaCO_3＋H_2O$の反応

が起こり，炭酸カルシウムの白色沈殿が生じ白濁する。

【9】(1)　純粋な物質…ア，オ，カ　　混合物…イ，ウ，エ
(2)　集めた液体の入った試験管からガラス管を抜く　　(3)　・におい
を調べる。　　・脱脂綿に付けて燃えるか調べる。　　・色を調べる。
から2つ　　(4)　a　　(5)　エタノールが水より沸点が低いという性質
(6)　精製

〈解説〉(1)　純物質は，1種類の物質からなるもので，混合物は2種類以
上の物質からなるものをいう。一円硬貨はアルミニウムのみでできて
いる。五百円硬貨は銅とニッケルの合金である。海水は水と塩化ナト
リウムなどの混合物である。空気は窒素や酸素を中心とした混合物で
ある。ドライアイスは二酸化炭素の固体である。液体窒素は窒素の単
体である。　　(2)　試験管内の液体が逆流するのを防ぐために，ガラス
管を抜いておく。　　(3)　液体の性質を調べるには，芳香があるか，引
火性があるか，色があるか，他の物体とどのように反応するのか等を
確認する。　　(4)　エタノールの沸点が水より低いため，より低温で収
集したaで多くのエタノールが得られる。　　(5)　水には水素結合が含
まれているため沸点は高くなる。沸点の差を利用して液体の分離を行
うことを蒸留という。　　(6)　不純物が含まれている物質から純粋な物
質を取り出す操作を精製という。精製には，蒸留の他，昇華，再結晶，
クロマトグラフィー等の方法がある。

【高校化学】

【1】1　ア　見方・考え方　　イ　科学的に探究　　ウ　資質・能力
エ　技能　　2　(1)　質的・実体的な視点で捉えること　　(2)　エン
タルピー

〈解説〉1　各教科の見方・考え方を働かせて育成を目指す資質・能力は
「知識・技能」，「思考力・判断力・表現力等」，「学びに向かう力・人
間性等」の3つの柱で構成されている。教科の目標はその柱に沿って
明確化されており，理科の科目に関しては科学的に探究する能力とし

て具体的に示されている。　2　(1)　理科を構成する領域は，「エネルギー」，「粒子」，「生命」，「地球」をそれぞれ柱とする4つの領域に分類でき，それぞれの特徴的な視点を整理することができる。「粒子」に関する領域では，自然の事物・現象を主として質的・実体的な視点として捉えることができる。この特徴的視点はそれぞれの領域固有のものではなく，他の領域でも適宜用いられる。　(2)　新学習指導要領における改訂により，化学反応におけるエネルギー収支において，それまで取り扱っていた熱化学方程式からエンタルピー変化を取り扱うこととなった。

【2】1　$2\sqrt{2}\,r$〔cm〕　　2　$\dfrac{107\sqrt{2}}{8r^3 N_A}$〔g/cm³〕　　3　9.4×10^{-3}〔g〕

4　①　高　　②　低(小さ)

〈解説〉1　上面の対角線がパラジウムの半径rの4個分にあたるため，単位格子の1辺の長さをx〔cm〕とすると，$\sqrt{2}\,x=4r$の関係が成り立ち，$x=2\sqrt{2}\,r$〔cm〕　　2　単位格子の体積は，$(2\sqrt{2}\,r)^3$となり，密度をρとするとその質量は$\rho\times16\sqrt{2}\,r^3$となる。面心立方格子の構造をとっているので，単位格子に4個のPd−Hが含まれることになる。よって，$\dfrac{1}{4}\times16\sqrt{2}\,r^3\times N_A=106+1$の関係が成り立ち，$\rho=\dfrac{107}{4\sqrt{2}\,r^3\times N_A}$ $=\dfrac{107\sqrt{2}}{8r^3 N_A}$　　3　Pd−Hは1：1で結合するので，求める水素をx〔g〕とすると，106：1=1.0：xが成り立ち，$x=9.43\times10^{-3}≒9.4\times10^{-3}$〔g〕　4　平衡を左に移動させるためには，ルシャトリエの原理により，左方向は吸熱反応の方向なので高温にし，左方向は粒子数が増加する方向なので低圧にする。

【3】1　沈殿A　化学式…AgCl　　色…白色　　沈殿B　化学式…PbCrO₄　色…黄色　　沈殿C　化学式…ZnS　色…白色　　2　硫化水素により還元されFe²⁺に変化したFe³⁺を元に戻すため。3　[Zn(NH₃)₄]²⁺　　4　溶液を白金線につけてガスバーナーの外炎に入れ，赤紫色の炎が見られるか確認する。

5　$K_1 K_2 = \dfrac{[H^+][HS^-]}{[H_2S]} \times \dfrac{[H^+][S^{2-}]}{[HS^-]} = \dfrac{[H^+]^2 [S^{2-}]}{[H_2S]}$ より，$[S^{2-}] = \dfrac{K_1 K_2 [H_2S]}{[H^+]^2}$
となる。

これにK_1，K_2，$[H_2S]$，$[H^+]$の値を代入すると，$[S^{2-}] = 1.0 \times 10^{-21}$〔mol/L〕
となる。よって，$[Cu^{2+}][S^{2-}] = 1.0 \times 10^{-3} \times 1.0 \times 10^{-21} = 1.0 \times 10^{-24}$
＞(CuSの溶解度積)となるのでCuSは沈殿する。同様に$[Zn^{2+}][S^{2-}] =$
1.0×10^{-24}＜(ZnSの溶解度積)となるので，ZnSは沈殿しない。

6　$Zn^{2+} \cdots 1.0 \times 10^{-3}$〔mol/L〕　　　$Cu^{2+} \cdots 4.0 \times 10^{-15}$〔mol/L〕

〈解説〉1　金属イオンと塩化物イオンで生じる沈殿はAgClとPbCl$_2$で，
PbCl$_2$は熱水に溶けPb^{2+}となってCrO$_4$$^{2-}$と反応して黄色のPbCrO$_4$が沈殿
する。強酸性条件でH$_2$Sを加えるとCuSが沈殿し，その後①②の動作で
Fe^{3+}，Al^{3+}の沈殿が生じる。塩基性溶液においてS^{2-}で生じる沈殿は白
色のZnSである。　2　硫化水素を加えたことでFe^{3+}が還元されFe^{2+}に
変化する。これをFe^{3+}に戻すため酸化剤である希硝酸を加える。
3　Zn^{2+}はアンモニア水によって水酸化物が沈殿するが，過剰のアンモ
ニア水には錯イオンをつくって溶ける。　4　アルカリ金属はどの陰
イオンとも沈殿を生じないため，炎色反応で確認する。溶液Yに含ま
れているカリウムの炎色反応は赤紫色である。　5　金属イオンと硫
化物イオンの積を求める。この値が溶解度積より大きい場合は沈殿が
生じ，小さい場合は沈殿が生じない。　6　Zn^{2+}は沈殿が生じないため
そのまま残る。Cu^{2+}は，溶解度積より，$[Cu^{2+}] = \dfrac{K_{sp} CuS}{[S^{2-}]} = \dfrac{4.0 \times 10^{-36}}{1.0 \times 10^{-21}}$
$= 4.0 \times 10^{-15}$〔mol/L〕

【4】1　2.0×10^{-1}〔mol〕　　2　8.3×10^{-4}〔mol/L〕

3　仮の濃度平衡定数をK_c'は，$K_c' = \dfrac{\dfrac{0.40}{10} \times \dfrac{0.40}{10}}{\dfrac{0.80}{10}} = 2.0 \times 10^{-2}$〔mol/L〕と

なる。この値は，この条件下での濃度平衡定数8.3×10^{-4}〔mol/L〕
より大きい値となるので，値が小さくなる方向「左」へ反応は進む。

〈解説〉1　気体の状態方程式より，気体の混合物の全物質量$n = \dfrac{PV}{RT}$より，

$n=\dfrac{1.0\times10^5\times80}{8.3\times10^3\times960}=1.0$〔mol〕である。平衡後に生じるCOを$x$〔mol〕とすると，$H_2=x$〔mol〕，$H_2O=0.8-x$〔mol〕である。よって，$x+x+0.8-x=1.0$より，$x=0.2=2.0\times10^{-1}$〔mol〕　2　平衡時の物質量は，$C=1.0-0.2=0.8$，$H_2O=0.8-0.2=0.6$，$H_2=CO=0.2$である。Cは固体で平衡定数$K$には影響しないため，$K=\dfrac{[CO][H_2]}{[H_2O]}=\dfrac{\frac{0.2}{80}\times\frac{0.2}{80}}{\frac{0.6}{80}}=\dfrac{0.2\times0.2}{80\times0.6}=8.33\times10^{-4}≒8.3\times10^{-4}$〔mol/L〕　3　与えられた条件での濃度平衡定数を求め，同条件での平衡定数と比較して平衡の移動方向を検証する。

【5】1　$Pb+SO_4{}^{2-}→PbSO_4+2e^-$　　2　質量…1.2×10〔g〕　　増減…増加　　3　$PbSO_4+2H_2O→PbO_2+4H^++SO_4{}^{2-}+2e^-$　　4　1.1×10〔g〕
〈解説〉1　鉛蓄電池の負極では，Pbが電子を失い酸化されて$PbSO_4$に変化する反応が起こる。　　2　流れた電気量は，$5.0\times(60\times60+60\times20+25)=24125$〔C〕である。これは電子$\dfrac{24125}{9.65\times10^4}=0.25$〔mol〕にあたる。1の反応式より，電子2molで負極は96g増加するので，$\dfrac{1}{2}\times96\times0.25=12=1.2\times10$〔g〕増加する。　　3　電極Ⅰは陽極である。充電では陽極で$PbSO_4$が電子を失いPbO_2に変化する反応が起こる。　　4　反応式よりリチウムイオン電池の負極は1molの電気量で6.9g減少する。2.3g減少したことより流れた電気量は$\dfrac{2.3}{6.9}$〔mol〕である。鉛蓄電池の陽極では2molの電気量で64g減少するため，$\dfrac{2.3}{6.9}$〔mol〕では$64\times\dfrac{2.3}{2\times6.9}=10.6≒1.1\times10$〔g〕減少する。

【6】1　物質…塩化カルシウム　　理由…ソーダ石灰は，二酸化炭素と水の両方を吸収するため性質を持つため。　　2　試料を完全に酸化するため。　　3　C_5H_{10}

4

```
        H   CH2-CH2-CH3        H      CH3              H    CH2-CH3
         \ /                    \    |                 \   /
          C=C                    C=C  CH-CH3            C=C
         / \                    / \  |                 /   \
        H   H                  H   H                  H     CH3
```

〈解説〉1　管へと流れ込む気体には水と二酸化炭素が含まれる。定量分析を行うには，炭素と水素の質量を個別に測定できるようにする必要があるため，試料側の管に塩化カルシウムを置き水だけを先に吸収する必要がある。　2　試料を完全に酸化するために酸化剤として使用する。　3　Cの質量：$4.4 \times \frac{12}{44} = 1.2$ 〔mg〕，水素の質量 $1.8 \times \frac{2}{18} = 0.2$ 〔mg〕である。原子数比はC：H$=\frac{1.2}{12}：\frac{0.2}{1}=1：2$で，組成式が$CH_2$である。分子量が70であることから分子式は$14 \times 5 = 70$より，分子式は$C_5H_{10}$となる。　4　分子式と臭素水が脱色されたことよりこの分子には1個の二重結合が含まれるアルケンであると推定できる。またアルケンの酸化によって二酸化炭素が発生したことから，二重結合の一方のC原子には2つともH原子が結合していることになる。

【7】1　ビウレット反応　　2　$C_9H_{11}NO_2$

3

```
  ⬡—CH2—CH
            |   NH3+
           COO−
```

（ベンゼン環）—CH_2—CH（上にNH_3^+，下にCOO^-）

4　$K_1 K_2 = \frac{[B^{\pm}][H^+]}{[B^+]} \times \frac{[B^-][H^+]}{[B^{\pm}]} = \frac{[B^-][H^+]^2}{[B^+]}$ となる。

等電点では$[B^+]=[B^-]$であるので，$K_1 \times K_2 = [H^+]^2$となる

よって，$[H^+] = \sqrt{5.0 \times 10^{-3} \times 2.5 \times 10^{-10}} = \sqrt{5.0^3 \times 10^{-14}}$ となるので，

$pH = -\log_{10}[H^+] = -\log_{10}\sqrt{5.0^3 \times 10^{-14}} = 5.95$

5　リシン…1〔個〕　　　　A…4〔個〕　　　　B…2〔個〕

〈解説〉1　トリペプチド以上のタンパク質に現れる呈色反応である。
2　⑤はAだけからなるジペプチドであることから，分子式は，$\frac{1}{2}$ $(C_{18}H_{20}N_2O_3+H_2O)$より$C_9H_{11}NO_2$となる。　3　⑤のタンパク質はキサントプロテイン反応を示すことからベンゼン環を有するアミノ酸から構成されている。よって，Aはフェニルアラニンである。双性イオンはアミノ基にH原子が結合して陽イオンに，カルボキシ基よりH原子が失われて陰イオンとなっている。　4　等電点とは，アミノ酸分子中の正負の電荷が等しくなる時のpHのことである。　5　鏡像異性体がないことからBはグリシンであると推定できる。問題文からペプチド①はペプチド②と③が結合した7個のα－アミノ酸からなるペプチドであり，ペプチド②はペプチド④と⑤が結合したペプチドである。ペプチド③と⑤がジペプチドで，ビウレット反応より④がトリペプチドである。⑤はAのフェニルアラニン2個からなるジペプチドである。また，③と④にもフェニルアラニンが含まれている。このことからペプチド①にフェニルアラニンは4個含まれている。また，B同士の結合が切れていることから，ペプチド①にグリシンが2個含まれている。よってペプチド①にはリシンが1個で，Aのフェニルアラニンが4個，Bのグリシンが2個含まれていることになる。

【高校生物】

【1】(1)　ア　理科の見方・考え方　　イ　科学的に探究　　(2)　主体的な学び…・自然の事物・現象から課題や仮説を設定し，観察，実験の計画を立案する学習となっているか。　　・観察，実験の結果を分析し解釈して仮説の妥当性を検討し，全体を振り返り改善策を考えているか。　　・得られた知識・技能を基に，次の課題を発見し，新たな視点で自然の事物・現象を把握しているか。　　対話的な学び…課題の設定や検証計画の立案，観察，実験の結果の処理，考察などの場面で，あらかじめ個人で考え，その後，意見交換をしたり，科学的な根拠に基づいて議論したりして，自分の考えをより妥当なものにする学習となっているか。　　深い学び…・探究の過程を学ぶことにより，理科

で育成を目指す資質・能力を獲得するようになっているか。　・様々な知識がつながって，より科学的な概念を形成することに向かっているか。　・理科の見方・考え方を，次の学習などにおける課題の発見や解決の場面で働かせているか。　(3)　インクルーシブ教育システム　(4)　見通しが持てるよう実験の操作手順を具体的に明示したり，扱いやすい実験器具を用いたりするなどの配慮をする。燃焼実験のように危険を伴う学習活動においては，教師が確実に様子を把握できる場所で活動させる。

〈解説〉(1)，(2)　理科における「主体的・対話的で深い学び」の実現は，実験・観察等の科学的な探究の過程を通じて行われる。自然の現象や事物から問題を見いだし仮説を立て，実験などを通して対話的な活動を行いながら，学習を次の課題や日常に活用できるように授業改善を図ることが学習指導要領では示されている。　(3)　インクルーシブ教育システムとは，障害のある者と障害のない者が共に学ぶ仕組みである。インクルーシブ教育では，障害のある者が教育制度一般から排除されないこと，生活する地域において初等中等教育の機会が与えられること，個人に必要な「合理的配慮」が提供される等が必要とされている。　(4)　個々の生徒によって，学習活動を行う場合に生じる困難さは異なるため，生徒の困難さに応じた指導内容や指導方法を工夫することが必要となる。

【2】(1)　ア　競争的阻害　イ　アロステリック　ウ　立体構造　(2)　酵素と本来の基質の親和性は下がる　(3) i　イ　ii　ア　iii　ウ　(4)　電子伝達系などの働きにより，チラコイド内腔の水素イオン濃度が高くなる。濃度勾配によって，水素イオンがATP合成酵素を通ってストロマへ流出しATPが合成される。

(5)

　　(6)　ア　ルビスコ　　イ　リンゴ酸　　ウ　限定要因　　(7)　244
〔倍〕

〈解説〉(1)　競争的阻害の一方で，酵素の活性部位以外に別の物質が結
　　合して反応が阻害されることを，非競争的阻害という。　　(2)　競争的
　　阻害の場合，基質と酵素の親和性こそ下がるものの，両者の性質には
　　変わりがないため基質濃度を上げると阻害効果が軽減され，最大反応
　　速度は変わらない。　　(3)　解答参照。　　(4)　光リン酸化は光合成反応
　　の一部であり，水素イオンがATP合成酵素を通ることによってADPと
　　リン酸からATPが合成される反応である。　　(5)　カルビンベンソン回
　　路ではCO_2がルビスコによって固定され，PGA(ホスホグリセリン酸)が
　　生成される。CO_2がない条件ではPGA(ホスホグリセリン酸)は生成でき
　　ないため濃度は下がる。　　(6)　C_4植物やCAM植物は強光下でも光呼吸
　　を起こさない酵素を使うことで，強光下でも生育が可能になった。
(7)　光合成の一般的な反応式は$6CO_2 + 12H_2O \rightarrow C_6H_{12}O_6 + 6O_2 + 6H_2O$，
　　この葉が光合成の反応において消費する水の量をxとするとその比は，
　　$55 : x = 44 : 18$，よって，$x = 22.5$〔mg〕，蒸散によって失う水の量は
　　5.5g(5500mg)のため，蒸散により失われる水の量は光合成の反応によ
　　り消費される水の量の$\dfrac{5500}{22.5} = 244.44\cdots$〔倍〕である。

【３】(1)　・分裂後，娘細胞が成長しない　　・分裂の速度が速い
(2)　a　　(3)　②，③，⑤　　(4)　精子が進入すると表層回転が起こ
り，ディシェベルドタンパク質が灰色三日月の位置へ移動する。これ
によりβ－カテニンの分解が阻害されるため濃度勾配が生じ，濃度が
高い側が背側に分化する。
(5)

(6)　(i)　胚盤胞　　(ii)　逆転写酵素　　(iii)　ES細胞は将来胎児にな

る初期胚からしか得られないため倫理的な問題が生じる。また，再生
医療での利用においては，他人の細胞に由来する組織や器官を移植す
ることによる拒絶反応の問題も生じる。それに対して，iPS細胞は本人
の体細胞からつくることができるため，倫理的な問題も移植による拒
絶反応も起こりにくい。

〈解説〉(1)　解答例の他，体細胞分裂ではそれぞれの細胞で分裂するタ
イミングが異なるが，卵割では同調分裂すること等がある。　(2)　先
体反応は精子がゼリー層に到達して先体突起が形成される反応のこと
であるため，bは誤り。受精膜になるのは細胞膜ではなく卵黄膜のた
め，cは誤り。　(3)　真皮は中胚葉から分化するため，①は誤り。脳
は外胚葉から分化するため，④は誤り。肝臓は内胚葉から分化するた
め，⑥は誤り。心臓と腎臓は中胚葉から分化するため，⑦と⑧は誤り。
(4)　βカテニンはGSK－3によって分解されるが，ディシェベルドタ
ンパク質はGSK－3のβカテニンの分解効果を抑制することができる
ため，βカテニンが蓄積する。このことによりβカテニンの濃度勾配
の違いがつくられ，背腹の軸が決定される。　(5)　原腸胚後期では，
原腸の陥入がほとんど完了し，胚が外胚葉，中胚葉，内胚葉に分かれ
る。中胚葉は原腸の天井に位置している。　(6)　ES細胞は，胚の一部
を取り出して培養する幹細胞である。一方でiPS細胞は，皮膚などの体
細胞に処置を施すことで幹細胞に変化させた細胞である。

【4】(1)　屈性は刺激の方向に対して一定の方向に屈曲する。傾性は刺
激の方向とは関係なく，あらかじめ決まった方向に屈曲する。
(2)　ア　トレニア　イ　助細胞　ウ　ルアー　エ　しない
(3)　①，②　　(4)　孔辺細胞の細胞壁は内側が厚く外側が薄いため，
細胞が外側に湾曲して気孔が開く。　(5)　近くに宿主が存在した時
のみ発芽するので，宿主に寄生できる確率が高くなる。
〈解説〉(1)　屈性には，根の重力屈性や茎の光屈性，傾性には葉の開閉
運動などが例としてあげられる。　(2)　トレニアは胚のうが露出して
いるため，観察がしやすい。助細胞を破壊すると花粉管は誘引されな

い。また，実験からトレニアのルアーには種特異性があることが発見されている。　（3）　オーキシンが抑制するのはサイトカイニンの合成であるため，③は誤り。フィトクロムは赤色光と遠赤色光を受容するタンパク質であるため，④は誤り。　（4）　孔辺細胞にカリウムイオンが流入して浸透圧が上昇することによって吸水が起こり，膨圧が上昇する。細胞壁の厚さの差により細胞が湾曲し，気孔が開く。　（5）　解答参照。なお，化合物Ｓはストリゴラクトンである。ストリゴラクトンは菌根菌等との共生促進，分枝の調節等に関する植物ホルモンである。

【5】（1）（ⅰ）ア　開放　　イ　はしご形　　ウ　触角　　エ　サイナス
（ⅱ）飼育，栽培，保管，運搬，輸入，野外へ放つこと等の禁止
（2）・移出入がない。　　・標識したことが生存や行動に影響しない。
（3）3〔個体/m²〕　　（4）標識した個体の割合が小さくなるため，全体の個体数を実際よりも多く推定することになる。　　（5）ア　コロニー　　イ　フェロモン　　ウ　$\frac{1}{2}$　　エ　$\frac{1}{4}$　　オ　$\frac{1}{2}$　　カ　1
（6）①　社会性昆虫　　齧歯類…ハダカデバネズミ　　（7）名称…ヘルパー　　数式…$\beta - \alpha > \gamma$　　（8）ミツバチのはたらきバチは，自身が繁殖して血縁度が$\frac{1}{2}$となる娘をもつよりも，血縁度が$\frac{3}{4}$となる姉妹を多く残した方が，自分と共通する遺伝子をもつ個体を一生のうちにどれだけ残せるかという包括適応度を増大させることができるため。

〈解説〉（1）　（ⅰ）　節足動物は，開放血管系とはしご形神経系の特徴をもつ。ザリガニなどの十脚目の排出口は触角腺である。脱皮抑制ホルモンや体色変化ホルモンはサイナス腺に貯蔵された後，体中に放出される。　（ⅱ）　特定外来生物とは外来生物（海外起源の外来種）の中で，生態系，人の生命・身体，農林水産業へ被害を及ぼすもの，又は及ぼすおそれがあるものの中から指定されたものである。　（2）　解答例の他にも，個体識別用のマークが捕獲されやすさに影響しないこと等があげられる。　（3）　ザリガニの全個体数をxとすると，$x : 576 = 360 : 144$より，$x = 1440$〔個体〕，池の面積は500m²であるため，個体群密度

は$\frac{1440}{500}$＝2.88 (4) 解答参照。 (5) 同種の生物が形成する集団をコロニーという。動物の体外に分泌され，同種の他個体に一定の行動や生理反応等を引き起こす物質をフェロモンという。兄弟姉妹間で父親由来の遺伝子の一致率が$\frac{1}{4}$，母親由来の遺伝子の一致率が$\frac{1}{4}$なので，兄弟姉妹間の血縁度は$\frac{1}{4}+\frac{1}{4}=\frac{1}{2}$となる。父親が一倍体である場合，姉妹間の血縁度は$\frac{1}{4}+\frac{1}{2}=\frac{3}{4}$となる。 (6) ハダカデバネズミは長寿であることから，老化の研究に使われる。 (7) 兄姉個体による両親との共同子育て行動が進化するためには，兄姉にとって遺伝的利益が大きくなる必要がある。よって，共同子育てに参加することで兄姉が得られる追加的な適応度($\beta-\alpha$)が，兄姉が独自に子孫を残すことで得られる適応度(γ)よりも大きい場合，この行動が進化すると考えられる。 (8) 血縁度を基に次世代を想定すると，生物にとって自身の生殖的成功だけでなく，血縁者を通して自分の遺伝子を次世代に残すことが重要であると考えることができる。

二次試験 (県のみ)

【中学理科】

【1】(解答例) 教室内に天体のモデルを設定し，モデルの観察から生徒に地球の運動と星座の見え方について考察させ，意見交換をさせながら，季節によって星座の見え方が異なることを地球の公転と関連付けて指導を行う。

　教室の四方の壁を各季節とし，四季の夜空に見える代表的な星座が描かれたパネルを設置し，教室の中心に太陽としてボール等を設置し簡易的な天体のモデルを作成する。まずは，各生徒を地球であるとして，太陽（ボール）の周りを反時計回りに回転させ，地球の公転とする。このとき太陽の真反対が夜に見える星座であり，太陽の方向は昼となることを指導する。その後，それぞれの季節の壁の前で反時計回

りに生徒自身が回転することを自転であるとする。その後，公転と自転を様々な位置で行わせ星座の見え方を記録させる。季節とずれた位置でどのように星座を見ることができて，どの星座が見ることができなかったのか，ずれたときにどのように星座を見ることができたのか，生徒に考察させたあとグループ毎にまとめさせて発表させる。発表した内容から，1年間で変化していく星座の移り変わりや地球の運動による位置の変化を自分たちの体験をもとに理解させる。その後，同じ時間で約2週間ごとに約3回野外観察もしくはその記録の閲覧を行うことで，見えていた星座の位置がずれていくことを実感させる。これが自分たちの教室で体験したモデルと同じ仕組みであり，実際は地球が太陽の周りを公転していることで見える現象であることをつなぎ合わせることで，地球の公転により季節によって見える星座が異なることを理解させる。

〈解説〉主体的・対話的で深い学びの実現に向けた授業改善の視点から，指導は「主体的な学び」，「対話的な学び」，「深い学び」の視点から組み立てる必要がある。四季の星座の見え方と地球の公転を関連付けて年周運動について科学的な説明では，生徒が天体と地球の位置関係を理解できるように，地球と太陽と星座を配したモデルを活用して観察者(生徒)の視点を公転する地球の外に移動させることが考えられる。モデルを観察する中で気付いたことを考察させ，生徒間で説明し合うなど対話的な活動を設けることやモデルの観察後に実際の天体を観測すること等を通して，探究の過程を振り返る機会を設定し，法則や次の課題を発見するなど発展的な指導を構築することが重要である。

【高校化学】

【1】(解答例)

1 学習計画

時限	指導内容	学習活動	評価
1時限目	アルコール① ・アルコールの構造 ・アルコールの分類 ・アルコールの異性体と名称	アルコールの構造と分類について理解する アルコールの異性体を書き上げ，名称を考える	主体的に異性体の構造を考え，名称を決めることができる
2時限目	アルコール② ・主なアルコール ・アルコールの特徴的な反応 　（酸化反応と脱水反応）	身近なアルコールについて理解する エタノールを中心にアルコールの特徴的な反応について理解する	エタノールの反応について，その機構を理解するとともに，化学反応式で示すことができる
3時限目	エーテル ・エーテルの構造 ・アルコールと異性体の関係 ・主なエーテル	アルコールの異性体であるエーテルの構造を理解する	
4時限目	アルデヒド ・アルデヒドの構造 ・主なアルデヒド ・アルデヒドの還元性	アルデヒドの構造の特徴を理解する 還元性について理解する	還元性を示す2つの反応について理解する
5時限目	ケトン ・ケトンの構造 ・主なケトン ・ヨードホルム反応	ケトンの構造と特徴を理解する ヨードホルム反応を理解する	ヨードホルム反応を示す物質を特定できる
6時限目	カルボン酸① ・カルボン酸の構造 ・カルボン酸の分類 ・主なカルボン酸	カルボン酸の構造と分類について理解する	

7時限目	カルボン酸② ・カルボン酸の主な反応 ・乳酸における鏡像異性体 ・エタノールを中心とした化合物の相互関係をまとめる	カルボン酸の特徴的な反応を理解する 乳酸を例に鏡像異性体について理解する まとめとしてエタノールを中心とした化合物の連鎖をまとめる	鏡像異性体を相互学習で理解を深める プリントを用いて化合物の相互関係をまとめる
8時限目	エステル① ・エステルの構造 ・エステルの化学的性質	エステルの構造と化学的性質を理解する	エステル化の機構を理解する
9時限目	エステル② ・エステルの反応 ・油脂	エステルの反応を理解する 様々なエステルの中から油脂を取り上げ，けん化についても学習する	
10時限目	探究活動	エステルの合成とけん化	
11時限目	セッケン ・セッケンの構造 ・セッケンの特徴	身近なセッケンの構造と合成世印材との相違を理解する	セッケンの洗浄作用について説明できる。

2　探究活動

【探究活動名】エステルの合成とけん化

(1)　探究活動の目的や内容

【目的】脂肪酸とアルコールから，酸を触媒としてエステルが生成する。エステルには果実の香りをもつものも多くある。本時では，エタノールと酢酸から酢酸エチルを合成し，液相の状態とにおいを観察する。さらに得られたエステルをけん化し，液相の状態とにおいを観察する。

(2)　実験や実習の手順及び留意点

【準備物】300mLビーカー，試験管，三脚，金網，ガラス管付きゴム栓，温度計，試験管ばさみ，駒込ピペット，保護メガネ，エタノール，酢酸，濃硫酸，水酸化ナトリウム水溶液

＜実験1　酢酸エチルの合成＞

【実験手順】

(i)　300mLビーカーに水を入れ，80℃くらいに熱する。

(ii)　酢酸2mLとエタノール2mLを試験管にとり，これに濃硫酸を0.5mL加えて良く振り混ぜた後，試験管にガラス管付きゴム栓をして，80℃の湯の入ったビーカーに入れ，時々試験管を振り混ぜながら約5間加熱する。

(iii)　ガラス管付きゴム栓を外して，純水を5mL加える。この時，油状の層ができる。これが合成したエステルである。

(iv)　においを確認する。

＜実験2　酢酸エチルのけん化＞

【実験手順】

(i)　実験1で得られた酢酸エチルが1mL入った試験管に5mol/Lの水酸化ナトリウム水溶液を加える。

(ii)　試験管を約80℃のお湯に入れて，時々試験管を振り混ぜながら，5分間加熱する。

(iii)　試験管を取り出して，時々よく振り混ぜながら2分間冷却し，においを確認する。ここでは，油状がほぼ消えるまでよく降り混ぜるようにする。

(iv)　5mol/Lの硫酸を5mL加え，よく振り混ぜて約2分後，再びにおいを確認する。

【実験場の留意点】

・濃硫酸を取り扱うため，保護メガネを着用させる。

・反応が激しいと正しい結果が得られないため，湯浴で実験を行う。

・濃硫酸の反応が激しいため湯浴で実験することをあらかじめ指導する必要がある。

・エステルの合成とけん化の実験は，液相の状態やにおいの変化で理解できること，比較的容易であり，生徒が楽しめる実験である。

・他にいくつかのアルコールでエステルを合成して，においの違いを観察することもできる。

【予想される考察】

＜実験1　酢酸エチルの合成＞

液晶の状態とにおいについて

・液相は油状層と水層の2層に分かれる。油状の液体がエステルである。

・においは，果実の香りまたは接着剤のようなにおいがする。

＜実験2　酢酸エチルのけん化＞

液相の状態とにおいについて

・(iii)の段階のにおいはほとんど無臭だが，エタノールのにおいが若干する。

・油状の層が消えた段階で酢酸エチルはけん化され，酢酸ナトリウムとエタノールに分解されている。

・(iv)の段階のにおいは刺激臭がする。酢酸が生成したことがわかる。

(4)　評価の例

・学習内容から実験結果を推察できるか。

・実験内容を理解できているか。

・器具や試薬の取り扱いが正しく行えるか。

・班員と協力して実験が行えるか。

〈解説〉高等学校学習指導要領解説理科編に示されている目標は，「『化学』の目標は，高等学校理科の目標を受け，『化学基礎』までの学習を踏まえて，化学的な事物・現象に関わり，理科の見方・考え方を働かせ，見通しをもって観察，実験を行うことなどを通して，化学的な事物・現象を科学的に探究するために必要な資質・能力を育成することである。」としている。また，解説編には「官能基をもつ脂肪族化合物については，アルコール，エーテル，アルデヒド，ケトン，カルボン酸及びエステルの代表的な化合物を取り上げ，炭素骨格及び官能基により性質が特徴付けられることや，これらの化合物の相互の関係を反応や構造と関連付けて扱う。その際，不斉炭素原子を1個含む化合物を取り上げ，鏡像異性体にも触れる。また，エステルに関連して油脂やセッケンなどに触れることも考えられる。ここで扱う実験としては，

例えば，エステルの合成や加水分解の実験などが考えられる。その際，あらかじめ反応物の性質，反応条件，生成物の性質を調べさせることが大切である。」と記されている。この単元は脂肪族化合物の中で中心となる分野で，それぞれの化合物の特徴と化合物の相互関係を体系づけて学習させたいところである。また，セッケンなど日常生活や社会で利用されている化学を例に挙げ，有用性を実感させることも重要である。さらに基本事項の理解をもとに，生徒の推理力と表現力を身につけさせるために，実験や有機化合物の性質から構造式が書けるよう指導を設定したい。

【高校生物】

【 1 】 (解答例)

図1

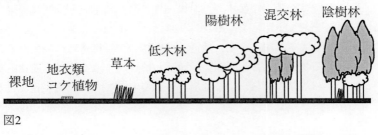

図2

陸上での一次遷移は，栄養塩類の乏しい裸地から始まる。図1のように，遷移の初期には乾燥に強く，少ない栄養塩類でも生きていける先駆種(地衣類やコケ植物)が増殖する。この遺骸が分解され，土壌が

形成され，草本，低木林が生育する。その後，光飽和点の高い陽樹が生育する。陽樹により光が遮られ，陽樹の種子は成長できなくなり，光飽和点の低い陰樹が成長し混交林ができ，陽樹が減退することで陰樹林が形成され安定した状態の極相林となる。図2のように，森林は高い方から順に高木層，亜高木層，低木層，草本層といった階層構造を持つ。極相林は，日照，気温，湿度等の自然環境に適応できない樹木の淘汰が進み，生育に適した植物のみが階層構造のそれぞれに定着するため，いろいろな遷移段階の樹種が見られる。また，台風や山火事など様々な理由から樹冠を構成する陰樹がない空間(ギャップ)が生じ二次遷移が始まるため，森林は遷移の様々な段階の樹種から構成されている。

〈解説〉何らかの植物が存在する状態からの遷移を二次遷移，植物が存在せず，土壌もない裸地や，新しい湖沼から始まる遷移を一次遷移という。本問では裸地から始まり，草原を経て森林に至る一次遷移の過程のモデルを取り上げ，発達した森林では，上層から，高木層・亜高木層・低木層・草本層といった垂直的な森林の階層構造について樹木の光に対する特性などの生育適性と関連して説明することで，森林内が様々な遷移段階の樹種によって構成されていることを説明することが考えられる。

2023年度　実施問題

一次試験(県・市共通)

【中学理科】

【1】光合成と二酸化炭素の関係を調べるために，タンポポの葉を使って次のような実験を行った。また，図1は植物の細胞を模式的に表したものであり，図2は光合成の様子を模式的に表したものである。あとの(1)～(6)の各問いに答えなさい。

【実験】

①何も入れない試験管Aと葉を入れた試験管Bとを用意する。A，Bの両方に息を吹き込んでゴム栓をする。

②試験管AとBに直射日光をあてる。

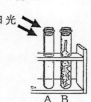

③30分後，A，B両方の試験管に石灰水を少量入れ，ゴム栓をする。

④各試験管をよく振り，石灰水の色の変化を
比べる。

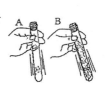

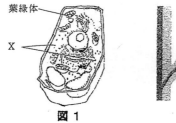

図 1

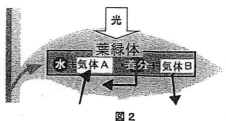

図 2

(1)　実験で試験管Aを用意するのはなぜか，簡潔に答えなさい。

(2)　④で試験管Aでは石灰水は白くにごり，試験管Bでは白くにごらなかった。この結果からどのようなことが考えられるか，説明しなさい。

(3)　②の直射日光をあてる操作において，試験管A，Bをアルミニウムはくでおおい，光があたらないようにした場合，④での試験管Bの石灰水の変化はどのようになるか，答えなさい。

(4)　図1の葉緑体を構成する色素を何というか，答えなさい。

(5)　図1でタンパク質合成の場となるXの部分を何というか，答えなさい。

(6)　図2の気体Bに入る物質名を答えなさい。また，光合成は何エネルギーを何エネルギーに変換しているといえるか，答えなさい。

(☆☆◎◎◎)

【2】図3はエンドウの形質の伝わり方をモデルで表したものである。以下の(1)〜(7)の各問いに答えなさい。

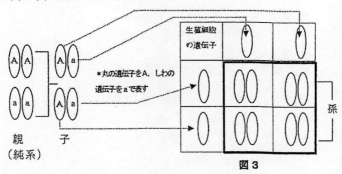

図3

(1) 純系で丸い種子をつくるエンドウと，純系でしわのある種子をつくるエンドウから子のエンドウをつくると，種子の形質は丸，しわのどちらになるか，答えなさい。

(2) エンドウの種子の形のように，どちらか一方しか現れない2つの形質同士を何というか，答えなさい。

(3) (1)でできた子のエンドウから，花粉を取り出し，同じエンドウに受粉させ，孫のエンドウをつくった。このような受粉を何というか，答えなさい。

(4) (3)でできた，孫のエンドウの種子は丸としわがあり，数には規則性がある。この規則性を説明するために図3の染色体のモデル図を完成させなさい。

(5) 孫のエンドウで丸い種子の数としわのある種子の数のおよその比はどうなるか，答えなさい。

(6) 図3の点線(┈┈▶)で示されたような生殖細胞がつくられるときの分裂を何というか，答えなさい。

(7) エンドウの形質の伝わり方からこのような規則性を発見した人物名を，答えなさい。

(☆○○○)

【3】図4はプレートの沈み込みと火山の噴火について，模式的に示したものである。以下の(1)〜(6)の各問いに答えなさい。

図4

(1) 噴火において，溶岩の破片や火山灰が，高温のガスとともに山の斜面を流れ下るものを何というか，答えなさい。

(2) 次のア〜ウは，異なる形状の火山を簡単に表したものである。マグマの粘り気が最も強い火山の形状はどれか。また，マグマのSiO_2の含有量が最も多い火山の形状はどれか。次のア〜ウからそれぞれ1つ選び，記号で答えなさい。

(3) 図4のようなプレートの沈み込み帯では地震が発生しやすい。このように海溝付近で，プレートがずれることで生じる地震を何というか，答えなさい。

(4) ある地点で初期微動継続時間が7秒の地震を観測したとき，この地点の震源までの距離は何kmになるか，答えなさい。ただし，P波の速度を6km/s，S波の速度を3km/sとする。

(5) 図4のような場所では地下に温度や圧力が高い部分が存在する。岩石が地下で高温・高圧下にさらされると，固体のまま鉱物の種類や組織が変わることがある。このようにしてできた岩石を何というか，答えなさい。

(6) 図4で，プレートをつくる地殻とマントル最上部の部分は板状の

硬い岩石の層であり，温度が低く割れやすい性質をもっている。この部分を何というか，答えなさい。

(☆☆☆◎◎◎)

【4】空気の重さについて調べるために，次のような実験を行った。以下の(1)〜(5)の各問いに答えなさい。

【実験】　表面がなめらかな机を用意し，机の上に，取っ手のついたゴム板を置き，取っ手の部分を引っ張ると，ゴム板は机から離れず，机が持ち上がった。

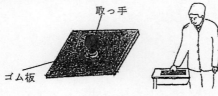

(1) この実験で，机が持ち上がったのは空気の重さによるものである。空気の押す力によって生じる圧力を何というか，答えなさい。

(2) (1)の力が及ぼす現象を次のア〜エからすべて選び，記号で答えなさい。

ア　熱い吸い物の入ったお椀のふたがはずれない。

イ　タオルを掛けている吸盤フックがはずれない。

ウ　山に登ると，菓子袋がふくらむ。

エ　スキー板を履くと足が雪に埋まらない。

(3) (1)の力は海抜0m付近で約100000Paであるとき，1cm²あたりに何gの物体がのっている状態と同じ力が働いていることになるか，答えなさい。ただし，100gの物体にはたらく重力の大きさを1Nとする。

(4) 次の文章は(1)の力と雲のでき方について述べたものである。文中のア〜エに当てはまる適当な語句をそれぞれ答えなさい。

> 　空気のかたまりが上昇すると(1)は(　ア　)くなり，空気は
> (　イ　)する。また，このとき，空気のかたまりの温度は
> (　ウ　)。さらに上昇を続けると，空気のかたまりはやがて
> (　エ　)に達し，水蒸気が凝結し始める。こうしてできた水滴
> や氷の粒が集まって雲をつくっている。

(5)　「中学校学習指導要領(平成29年告示)解説　理科編」の「第2章
理科の目標及び内容」，「第2節　各分野の目標及び内容[第2分野]」，
「2　第2分野の内容」における「(4)気象とその変化」では，天気と
その変化に関する学習を進める際に興味・関心を高めるようにする
ために，どのような機会を設けるように述べられているか，簡潔に
答えなさい。

(☆☆☆◎◎◎)

【5】レールを転がる鉄球のエネルギーについて調べるために次の実験を
行った。以下の(1)～(6)の各問いに答えなさい。ただし，鉄球はレール
上をなめらかに転がるものとし，空気抵抗や摩擦は考えないものとす
る。

> 【実験】
> ①　2mのレールに50cmごとに印をつけ，それぞれをA，B，C，
> D，Eとした。
> ②　Aを高さ50cmの位置に固定し，C，D，Eを水平な床に固定
> してコースⅠをつくった。
> ③　200gの鉄球をAから手を離して転がし，Eに到達するまでの
> 時間と，Eでの瞬間の速さを測定した。
> ④　B，Cを高さ25cmの位置に固定し，コースⅡをつくった。
> ⑤　③と同じように200gの鉄球をAから手を離して転がし，Eに
> 到達するまでの時間と，Eでの瞬間の速さを測定した。

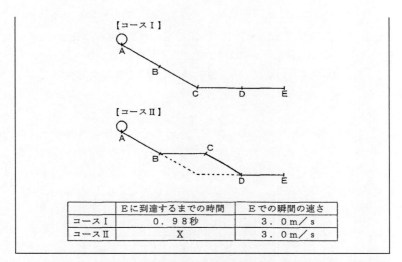

	Eに到達するまでの時間	Eでの瞬間の速さ
コースⅠ	0.98秒	3.0m／s
コースⅡ	X	3.0m／s

(1)　コースⅠにおける鉄球がAからEに到達するまでの平均の速さを求めなさい。ただし，四捨五入して小数第1位まで求めなさい。

(2)　Aでの鉄球がもつ位置エネルギーの大きさは何Jになるか，答えなさい。ただし，100gの物体にはたらく重力の大きさを1Nとして求めなさい。

(3)　コースⅡの位置エネルギーの変化の様子を図5に表した。運動エネルギーはどのように変化するか，図に示しなさい。ただし，位置エネルギーの大きさはEの高さを基準とする。

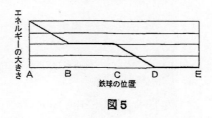

図5

(4)　Cにおける瞬間の速さはコース1とコースⅡではどちらが大きいか，答えなさい。

(5)　コースⅠとコースⅡにおいて，Eでの瞬間の速さが変わらなかっ

73

たのはなぜか。「エネルギー」という語句を使って説明しなさい。

(6)　Xに当てはまるコースⅡのEに到達するまでの時間について，次のア～ウから適当なものを1つ選び，記号で答えなさい。

　　ア　0.98秒より短い　　イ　0.98秒　　ウ　0.98秒より長い

（☆☆◎◎◎）

【6】4つの音さA，B，C，Dについて，それぞれの音の波形をオシロスコープで調べた。図6はその波形の様子である。以下の(1)～(6)の各問いに答えなさい。ただし，縦軸は音の振幅を，横軸は時間を表し，1目盛りの振幅の大きさ，時間の長さは同じとして考えなさい。

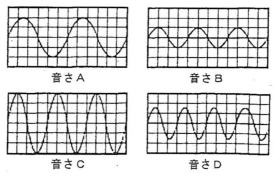

音さA　　　　音さB
音さC　　　　音さD

図6

(1)　水，空気，ガラスのうち，最も音が伝わるのが速いのはどれか，答えなさい。

(2)　4つの音さのうち，最も高い音を出す音さはA～Dのどれか，記号で答えなさい。

(3)　図6から，最も強くたたいたのはA～Dのどの音さをたたいたときと考えられるか，記号で答えなさい。

(4)　音さAの振動数が400Hzの場合，音さDの振動数を求めなさい。

(5)　音さBと音さCを同時に鳴らしても，うなりは聞こえなかった。ここで音さCに針金をまき，同時に鳴らすと毎秒4回のうなりが聞こえた。音さBの振動数が600Hzの場合，針金をまいた音さCの振動数

を求めなさい。

(6) 「中学校学習指導要領(平成29年告示)解説　理科編」の「第2章　理科の目標及び内容」,「第2節　各分野の目標及び内容[第1分野]」,「2　第1分野の内容」における「(1)身近な物理現象」には,身近な物理現象の学習に当たっては,興味・関心を高めるために,どんなことをすることが例示されているか答えなさい。

(☆☆◎◎◎)

【7】水に電流を流したときの変化を調べるために次のような方法で実験を行った。以下の(1)〜(7)の各問いに答えなさい。

【実験】

① <u>a水に水酸化ナトリウムをとかし</u>,2.5％水酸化ナトリウム水溶液をつくる。

②ゴム栓の上部のピンチコックと液だめのピンチコックをすべて(ア)る。

③①の水溶液を液だめから静かに入れ,液だめの高さを調整して,H字管内に空気が残らないように水溶液で満たす。

④ゴム栓の上部のピンチコックを(イ)る。

⑤電極と電源装置をつなぎ,6Vの電圧を加えて電流を流す。

⑥気体がたまったら電源を切り,液だめのピンチコックを(ウ),ゴム栓をとって<u>b気体が何であるか調べる</u>。

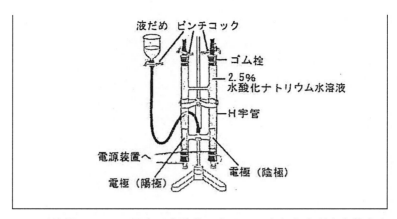

(1)　下線部aについて，水に水酸化ナトリウムをとかす理由を答えなさい。

(2)　水酸化ナトリウム水溶液が皮膚についてしまったときに，どのように対処するとよいか答えなさい。

(3)　ピンチコックについて，ア〜ウには「開け」「閉じ」のどちらが入るか，それぞれ答えなさい。

(4)　下線部bについて，陽極側に発生した気体の性質はどのように調べるとよいか。その方法と結果を答えなさい。

(5)　装置内での化学変化を化学反応式で表しなさい。

(6)　電極につないでいた電源装置を電子オルゴールに変えてつないだところ，音がしばらく鳴り続けた。このとき，エネルギーの変換について，次のア，イに当てはまる適当な語句をそれぞれ答えなさい。

　　　（　ア　）エネルギー → （　イ　）エネルギー → 音エネルギー

(7)　(6)においてオルゴールが鳴っている間，陽極側と陰極側の気体の体積はそれぞれ減少していた。このとき，陽極側の減少する気体と陰極側の減少する気体の体積比を答えなさい。

(☆☆◎◎◎◎)

【8】 図7は3種類の物質が100gの水にとける質量と温度の関係を表したものである。以下の(1)～(6)の各問いに答えなさい。

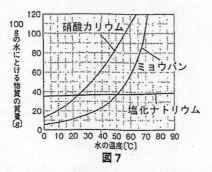

図7

(1) 3種類の物質を40℃の水100gにとかしたとき，多くとける順に並べなさい。

(2) 35℃におけるミョウバンの飽和水溶液の質量パーセント濃度を求めなさい。ただし，四捨五入して小数第1位まで求めなさい。

(3) 8％塩化ナトリウム水溶液を300cm³つくるには，塩化ナトリウムが何g必要か，この水溶液の密度を1.1g/cm³として求めなさい。

(4) (3)の水溶液のモル濃度は何mol/Lか，求めなさい。ただし，原子量はNa＝23，Cl＝35.5とし，四捨五入して小数第1位まで求めなさい。

(5) 80℃の水150gにミョウバン60gをとかした溶液を冷やしていくとき，ミョウバンが結晶として出始める温度として最も適当なものを，次のア～エから1つ選び，記号で答えなさい。

　ア　26℃　　イ　38℃　　ウ　52℃　　エ　62℃

(6) 60℃の硝酸カリウム飽和水溶液200gを10℃に冷却したとき，硝酸カリウムの結晶を何g取り出せるか。最も適当なものを次のア～エから1つ選び，記号で答えなさい。

　ア　85g　　イ　90g　　ウ　180g　　エ　200g

(☆☆◎◎◎◎)

【高校物理】

【1】 次の文章は,「高等学校学習指導要領(平成30年告示)」,「第5節　理科」,「第2款　各科目」,「第3　物理」から「1　目標」を抜粋したものである。以下の(1), (2)の各問いに答えなさい。

　1　目標
　　物理的な事物・現象に関わり,<u>理科の見方・考え方</u>を働かせ,見通しをもって観察,実験を行うことなどを通して,物理的な事物・現象を科学的に探究するために必要な[　①　]を次のとおり育成することを目指す。
(1)　物理学の基本的な概念や原理・法則の理解を深め,科学的に探究するために必要な観察,実験などに関する技能を身に付けるようにする。
(2)　観察,実験などを行い,科学的に探究する力を養う。
(3)　物理的な事物・現象に[　②　]に関わり,科学的に探究しようとする態度を養う。

---

(1)　下線部について,2台の台車の衝突や分裂に関する実験を行う目的を説明しなさい。
(2)　[　①　],[　②　]に当てはまる最も適当な語句をそれぞれ答えなさい。

(☆☆☆◎◎◎)

【2】 次の(1)〜(5)の各問いに答えなさい。
(1)　長さLの軽い糸におもりをつけた振り子がある。図のように,糸が鉛直方向と角θをなす点Pから,おもりを静かにはなす。おもりが最下点Oに達したときに糸が切れ,おもりは水平方向に飛び出して,地面に落下した。ただし,点Pの地面からの高さはLである。空気抵抗の影響は受けないものとし,重力加速度の大きさをgとする。おもりが地面に達する直前の速度の鉛直成分の大きさはいくらか。最も適当なものを,以下のア〜エから1つ選び,記号で答えなさい。

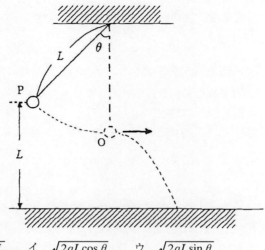

ア $\sqrt{2gL}$ イ $\sqrt{2gL\cos\theta}$ ウ $\sqrt{2gL\sin\theta}$
エ $\sqrt{2gL(1-\cos\theta)}$

(2) 球形の容器の中に単原子分子の理想気体が封入されている。容器の壁面はなめらかで，気体分子は壁面とだけ弾性衝突するものとする。この気体分子1個の平均運動エネルギーをボルツマン定数kと気体の絶対温度Tで表すとどうなるか。ただし，ボルツマン定数kは，気体定数をアボガドロ定数で割ったものである。最も適当なものを，次のア〜エから1つ選び，記号で答えなさい。

ア kT イ $\dfrac{1}{2}kT$ ウ $\dfrac{3}{2}kT$ エ $2kT$

(3) 静止している観測者Oに向かって音源Sが直線上を一定の速さ20m/sで近づきながら，5.0秒間だけ振動数400Hzの音を出した。音の速さは340m/sとする。この音を観測者Oが観測するのは何秒間か。最も適当なものを，次のア〜エから1つ選び，記号で答えなさい。

ア 4.7秒間   イ 4.9秒間   ウ 5.1秒間   エ 5.3秒間

(4) 抵抗値R〔Ω〕の電気抵抗，自己インダクタンスL〔H〕のコイル，電気容量C〔F〕のコンデンサーを直列につないだ回路に加える交流電圧の角周波数を変えると，角周波数がω_0〔rad/s〕のときに最も大

きな電流が流れた。このときの角周波数 ω_0〔rad/s〕はいくらか。最も適当なものを，次のア〜エから1つ選び，記号で答えなさい。

ア　$\sqrt{LC}$　　イ　$\sqrt{\dfrac{C}{L}}$　　ウ　$\sqrt{\dfrac{L}{C}}$　　エ　$\dfrac{1}{\sqrt{LC}}$

(5)　ある原子核が放射性崩壊をして，32日後に初めの量の $\dfrac{1}{16}$ になった。この原子核の半減期は何日か。最も適当なものを，次のア〜エから1つ選び，記号で答えなさい。

ア　2.0日　　イ　4.0日　　ウ　8.0日　　エ　16日

(☆☆☆◎◎◎◎)

【3】図のようななめらかな斜面があり，点Oで質量 M〔kg〕の台Bの上面となめらかに接している。点Oからの高さ h〔m〕の点Pに置いた質量 m〔kg〕の小物体Aを静かにはなすと，小物体Aは斜面に沿ってすべり降り，点Oで台Bの上面に乗り移った。小物体Aが台Bの上面をすべり出すと同時に，台Bも床の上を動き出した。ただし，台Bは水平でなめらかな床上にあり，小物体Aと台Bとの間の動摩擦係数は μ'，重力加速度の大きさ g〔m/s²〕とし，小物体Aと台Bの運動は紙面と同一平面上で起こるものとして，以下の(1)〜(5)の各問いに答えなさい。

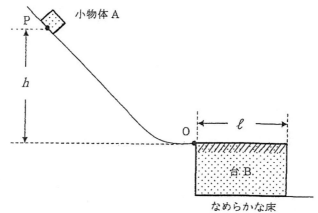

(1)　小物体Aが点Oに達したときの速度の大きさを求めなさい。

80

(2)　小物体Aが台Bの上面をすべるときの，床から見た台Bの加速度を求めなさい。ただし，図の右向きを正の向きとする。

(3)　小物体Aが台B上で，台Bに対して静止するとき，小物体Aの床に対する速度の大きさを求めなさい。

(4)　小物体Aが台Bの上面をすべり始めてから台B上で，台Bに対して静止するまでの時間を求めなさい。

(5)　台Bの上面の水平方向の長さを ℓ 〔m〕とする。小物体Aが台Bから飛び出さないための点Pの高さ h 〔m〕の条件を求めなさい。

(☆☆☆◎◎◎◎)

【4】なめらかに動くピストンがついたシリンダーに物質量 n 〔mol〕の単原子分子の理想気体を入れて，次図のようにA→B→C→D→Aの順に気体の体積 V 〔m³〕と絶対温度 T 〔K〕を変化させた。ただし，Aのときの絶対温度は T_1 〔K〕，体積は V_1 〔m³〕，Bのときの絶対温度は $2T_1$ 〔K〕，体積は V_1 〔m³〕，Dのときの体積は $2V_1$ 〔m³〕であり，A→BとC→Dは体積が一定の状態変化で，B→CとD→Aは絶対温度と体積が比例関係にある状態変化である。気体定数を R 〔J/(mol・K)〕として，以下の(1)～(4)の各問いに答えなさい。

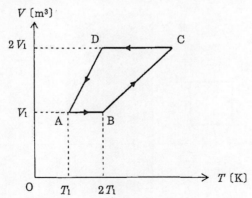

(1)　Cのときの絶対温度を求めなさい。

(2)　Dのときの圧力を求めなさい。

(3) 縦軸に圧力p〔Pa〕，横軸に体積V〔m³〕をとり，A→B→C→D→A の気体の状態変化を$p-V$図で示しなさい。

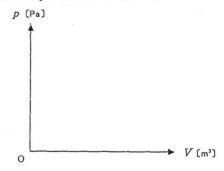

(4) A→B→C→D→Aのサイクルの熱効率を求めなさい。ただし，分数で答えてよい。

(☆☆○○○○)

【5】図のように，$0 \leqq x \leqq 2L$の領域に，紙面の裏から表に向かう磁束密度 Bの一様な磁場がかかっている。1辺の長さがL，全体の抵抗値がRの正方形コイルabcdを一定の速さvでxy平面内のx軸正の向きに動かした。以下の(1)，(2)の各問いに答えなさい。

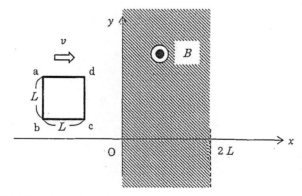

(1) 正方形コイルの辺cdが$x=0$からLになる直前までについて
① コイルに発生する誘導起電力の大きさを求めなさい。

② コイルが磁場から受ける力の大きさと向きを求めなさい。

(2) 正方形コイルの辺cdが$x=0$から$4L$になる直前までについて

① コイルに発生する誘導電流Iの時期変化をグラフで示しなさい。ただし，正方形コイルの辺cdが$x=0$を通過する時刻を$t=0$とし，誘導電流の向きは反時計回りを正とする。

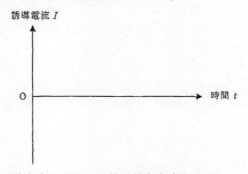

② コイルで発生するジュール熱の総和を求めなさい。

(☆☆◎◎◎)

【高校化学】

原子量　H＝1.0　C＝12　O＝16
気体定数：$R＝8.3×10^3$Pa・L/(K・mol)

【1】次の1，2の各問いに答えなさい。

1 次の文章は，「高等学校学習指導要領(平成30年告示)理科」の「第2款 各科目」からの抜粋である。文章中の空欄[　ア　]～[　エ　]に当てはまる語句を答えなさい。

「第4　化学基礎　1　目標」

　[　ア　]に関わり，理科の見方・考え方を働かせ，[　イ　]をもって観察，実験を行うことなどを通して，[　ア　]を科学的に探究するために必要な資質・能力を次のとおり育成することを目指す。

　(1) 日常生活や社会との関連を図りながら，[　ア　]について理解

するとともに，科学的に探究するために必要な観察，実験などに関する基本的な技能を身に付けるようにする。

(2)　観察，実験などを行い，科学的に探究する力を養う。

(3)　[　ア　]に主体的に関わり，科学的に探究しようとする態度を養う。

「第5　化学　1　目標」

[　ウ　]に関わり，理科の見方・考え方を働かせ，[　イ　]をもって観察，実験を行うことなどを通して，[　ウ　]を科学的に探究するために必要な資質・能力を次のとおり育成することを目指す。

(1)　化学の基本的な概念や[　エ　]の理解を深め，科学的に探究するために必要な観察，実験などに関する技能を身に付けるようにする。

(2)　観察，実験などを行い，科学的に探究する力を養う。

(3)　[　ウ　]に主体的に関わり，科学的に探究しようとする態度を養う。

2　「高等学校学習指導要領(平成30年告示)理科」や「高等学校学習指導要領(平成30年告示)解説　理科編　理数編」に示されている内容について，次の(1)，(2)に答えなさい。

(1)　「高等学校学習指導要領(平成30年告示)理科」の「第2款　第4　化学基礎　3　内容の取扱い」において，「2　内容　(1)　化学と人間生活　ア　(ア)　化学と物質　④　物質の分離・精製」で，実験における基本操作と物質を探究する方法を身に付けるために扱うこととされている5つの実験(操作)のうち，3つを答えなさい。

(2)　「高等学校学習指導要領(平成30年告示)解説　理科編　理数編」の「第1部　第2章　第5節　化学　1　性格」において，今回の改訂で，無機物質，有機化合物及び高分子化合物がそれぞれの特徴を生かして人間生活の中で利用されていること，化学の成果が様々な分野で利用され未来を築く新しい科学技術の基盤となっていることを理解させるために，新たに設けられた大項目を答えなさい。

(☆☆☆◎◎◎◎)

【2】次の文章を読み，あとの1〜3の各問いに答えなさい。ただし，酸素は理想気体とし，水の蒸発は無視できるものとする。

次の表は分圧1.0×10^5Pa，温度27℃において水1.0Lに溶解する酸素の体積を標準状態に換算した値とその物質量である。

温度	体積	物質量
27℃	0.027L	1.2×10^{-3} mol

圧力，体積が変化できる容器で次の〔実験1〕，〔実験2〕を行った。

〔実験1〕この容器に水1.0Lと酸素を封入し，温度27℃，圧力2.0×10^5Paに保った。このとき，容器中の気体の酸素の体積は0.83Lであった。

〔実験2〕〔実験1〕の後，27℃で容器の圧力を1.5×10^5Paにした。

1　〔実験1〕において，27℃，2.0×10^5Paの酸素は，標準状態のもとでは水に何〔mL〕溶けているか答えなさい。

2　〔実験1〕において，容器の気相の酸素の物質量〔mol〕を有効数字2桁で答えなさい。

3　〔実験2〕において，容器の気相の酸素の体積〔L〕を有効数字2桁で答えなさい。答えに至る過程も示すこと。

(☆☆☆◎◎◎◎)

【3】次の図は，カルシウムの化合物に関する反応を示したものである。空欄 ア 〜 オ はカルシウムを含む化合物を示している。以下の1〜5の各問いに答えなさい。

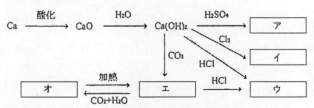

1　化合物 ア ， ウ ， オ の化学式を答えなさい。

2　化合物 ア 〜 オ のうち，水にほとんど溶けないものを，すべて記号で答えなさい。

85

3　化合物 イ に塩酸を加えて塩素を発生させたときの反応を化学反応式で答えなさい。

4　化合物 エ を強熱し，さらにコークスを加え加熱するとカルシウムの化合物Xが生じる。化合物Xに水を加えて発生する気体の分子式を答えなさい。

5　地殻に石灰石・大理石が存在する地域では，地下に鍾乳洞ができることがある。鍾乳洞のでき方を，上図の物質や化学反応式を用いて説明しなさい。

(☆☆☆◎◎◎◎)

【４】次の文章を読み，あとの1～5の各問いに答えなさい。ただし，水溶液の温度は常に25℃であり，酢酸の電離定数を$K_a＝2.0×10^{-5}$mol/L，水のイオン積を$K_w＝1.0×10^{-14}$(mol/L)^2，$\log_{10}2＝0.30$とする。

次図は0.20mol/L酢酸水溶液10mLに，同濃度の水酸化ナトリウム水溶液を滴下したときの滴定曲線である。

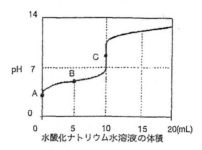

1　図中のA点のpHを小数第1位まで答えなさい。

2　B点付近では，少量の水酸化ナトリウム水溶液を滴下してもpHがほぼ一定となっている。このように，外から加えた酸または塩基の影響を打ち消して，pHをほぼ一定に保つ溶液を何というか。

3　図中のB点のpHを小数第1位まで答えなさい。

4　この滴定では指示薬としてフェノールフタレイン溶液が適切である。その理由を説明しなさい。

5　図中のC点のpHを小数第1位まで答えなさい。

(☆☆☆☆◎◎◎)

【5】次の文章を読み，以下の1〜6の各問いに答えなさい。

食品や医薬品等に含まれるアスコルビン酸(別名：ビタミンC，分子式：$C_6H_8O_6$)は酸化されやすい物質であり，食品の酸化防止剤としても使用されている。食品に含まれるアスコルビン酸の量は，ヨウ素ヨウ化カリウム水溶液(別名：ヨウ素溶液)を用いて酸化還元滴定によって求めることができる。

〔実験1〕ヨウ素溶液中のヨウ素のモル濃度〔mol/L〕を決定する。

　　0.20mol/Lのチオ硫酸ナトリウム水溶液10.0mLを正確に(a)計り取り，コニカルビーカーに移した。このコニカルビーカーに終点の判断のために指示薬を加え，濃度不明の市販の希ヨードチンキを少しずつ(b)滴下したところ，8.00mL加えたところで終点となった。

〔実験2〕アスコルビン酸を含む水溶液中のアスコルビン酸のモル濃度〔mol/L〕を決定する。

　　アスコルビン酸を含む試料X(ヨウ素により酸化される物質はアスコルビン酸以外含まれていない)を1.5g計り取り，50mLのメスフラスコを用いて水溶液を調整した。この水溶液を正確に10.0mL計り取り，コニカルビーカーに移した。このコニカルビーカーに終点の判断のために指示薬を加え，〔実験1〕で濃度決定した希ヨードチンキを滴下したところ，4.80mL加えたところで終点となった。

1　下線部(a)，(b)の操作で使用する器具の名称をそれぞれ答えなさい。

2　〔実験1〕におけるチオ硫酸イオンの変化を，電子e^-を含むイオン反応式で表しなさい。

3　市販の希ヨードチンキ中のヨウ素のモル濃度〔mol/L〕を有効数字2桁で答えなさい。

4　〔実験1〕と〔実験2〕で共通して使用する指示薬として適切な溶液の名称を答えなさい。また，終点の色を答えなさい。

5　アスコルビン酸はヨウ素によって酸化され，デヒドロアスコルビ

ン酸(分子式：$C_6H_6O_6$)に変化する。アスコルビン酸がデヒドロアスコルビン酸になる変化を，電子e^-を含むイオン反応式で表しなさい。

6　試料X 1.5gに含まれるアスコルビン酸の質量〔g〕を有効数字2桁で答えなさい。答えに至る過程も示すこと。

(☆☆☆◎◎◎◎)

【6】次の文章(Ⅰ)と(Ⅱ)はそれぞれの分子式で表される有機化合物を説明したものである。この文章を読み，以下の1，2の各問いに答えなさい。

(Ⅰ)　分子式$C_4H_8O_2$で表されるエステル[　ア　]は水酸化ナトリウム水溶液と共に加熱すると，2種類の化合物[　イ　]と[　ウ　]を生じる。[　イ　]はアンモニア性硝酸銀水溶液と反応し，銀を析出する。[　ウ　]に水酸化ナトリウム水溶液とヨウ素を加えて温めると特有のにおいのある黄色沈殿とカルボン酸のナトリウム塩が得られた。また，[　ウ　]には，同じ官能基をもつ異性体が存在した。

(Ⅱ)　同じ分子式C_7H_8Oで表される，ベンゼン環を含む化合物[　エ　]と[　オ　]がある。[　エ　]を酸化すると化合物[　カ　]を経て，分子式$C_7H_6O_2$で表される化合物[　キ　]が得られた。異性体[　オ　]は激しい条件で酸化することで分子式$C_7H_6O_3$で表される[　ク　]に変化する。[　ク　]はナトリウムフェノキシドと二酸化炭素の高温高圧での反応を経由しても得られる。

1　[　ア　]，[　ウ　]，[　エ　]，[　オ　]，[　カ　]，[　ク　]の構造式を例にならって答えなさい。

例

2　分子式C_7H_8Oで表されるベンゼン環を含む化合物の異性体で，融点が最も低い物質の名称を答えなさい。

(☆☆☆☆◎◎◎)

【7】次の文章を読み，以下の1〜4の各問いに答えなさい。

　　ビニロンは，木綿に似た感触をもつ合成繊維である。ビニロンを合成するためには，酢酸ビニルを重合して(a)ポリ酢酸ビニルを合成し，これを水酸化ナトリウム水溶液でけん化して，ポリビニルアルコールにする。次に，(b)紡糸したポリビニルアルコールをホルムアルデヒド水溶液で処理して(アセタール化)，水に溶けないようにした繊維がビニロンである。(c)ビニロンはヒドロキシ基が約60％から70％残っている。

1　ポリ酢酸ビニルの平均分子量が4.3×10^5のとき，平均の重合度を有効数字2桁で答えなさい。

2　下線部(a)について，ビニルアルコールを付加重合させてポリビニルアルコールを得ることができない理由を説明しなさい。

3　下線部(b)について，22gのポリビニルアルコールのヒドロキシ基のうち30％がアセタール化されたときのビニロンの質量〔g〕を有効数字2桁で答えなさい。

4　下線部(c)のようにヒドロキシ基を残す理由を説明しなさい。

(☆☆☆◎◎◎)

【高校生物】

【1】次の文章は，「高等学校学習指導要領(平成30年告示)理科」の「第3款　各科目にわたる指導計画の作成と内容の取扱い」からの抜粋である。以下の(1)〜(5)の各問いに答えなさい。

・各科目の指導に当たっては，[　ア　]観察・実験などを計画する学習活動，観察，実験などの結果を[　イ　]学習活動，①科学的な概念を使用して考えたり説明したりする学習活動などが充実するようにすること。

・観察，実験，②野外観察などの指導に当たっては，③関連する法規等に従い，④事故防止に十分留意するとともに，使用薬品などの管理及び廃棄についても適切な措置を講ずること。

(1)　文中の[　ア　]，[　イ　]に当てはまる語句を答えなさい。

(2)　下線部①について，このような学習活動の充実を図るためには，

どのような工夫が必要と考えられるか，答えなさい。

(3) 下線部②について，野外観察を行う際の服装についての留意点を答えなさい。

(4) 下線部③について，遺伝子組換え実験を行う際に特に従うべき法律の略称を答えなさい。

(5) 下線部④について，観察，実験を安全で適切に実施するために，教師が行うべきことを1つ挙げ，具体的に説明しなさい。

(☆☆☆☆◎◎◎)

【2】生物の細胞について，次の(1)〜(6)の各問いに答えなさい。

(1) 細胞には，原核細胞と真核細胞がある。原核細胞だけの構造上の特徴を2つ説明しなさい。

(2) 細胞の内部構造を分離するために細胞分画法(分画遠心法)を行う際に気を付けるべきことを2点，その理由を踏まえて説明しなさい。

(3) 植物細胞において炭酸同化の場となる細胞小器官を，その内部構造を含めて模式的に描き，各部分の名称も書き込みなさい。

(4) 細胞膜には，チャネルとポンプと呼ばれる輸送タンパク質が存在する。両者の違いについて，エネルギーと濃度勾配に触れながら説明しなさい。

(5) 次の文のア〜オに当てはまる最も適当な語句を答えなさい。

生物のからだを構成する細胞は炭水化物，脂質，[　ア　]，核酸など，いずれも炭素，[　イ　]，酸素を含む有機物からなる。ヒトなどの多細胞生物のからだは，同じような形や機能をもった細胞が組織を形成している。例えば血液は[　ウ　]組織，汗腺や胃腺は[　エ　]組織に分類される。また様々な組織が集まり，まとまってはたらく[　オ　]を形成している。

(6) 細胞の構造や働きについて述べた以下のa〜eの文章のうち，正しいものを全て選びなさい。

a 動物細胞では，隣接した細胞間のギャップ結合により，低分子の物質や無機イオンが細胞間を移動する。

b 微小管は，直径は10nmほど，繊維状のタンパク質を束ねた繊維のような形態で，細胞や核などの形を保つ役割を担う。

c 小胞と細胞膜の融合による細胞外への物質の分泌をエンドサイトーシスという。

d 細胞内で働くモータータンパク質のダイニンは，ニューロン内では細胞骨格上を細胞体側へ移動する。

e ゾウリムシなどの単細胞生物では，食物を取り入れる食胞などの特殊な細胞小器官が発達している。

(☆☆☆☆◎◎◎)

【3】次の〔A〕，〔B〕を読み，以下の(1)～(7)の各問いに答えなさい。

〔A〕

遺伝情報はDNAの塩基配列にあるが，DNAの塩基配列はタンパク質を構成する[ア]の[イ]，[ウ]，及び数を指定することで生物の形質を発現している。DNAの遺伝情報はmRNAに写し取られ，その情報を基にして細胞質基質で[エ]によりタンパク質が合成される。

(1) 上の文中の[ア]～[エ]に当てはまる最も適当な語句を答えなさい。ただし[イ]，[ウ]は順不同とする。

(2) 遺伝子の発現に関わる次の(i)～(iii)について，正しく説明している文を以下の①～④からそれぞれ1つずつ選び，番号で答えなさい。

(i) プロモーター (ii) 基本転写因子 (iii) オペレーター

① RNAポリメラーゼが結合し，転写の開始に関与する遺伝子中の特定のDNA領域

② DNAに結合することにより，転写を促進したり抑制したりするタンパク質

③ 真核生物において転写が始まる際に，RNAポリメラーゼとともに転写複合体を形成するタンパク質

④ 調節タンパク質が結合するDNA領域

(3) 遺伝子に1個の塩基の変異(置換，欠失，挿入)が生じても，その位

91

置や変異の結果によってタンパク質の合成に及ぼす影響は異なる。その理由を次の語句を全て用いて説明しなさい。

【語句】エキソン，イントロン

〔B〕

図1に示す大腸菌のプラスミドにヒトの遺伝子を組み込み，大腸菌に取りこませた。このプラスミドには，アンピシリン(抗生物質)耐性遺伝子(amp^r)と，ラクトース(乳糖)を分解する酵素 β －ガラクトシダーゼ遺伝子($lacZ$)を含み，外来の遺伝子が挿入される領域は$lacZ$の内部にあり，遺伝子が挿入されると$lacZ$は機能を失う。ヒトのDNAに①特定の塩基配列を認識して切断する酵素を作用させ遺伝子Aを含むDNA断片を切り出す。また，同じ酵素をプラスミドにも作用させる。両者を混合し，②DNAの切断点をつなぐ酵素を作用させる。この混合液を大腸菌を含む培養液と混ぜ，次いでアンピシリンとX－gal(β－ガラクトシダーゼが作用すると，青くなる物質を遊離する)を含む培地にまいて培養すると図2に示すような青色及び白色のコロニーの形成が観察された。

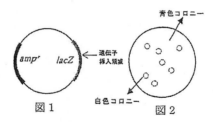

図1　　　　　　　　図2

(4) 下線部①，②の酵素を一般的に何というか答えなさい。

(5) 下線部①の酵素は，DNAのどこの結合を切断するか，次のa～dから全て選びなさい。

a 塩基と塩基の結合　　　b 塩基と糖の結合

c 塩基とリン酸の結合　　d 糖とリン酸の結合

(6) 図2の青色のコロニーには，どのような大腸菌が含まれると考えられるか，説明しなさい。

(7) アンピシリンを含まない培地で実験を行った場合，コロニーの形

成においてどのような結果が得られると予想されるか，理由とともに説明しなさい。

(☆☆☆◎◎◎◎)

【4】次の文章を読み，以下の(1)～(6)の各問いに答えなさい。

　動物が，経験を通して行動の変化を獲得することを①学習という。②軟体動物門のアメフラシ(図1)の③水管に直接刺激を与えるとえらを引っ込める筋肉運動を示すが，④接触刺激を繰り返すとしだいに引っ込めなくなる。これは[　ア　]と呼ばれる単純な学習である。[　ア　]の生じた個体に対し，尾部に電気刺激を与えた後，水管に直接刺激を与えるとえらを引っ込める行動を再び起こすようになる。これを[　イ　]という。さらに強い電気ショックを尾部に与えると，普通では反応が生じないほどの水管への弱い刺激でも敏感にえらを引っ込める反応が生じるようになる。これを鋭敏化という。[　イ　]と鋭敏化は，⑤尾部からの感覚情報を受けた介在ニューロンが，水管感覚ニューロンの神経終末とシナプスを形成して反応を増強させることによる(図2)。

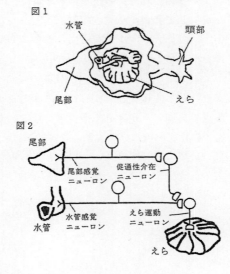

図1

図2

93

(1)　文中の[　ア　]と[　イ　]に当てはまる最も適当な語句を答えなさい。

(2)　下線部①について，アヒルなどの水鳥のひなが，ふ化後間もない時期に見た動く物体を追従の対象として記憶し，後追い行動をとることを何というか。また，この行動を発見したオーストリアの動物行動学者の人物名を答えなさい。

(3)　下線部②について，軟体動物門に属する生物を，次のa～eから全て選び，記号で答えなさい。
　　a　アサリ　　　b　イカ　　　c　イソギンチャク　　　d　ナマコ
　　e　ミミズ

(4)　下線部③について，次の(i)，(ii)の各問いに答えなさい。

　(i)　次の文中の[　ウ　]～[　オ　]に当てはまる最も適当な語句を答えなさい。

　　　接触刺激により生じた活動電位が感覚ニューロンの軸索末端まで伝導すると，[　ウ　]Ca^{2+}チャネルが開き，Ca^{2+}が軸索内に流入する。それによって[　エ　]がシナプス前膜と融合することで神経伝達物質が放出され，えら運動ニューロンに[　オ　]が生じ，活動電位が発生して興奮が伝達される。

　(ii)　(i)の[　ウ　]Ca^{2+}チャネルと同様に，興奮の発生と伝導に強く関わるイオンチャネルの名称を答えなさい。

(5)　下線部④について，短期の[　ア　]と長期の[　ア　]はいずれも水管感覚ニューロンとえら運動ニューロンの間のシナプスの伝達効率が低下する点で共通するが，その仕組みには違いが見られる。短期と長期の場合の仕組みの違いを説明しなさい。

(6)　下線部⑤について，水管感覚ニューロンとえら運動ニューロンの間のシナプスの伝達効率が高まる仕組みを，セロトニンとcAMPに触れながら説明しなさい。

(☆☆☆◎◎◎◎)

【5】次の文章を読み，以下の(1)～(4)の各問いに答えなさい。

　生物の①進化とは，祖先とは異なる形質をもつ子孫からなる集団が形成されたり，集団内の②遺伝子頻度の変化が生じたりする現象である。進化の主な要因には，③遺伝的浮動や自然選択，④隔離等がある。

(1)　下線部①について，次の(i)，(ii)の各問いに答えなさい。

(i)　ヒトの進化について，次の文中の[　ア　]～[　ウ　]に当てはまる最も適当な語句を答えなさい。

　　霊長類の中で日常的に直立二足歩行を行うものが現れ，それが現在のヒトの先祖になった。初期の人類は猿人と呼ばれ，最古のものは，アフリカ中央部のチャドで発見された[　ア　]で，およそ700万年前に出現したと考えられている。猿人が直立二足歩行をしていた証拠として，脊椎が頭骨に入る[　イ　]という部分が頭骨の真下についていることや，骨盤が横に広いことなどが挙げられる。その後，およそ240万年前に原人が出現した後，60万年前ごろには旧人が出現した。ヨーロッパと中近東を中心に広がった集団は，[　ウ　]と呼ばれており，新人である現生のヒト(ホモ・サピエンス)と共存していた時期もあったと考えられている。

(ii)　ヒトとウマのヘモグロビンα鎖のアミノ酸配列を比較すると，141個のアミノ酸のうち18か所で違っている。今から約8000万年前にヒトとウマが共通の祖先から分岐したと考えると，進化の過程でヘモグロビンα鎖の相同な場所のアミノ酸141個当たりに置換の起こる率(置換率)は，1年当たりどのくらいになるか。有効数字2桁で答えなさい。なお，置換する速度は一定であると仮定し，分子時計の考え方をもとに計算すること。ただし，共通の祖先から分岐後，ヒトとウマでは互いに同数ずつ異なる場所にアミノ酸の置換が起きたものとする。

(2)　下線部②について，ハーディー・ワインベルグの法則に関する次の(i)，(ii)の各問いに答えなさい。

(i)　次の文中の[　エ　]と[　オ　]に当てはまる最も適当な語句を答えなさい。

　　　　ハーディー・ワインベルグの法則が成立する集団では，遺伝子頻度は変化せず進化は起こらない。この法則が成立するためには，交配が[　エ　]に行われる大きな集団で，個体間に生存，繁殖力の差がなく自然選択がはたらかず，他の同種集団との間に移出や移入がなく，遺伝子に[　オ　]が起こらないという条件が必要である。

(ii)　ある対立遺伝子A，aについて，Aの遺伝子頻度をp，aの遺伝子頻度をqとしたとき，ハーディー・ワインベルグの法則について「次世代の遺伝子頻度は変化せず，前世代と同じとなる」ことを証明しなさい。ただし，$p+q=1$とする。

(3)　下線部③について，1968年に，DNAの塩基配列やタンパク質のアミノ酸配列の変化は，自然選択に対して有利でも不利でもないものが大部分であるという中立説を提唱した人物名を答えなさい。

(4)　下線部④について，地理的隔離によって種分化が起こる流れを簡潔に説明しなさい。

(☆☆☆◎◎)

【高校地学】

【1】「高等学校学習指導要領(平成30年告示)解説　理科編　第1部　第2章　第8節　地学基礎」の「3　内容とその範囲」，「(2)変動する地球」においては，「地球環境の変化に関する資料に基づいて，大気の変化と生命活動の相互の関わりを見いだして理解すること」としている。地質時代を通して生物の活動が大気に与えた影響の具体的な例を3つあげなさい。さらに，地球環境の変化についての探究活動を指導する際に参考となる，科学的なデータを2つあげなさい。

(☆☆☆☆◎◎)

【2】次の文章を読み，以下の(1)～(7)の各問いに答えなさい。

　　地球内部の物質の化学組成は，$_a$地球をつくる材料となった物質やマントルが一部溶けてできた$_b$マグマによる捕獲岩の研究で推定され

ている。地球内部は大まかに3層に分類されており，そのうち地殻とマントルの境界は，c モホロビチッチ不連続面(モホ面)とよばれる。また，地殻とマントルの重なり方の特徴は，d アイソスタシーという考え方で説明される。地球内部(地球全体・地殻・マントル・核)をつくる物質の化学組成モデル(重量比)は，次の円グラフ(①～④)で表され，e 物質の特徴的な分布が見られる。

　地磁気の成因では，磁場の中での発電作用により磁場が生じるという[　ア　]理論が考えられている。地磁気は太陽風による陽子や電子の流れで，急激に変化する現象である[　イ　]がみられる。

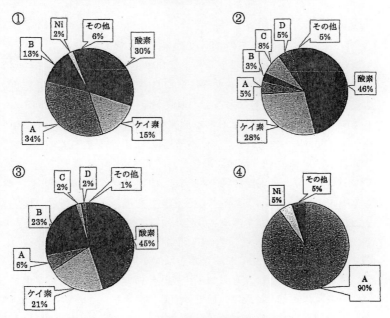

(1)　文章中の[　ア　]，[　イ　]に適当な語句を記入しなさい。

(2)　下線部aについて，この物質は何か，答えなさい。

(3)　下線部bの捕獲岩の岩質を答えなさい。

(4)　下線部cについて，モホ面はどのように発見されたか，簡潔に説明しなさい。

(5)　下線部dについて，アイソスタシーとはどのような考えか，簡潔に説明しなさい。

(6)　下線部dについて，スカンジナビア半島では最大250m土地が隆起している。アイソスタシーが成り立つと仮定して，かつてスカンジナビア半島にあった氷床の厚さを求めなさい。ただし，地殻・マントル・氷の密度をそれぞれ2.8g/cm³・3.3g/cm³・0.9g/cm³として計算し，計算過程も示したうえで，有効数字2桁で答えること。

(7)　下線部eについて，地殻の化学組成を正しく表しているものは，上の円グラフ①～④のうちどれか。1つ選び，番号で答えなさい。

(☆☆☆◎◎◎◎)

【3】次の文章を読み，以下の(1)～(7)の各問いに答えなさい。

地球全体を見ると地震はプレート境界で集中して起きている。プレートの収束境界付近に位置する日本においては，a海溝付近で起きる地震やbプレート内地震など多くの地震が発生する。

地震の程度を表す尺度としては，震度とcマグニチュード(M)が用いられ，震度は[　ア　]をマグニチュードは[　イ　]を表している。震度は気象庁により0から7の10段階に分けられており，d震源の浅い地震では，震度の等しい地域が震央から同心円状に分布するのが普通だが，震源の深い地震では，e震央から遠く離れた地域が震央に近い地域よりも大きく揺れることがある。このような地域を[　ウ　]とよぶ。

(1)　文章中の[　ア　]～[　ウ　]に適当な語句を記入しなさい。

(2)　下線部aに伴い，生じやすい断層は何か，答えなさい。

(3)　下線部bについて，海溝から沈み込む海洋プレート内で発生する地震の震源分布の特徴について，簡潔に説明しなさい。

(4)　下線部cについて，M7.0の地震はM3.0の地震の何回分に相当するか，答えなさい。

(5)　下線部dについて，震源距離と初期微動継続時間の間には，大森公式とよばれる関係が成り立つことが知られている。今，P波の速度が7.0km/s，S波の速度が4.0km/sであったとき，初期微動継続時間

が6.0秒の地点から震源までの距離を求めなさい。

(6)　下線部eについて，その原因を簡潔に説明しなさい。

(7)　我が国では現在，地震の被害を少しでも減らすため，ゆれの大きな地震が発生すると予測される場合には，気象庁が緊急地震速報を発表する。この緊急地震速報について，その仕組みを「P波」と「S波」という用語を利用し，それらの特徴を踏まえて簡潔に説明しなさい。

(☆☆☆◎◎◎◎)

【4】次の文章(A・B)を読み，以下の(1)〜(7)の各問いに答えなさい。

A　地球が誕生した当時，大気中には酸素がほとんど含まれていなかった。地球大気の組成の変化は，時代とともに徐々に変化してきた。

　　生物として外形を残した最も古い化石は，約[　ア　]億年前の太古代の地層から見つかっている。約27億年前には，光合成により有機物を合成する[　イ　]という生物が現れた。生物による光合成が始まると，海水中の鉄イオンと酸素が結合し[　ウ　]が形成された。大気中の酸素量は，約22億年前ごろ急増したことが分かっている。原生代の初期には，a真核生物が誕生し，原生代の中ごろには，藻類が誕生し，大気中の酸素濃度は上昇していった。大気中の酸素量はその後も，多少の増減を繰り返しながら増加し続け，約6億年前に再び急増した。

　　その後，大気中の酸素量が増加するのは，b古生代後期であり，現在の酸素量を超えるまで上昇した。この時期にはc大気中の二酸化炭素量も大きく減少した。

(1)　文章中の[　ア　]〜[　ウ　]に適当な数値や語句を記入しなさい。

(2)　下線部aについて，この生物がそれまでの生物と異なる構造的な特徴を答えなさい。

(3)　下線部bについて，この時期に大気中の酸素量が増加した理由を簡潔に説明しなさい。

(4)　下線部cについて，大気中から減少した炭素元素がどのようにな

ったか，簡潔に説明しなさい。

(5)　古生代末には，顕生代で最大の生物の大量絶滅が起きたことが知られている。この時期に絶滅した生物を1つ答えなさい。

B　次の図は，2006年から2019年までの間に，綾里(岩手県大船渡市)，南鳥島，与那国島の3地点において観測された大気中の二酸化炭素の月平均濃度をグラフにしたものである。グラフを見ると，1年周期で増減を繰り返しながら，全体的に増加していることがわかる。また3か所を比較すると，1年周期の変化は綾里が最も大きく，南鳥島が最も小さいことがわかる。

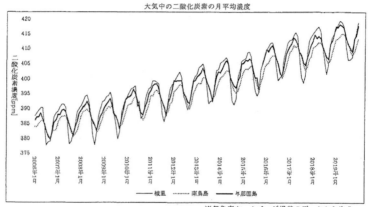

大気中の二酸化炭素の月平均濃度

※気象庁ホームページ掲載のデータから作成

(6)　二酸化炭素濃度が1年周期で増減する理由を簡潔に説明しなさい。

(7)　1年周期の増減の変化が，3地点のうち綾里で最も大きくなる理由を簡潔に説明しなさい。

(☆☆☆◎◎◎◎)

【5】次の文章(A・B)を読み，以下の(1)〜(7)の各問いに答えなさい。

A　ₐ大気は重力により地表に引きつけられており，地表付近での_b大気組成の大部分は窒素と酸素である。この割合は高度約100kmまでほとんど変化しない。水蒸気の量は地表付近で体積比約1〜3％，二

酸化炭素は約0.04％である。これらは，少量であるが，現在の地表の環境形成に大きな役割を果たしている。

　また，上空に上がるほど気温は減少していき，日本付近では地表から高度約11kmまでは平均100mにつき，約0.65℃ずつ低下していく。この領域は対流圏とよばれ，その上端を圏界面といい，そこから高度約50kmまでは高さとともに気温は少しずつ上昇することになる。これは，_c上空に存在するオゾンのためである。1980年代に，大気中に放出されたフロンがオゾンを破壊し，_d南極でオゾンホールが現れることが発見された。

(1)　下線部aについて，イタリアのトリチェリは水銀で満たしたガラス管を水銀槽の中に立てると，管内の水銀が下降し，液面から約76cmの高さで水銀柱が静止することから，大気圧の大きさを示した。5.5km上昇するごとに気圧は$\frac{1}{2}$になるとしたとき，この実験を上空11kmで行うと，水銀柱の高さは液面から何cmまで上昇するか計算しなさい。

(2)　下線部bについて，現在の大気組成は，地球誕生初期の大気組成から大きく変化している。地球誕生初期の大気に多く含まれていたと考えられる物質を2つあげ，それらが減少した理由をそれぞれ簡潔に説明しなさい。

(3)　下線部cについて，オゾンが上空の気温を上昇させるしくみを簡潔に説明しなさい。

(4)　下線部dについて，産業活動のない南極でオゾンホールが現れる理由を簡潔に説明しなさい。

B　次の図は，北半球での海流の向きを模式的に表したものである。

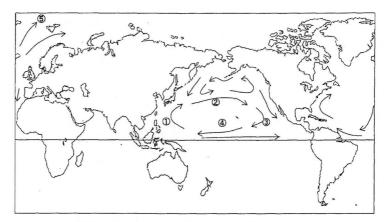

(5)　図の北太平洋には，①→②→③→④の循環がみられる。このような循環を何というか。

(6)　①→②→③→④のような循環では①の海流がもっとも強い流れとなる。この現象を何というか。また，この現象が起きる理由を簡潔に説明しなさい。

(7)　⑤の矢印の先端付近では，表層から深層への海水の沈み込みがみられる。この理由を簡潔に説明しなさい。

(☆☆☆☆◎◎◎)

【6】宇宙の進化と恒星の進化についての次の文章を読み，以下の(1)～(6)の各問いに答えなさい。

　　a宇宙は，約138億年前に誕生した。誕生直後は，宇宙の物質が1点に集まり高密度で高温な状態であった。この状態から次第に膨張・冷却して現在の宇宙になった。このような宇宙の誕生モデルをビッグバンモデルという。この初期の状態で大量の素粒子が生まれ，そこから陽子や中性子ができ，さらに陽子と中性子が集まってヘリウム原子核ができた。これは，宇宙誕生から[　A　]分間の出来事であると考えられている。水素やヘリウムの原子核ができた後も，しばらくは陽子や電子が飛び回る状態にあり光は自由に運動する電子に繰り返し衝突し

て，直進できない状態であった。宇宙誕生から約[　B　]万年後に温度が3000Kに下がり，ばらばらに運動していた電子と陽子，電子とヘリウム原子核がそれぞれ結合して，水素原子やヘリウム原子ができた。_b<u>自由に運動する電子が少なくなり光が直進できるようになった。</u>

　宇宙に分布する元素組成の平均的な値は，宇宙元素組成と呼ばれ，一般的な恒星もこれらの星間ガスが集積することで生まれる。恒星内部の重力で収縮して温度が上昇し，中心部の温度が1000万K以上になるとエネルギーを放出するようになる。このような段階の恒星を[　ア　]という。中心部の安定したエネルギー供給により[　イ　]でできた核が形成され，反応が徐々に外側に移り，_c<u>赤色巨星に進化</u>する。その後太陽は，外部にガスを放出し，中心部に密度が大きい天体である[　ウ　]が残骸として残り最期を迎える。

(1)　文章中の[　A　]と[　B　]に当てはまる適当な数値を次の中から選び，それぞれ番号で答えなさい。

　　① 3　　② 7　　③ 24　　④ 38　　⑤ 78　　⑥ 135

(2)　文章中の[　ア　]～[　ウ　]に適当な語句を記入しなさい。

(3)　下線部aについて，宇宙誕生の年代を推定するには，宇宙の膨張速度が一定と仮定した場合，どのようにして推定されているか。「宇宙の地平線」と「後退速度」という用語を利用し，簡潔に説明しなさい。

(4)　下線部bについて，この現象のことを何というか，答えなさい。

(5)　下線部cについて，赤色巨星の特徴として誤っているものをすべて選び，番号で答えなさい。

　　①　スペクトル型はO型で，表面温度が3500K程度の低温な恒星である。

　　②　赤色巨星の例は，アンタレスやベテルギウスを代表的な例としてあげられる。

　　③　赤色巨星の一部のものは，明るさが規則的に変化する脈動変光星がある。

　　④　HR図では，左上に星のグループの分布が見られる。

(6)　恒星の進化は，恒星のどのような物理量で決まるか。理由を含めて簡潔に説明しなさい。

(☆☆☆☆◎◎◎◎)

二次試験 (県のみ)

【中学理科】

【1】力学的エネルギーの保存についての実験を行い，運動エネルギーと位置エネルギーが相互に移り変わることを見いださせ，摩擦や空気の抵抗がなければ力学的エネルギーの総量が保存されることを理解させる効果的な指導方法について，日常生活との関連も含めて述べなさい。

(☆☆☆◎◎◎)

【高校物理】

【1】光の波動性を示した「ヤングの実験」について述べなさい。また「ヤングの実験」で示された波の現象を2つ挙げ，それぞれについて述べなさい。

(☆☆☆◎◎◎)

【高校化学】

【1】「高等学校学習指導要領(平成30年告示)解説　理科編」をふまえて，次の1，2の各問いに答えなさい。

1　水溶液中の化学平衡に関する単元の学習計画(8時間程度)を作りなさい。ただし，学習計画には，実験や実習を伴う探究活動を取り入れ，探究活動を通して生徒につけさせたい資質，能力を明記すること。

2　1の学習計画において計画した探究活動に関して，次の(1)〜(4)について述べなさい。

(1)　探究活動名

(2)　実験手順等

(3)　予想される結果，誤差，考察等

(4)　探究活動における留意点

(☆☆☆◎◎◎)

【高校生物】

【1】アルコール発酵と乳酸発酵，解糖について，次の(1)，(2)の各問い
に答えなさい。
(1)　アルコール発酵と乳酸発酵，解糖について，それぞれの共通点と
相違点がわかるように反応過程と反応式を示し，述べなさい。
(2)　アルコール発酵の実験を図示し，述べなさい。

(☆☆☆◎◎◎)

【高校地学】

【1】「高等学校学習指導要領(平成30年告示)解説　理科編　第1部　第2
章　第9節　地学　3　内容とその範囲，程度　(3)地球の大気と海洋
(ア)大気の構造と運動　①　大気の運動と気象」では，「対流による現
象については，断熱変化と降水の仕組みを扱う」とある。降水の仕組
みについて，雲のでき方や降水の種類，雲粒成長のしくみなどを，グ
ラフや図を用いて分かりやすく述べなさい。

(☆☆☆◎◎◎)

解答・解説

一次試験 (県・市共通)

【中学理科】

【1】(1)　石灰水の色の変化が葉のはたらきによるものであることを明
らかにするため。　　(2)　光合成が行われたことにより，二酸化炭素

が吸収された。　（3）　白くにごる。　（4）　クロロフィル
（5）　リボソーム　　（6）　気体B…酸素　　エネルギー変換…光エネルギーから化学エネルギー

〈解説〉（1）　石灰水は二酸化炭素の存在下で白濁する。化学反応式は，$Ca(OH)_2 + CO_2 \rightarrow CaCO_3 + H_2O$である。この性質を利用して石灰水を二酸化炭素の検出に用いている。息に含まれる二酸化炭素が直射日光をあてた葉の作用によって変化するのか，日光により分解しているのかを確かめるために試験管A，Bを用意する。　（2）　試験管AとBの違いは葉を入れているかどうかである。このことより，葉に光をあてることで光合成が行われ，二酸化炭素が吸収され，試験管Bに入れた石灰水が白く濁らなくなったと推定できる。　（3）　光合成を行うためには葉に光があたる必要がある。そのため，直射日光があたらないようにした場合，光合成ができず，二酸化炭素が吸収されないため，試験管Bの石灰水は白くにごる。　（4）　葉緑体にはクロロフィルのほか，カロテン，キサントフィルなどの色素が含まれている。　（5）　図1のXは膜構造をもたないリボソームで，mRNAの情報を基にタンパク質の合成を行っている。　（6）　光が葉にあたっているとき，植物は光合成を行い，二酸化炭素(気体A)を取り込み，酸素(気体B)を排出している。その際，植物の葉では光合成により，光エネルギーを化学エネルギーに変換している。

【2】（1）　丸　　（2）　対立形質　　（3）　自家受粉
（4）

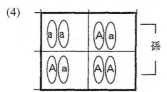

（5）　丸：しわ＝3：1　　（6）　減数分裂　　（7）　メンデル

〈解説〉（1）　異なった形質の純系同士の交雑では，子の世代に現れる表現型は，顕性の形質である。設問では，Aの遺伝子が顕性の形質のた

め，子の世代には丸の形質が現れる。　(2)　どちらか一方しか現れない2つの形質を対立形質という。対立形質は同じ遺伝子座に存在する対立遺伝子によって決定される。　(3)　同一個体で受粉することを自家受粉という。　(4)　子の世代からできる配偶子は，それぞれA，aである。A，a同士の交雑なので，染色体のモデル図は解答のようになる。(5)　孫の世代のおよその比は，(4)より，丸(AA＋Aa)：しわ(aa)＝3：1となる。　(6)　生殖細胞がつくられるときの分裂を減数分裂といい，2倍体の細胞から1倍体の生殖細胞が形成される。　(7)　エンドウを実験材料として両親の形質のうち一方のみしか子の世代に現れない形質に着目してその法則性を証明したのはメンデルである。

【3】(1)　火砕流　　(2)　粘り気…ア　　SiO$_2$…ア　　(3)　海溝型地震
(4)　42〔km〕　　(5)　変成岩　　(6)　リソスフェア

〈解説〉(1)　火砕流とは，噴火により放出された破片状の固体物質と火山ガス等が混合状態で，地表に沿って流れる現象である。　(2)　粘り気が強いと，急傾斜の溶岩ドームとなりやすい。SiO$_2$の含有量が多いと，粘り気が強くなる。　(3)　解答参照。　(4)　求める距離をD〔km〕とすると，初期微動継続時間の定義から，$\frac{D}{3}-\frac{D}{6}=7$が成り立つので，$D=42$〔km〕となる。　(5)　岩石が形成されたときとは異なる圧力・温度やその他の条件の下で，固体のまま化学組成や鉱物組織が変化して，他の種類の鉱物に変わる作用を変成作用といい，変成作用を受けた岩石を変成岩という。　(6)　地殻とマントル最上部からなる層は低温で硬くリソスフェアとよばれる。それより下の高温でやわらかく流動性の高い部分をアセノスフェアという。

【4】(1)　大気圧(気圧)　　(2)　ア，イ，ウ　　(3)　1000〔g〕
(4)　ア　小さ(低)　　イ　膨張　　ウ　下がる　　エ　露点
(5)　継続的な気象観測の機会を設ける。

〈解説〉(1)　圧力とは，面を垂直に押す力の単位面積あたりの大きさであり，その地点より上にある大気の重さによる圧力を気圧(大気圧)と

いう。　(2)　ア　吸い物の温度が下がると，お椀の中の気圧が下がり，ふたの外側から外気圧による圧力がかかるため，ふたがはずれなくなる。　イ　吸盤が壁などの平面にくっつく原理は，吸盤の内側の圧力と外側の大気との圧力差を利用している。壁などの平面に押し付けた吸盤は，中の空気が押し出され，その後吸盤が元の形に戻ろうとすることで，吸盤内の圧力が外の大気圧よりも低くなり，くっついたまま落ちない。　ウ　高度が上がると気圧が低くなるため，菓子袋の中の空気は膨張して気圧を外と同じに保とうとする。　エ　スキー板を履くことで，雪面との接地面積が大きくなって，圧力が小さくなることによる。圧力にはかかわるが，大気圧はほとんど影響しない現象である。　(3)　1〔N〕＝1〔Pa・m²〕であるから，100000〔Pa〕×1〔cm²〕＝10^5〔Pa〕×10^{-4}〔m²〕＝10〔N〕となる。100gの物体にはたらく重力の大きさを1Nとするので，物体の質量は，100×10＝1000〔g〕である。　(4)　空気塊が上昇すると，大気圧は小さくなり，空気塊は膨張して温度が下がる。空気塊が露点に達すると，水蒸気が凝結し始めて小さな水滴や氷晶となり，雲が発生する。　(5)　解答参照。

【5】(1)　2.0〔m/s〕　　(2)　1〔J〕

(3)
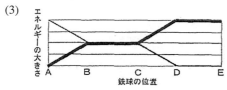

(4)　コースⅠ　　(5)　力学的エネルギーは保存され，どちらのコースも位置エネルギーがすべて運動エネルギーに変換されているから。

(6)　ウ

〈解説〉(1)　結果の表より，コースⅠにおいて鉄球がEに到達するまでの時間が0.98秒，コースⅠの全長は2mなので，鉄球がAからEに到達するまでの平均の速さは，2.0÷0.98＝2.04≒2.0〔s〕である。　(2)　コースⅠの水平な床(CE間)を位置エネルギーの基準とする。いま鉄球には

たらく重力の大きさが2.0Nであり，Aは床から高さ50cm(0.5m)の位置
にある。ゆえにAで鉄球がもつ位置エネルギーの大きさは，0.5×2.0＝
1.0〔J〕となる。　(3)　鉄球がAからEに到達するまでの間，鉄球の位
置エネルギーと運動エネルギーの和である力学的エネルギーが保存す
る。Aでの鉄球の運動エネルギーは0であるので，力学的エネルギーは
すべて位置エネルギーであり，これを基準に考える(目盛りの最大とす
る)。BC間を鉄球が通過するとき，位置エネルギーと運動エネルギー
の大きさは等しく2目盛り，Dに到達すると位置エネルギーは0なので，
運動エネルギーは4目盛りになる。　(4)　Cにおける瞬間の速さが大き
いのは，Cにおける運動エネルギーが大きくなるコースである。力学
的エネルギーが保存していることから，位置エネルギーが小さいとき
運動エネルギーが大きい。コースⅠの方がCでの高さが低く位置エネ
ルギーが小さい。よって，コースⅠの方がCでの運動エネルギーが大
きく鉄球の瞬間の速さも大きい。　(5)　力学的エネルギーが保存する
ため，鉄球の瞬間の速さは運動エネルギーの大きさによって決まる。
コースⅠとコースⅡでは，Eにおいてどちらも位置エネルギーが0であ
るので，鉄球がはじめにもっていた力学的エネルギーがすべて運動エ
ネルギーへ変換されている。そのためEではどちらのコースでも鉄球
の瞬間の速さは等しくなる。　(6)　コース中の水平な部分では鉄球は
加速しない。そのため鉄球がより大きい速さで水平部分を通過してい
るコースの方がEに到達するまでの時間が短くなる。コースⅠは速さ
が最大となってから水平部分を通過する。一方，コースⅡでは速さが
最大となる前のBC間でも水平部分を通過する。したがって，コースⅡ
はコースⅠよりもEに到達する時間が長くなる。

【6】(1)　ガラス　　(2)　D　　(3)　C　　(4)　800〔Hz〕　　(5)　596
〔Hz〕　　(6)　簡単なカメラや楽器などのものづくりを取り入れる。
〈解説〉(1)　音は媒質を構成している物質(空気分子や水分子，ガラスを
　　構成する物質の分子)の振動が伝播することで伝わる。そのため媒質を
　　構成している物質間の距離が小さいほど振動が伝わりやすく音もよく

伝わる。水，空気，ガラスのうち構成要素が最も密に存在しているのはガラスであるため，これらの物質の中ではガラスが最も音を速く伝える。　(2)　高い音とは振動数の大きな音のことである。音速，振動数，波長の関係 $v = f\lambda$ から，音速が一定であるとき波長が短い音波の方が，振動数が大きいので高い音を出す。音さA～Dの中で最も波長が短い音波を出すのは音さDである。よって，最も高い音を出す音さはDとなる。　(3)　音さを強くたたくと音さは激しく振動し，発せられる音波の振幅が大きくなる。音さA～Dの中で最も音波の振幅が大きいのは音さCである。よって，最も強くたたいたと考えられる音さはCである。　(4)　音さA，Dから発せられる音波の波長をそれぞれ λ_A，λ_D，振動数をそれぞれ f_A，f_D とする。同じ空気中であれば音の伝わる速さは等しいので，$v = f\lambda$ より，$v = f_A\lambda_A = f_D\lambda_D$ が成り立つ。これより，$f_D = \dfrac{\lambda_A}{\lambda_D} f_A$ を得る。図6から λ_A と λ_D の比が，$\dfrac{\lambda_A}{\lambda_D} = \dfrac{6}{3} = 2$ と読み取れる。$f_A = 400$ 〔Hz〕を代入すると，$f_D = 2 \times 400 = 800$ 〔Hz〕と計算できる。　(5)　うなりが毎秒4回聞こえたことから，針金をまいたあとの音さCが発する音の振動数 f_C は，$|600 - f_C| = 4$ を満たす。よって，$f_C = 600 \pm 4$ 〔Hz〕とわかる。針金をまくことで音さの振動数は減少する。これは針金の質量が音さに加わることで振動しにくくなり，1秒間に振動する回数すなわち振動数が少なくなるためである。このことを考慮すると，針金をまいたあとの音さCが発する音の振動数は，$f_C = 600 - 4 = 596$ 〔Hz〕とわかる。　(6)　解答参照。

【7】(1)　水に電流を流しやすくするため。　(2)　直ちに多量の水で洗い流す。　(3)　ア　開け　イ　閉じ　ウ　閉じ　(4)　方法…火のついた線香を近づける。　結果…炎を立てて燃える。
(5)　$2H_2O \rightarrow 2H_2 + O_2$　(6)　ア　化学　イ　電気　(7)　1：2
〈解説〉(1)　純水では電流がほとんど流れないため，電解質の水酸化ナトリウムを少し加える。　(2)　水酸化ナトリウムが皮膚に付着すると化学熱傷を引き起こすため，水酸化ナトリウムを流水で洗い流す必要がある。　(3)　はじめにH字管に溶液を満たすためにすべてのコック

を開けておく。通電が始まれば，発生する気体を捕集するためゴム栓の上のコックは閉じる。電源を切ると，液だめからH字管に液体が入らないようにコックを閉じる。　(4)　陽極には酸素が発生するので，火のついた線香を近づけ，よく燃えることで確認する。　(5)　水は分解されて水素と酸素が発生する。　(6)　物質のもつ化学エネルギーを電気エネルギーに変えオルゴールを作動させている。　(7)　$2H_2+O_2$ →$2H_2O$の変化がおこるため，酸素：水素＝1：2で減少する。

【8】(1)　硝酸カリウム→塩化ナトリウム→ミョウバン　　(2)　式… $20 \div 120 \times 100 = 16.66 \cdots$　　答え…16.7〔%〕　(3)　26.4〔g〕
(4)　1.5〔mol/L〕　(5)　ウ　(6)　ア

〈解説〉(1)　図7の40℃での縦軸の位置関係より，多くとける順は，硝酸カリウム→塩化ナトリウム→ミョウバンである。　(2)　35℃のミョウバンの溶解度が20であるので，その質量パーセント濃度は，$\dfrac{20}{100+20}$ $\times 100 = 16.66 \fallingdotseq 16.7$〔%〕である。　(3)　塩化ナトリウム水溶液300cm³は，$1.1 \times 300 = 330$〔g〕である。よって，$330 \times \dfrac{8}{100} = 26.4$〔g〕である。　(4)　モル濃度は溶液1L中の溶質のモル数で表すので，$\dfrac{1000 \times 1.1 \times 0.08}{58.5} = 1.50 \fallingdotseq 1.5$〔mol/L〕となる。　(5)　100gの水に，$60 \times \dfrac{100}{150} = 40$〔g〕とけていることになるため，ミョウバンの溶解度が40になるときの温度52℃が再結晶し始める温度となる。　(6)　硝酸カリウムの溶解度が60℃で110であるので，その飽和水溶液210gを10℃に下げると，溶解度が20となるため，$110-20 = 90$〔g〕が再結晶する。よって，飽和水溶液が200gの場合に再結晶するのは，$90 \times \dfrac{200}{210} = 85.71$〔g〕となる。

【高校物理】

【1】(1)　2台の(質量と)衝突前後の速度を調べることで，運動量が保存すること(力学的エネルギーが減少すること等)を理解するため。

(2)　①　資質・能力　　②　主体的

〈解説〉(1)　観察，実験では，規則性，関係性，特徴などを見いだして理解し表現することが重要である。物体の衝突の実験は，その前後の速度変化などから運動量保存の法則を理解させることが目的である。

(2)　①　教科の目標では，指導を通して育成を目指す資質・能力について示している。これらの資質・能力は「知識及び技能」，「思考力，判断力，表現力等」，「学びに向かう力，人間性等」の3つの柱で構成されている。　②　育成すべき資質・能力の3つの柱の1つである「学びに向かう力・人間性等」では，学びに向かう力として主体的に学習に取り組む態度を養うこと，各教科等においてどういった態度を育むべきかが明示されている。

【２】 (1)　イ　　(2)　ウ　　(3)　ア　　(4)　エ　　(5)　ウ

〈解説〉(1)　小球は地面に達する直前，水平方向と鉛直方向に速さをもつ。このときの水平方向，鉛直方向の速さをそれぞれ v_h，v_v とする。また，地面に達する直前の小球の速さの大きさを v とすると，$v^2 = v_h^2 + v_v^2$ が成り立つ。ここで力学的エネルギー保存則 $mgL = \frac{1}{2}mv^2$ から $v^2 = 2gL$ が得られるので，$v^2 = 2gL = v_h^2 + v_v^2$ が成り立つ。水平方向の速さ v_h は点Oで糸が切れてから等速だから，点Pと点Oの間の力学的エネルギー保存則 $mgL(1-\cos\theta) = \frac{1}{2}mv_h^2$ より，$v_h^2 = 2gL(1-\cos\theta)$ を得る。これを用いると速さの鉛直成分 v_v は，$2gL(1-\cos\theta) + v_v^2 = 2gL$ より，$v_v = \sqrt{2gL\cos\theta}$ と求められる。　(2)　単原子分子理想気体の内部エネルギーは気体が封入されている容器の形状によらず気体の温度 T で決まる。微視的には封入されている気体分子のもつ運動エネルギーの総和が内部エネルギーに等しいと考えてよい。封入されている気体の物質量を n〔mol〕とすると，内部エネルギー U は，$U = \frac{3}{2}nRT$ で与えられる。気体定数 R は，アボガドロ定数 N_A とボルツマン定数 k を用いて $R = N_A k$ と表せ，気体分子の総数 N は，$N = nN_A$ で表せる。よって，$U = \frac{3}{2}nRT = \frac{3}{2}nN_A kT = \frac{3}{2}NkT$ を得る。これより，気体分子1個

がもつ平均運動エネルギーは$\frac{3}{2}kT$となることがわかる。　(3)　音源が移動し5.0秒経過した地点から観測者Oまでの距離をL〔m〕とする。求める時間は，観測者Oが最初の音を聞いてから最後の音を聞くまでの時間の差である。音源が5.0秒の間に$5.0 \times 20 = 100$〔m〕進むことを考えると，観測者Oが最初の音を聞くのは$\frac{L+100}{340}$〔s〕後であり，観測者Oが最後の音を聞くのは$5.0 + \frac{L}{340}$〔s〕後である。これらの差は，$5 + \frac{L}{340} - \left(\frac{L+100}{340}\right) = 5 - \frac{100}{340} = 4.70 \cdots \fallingdotseq 4.7$〔s〕と計算できる。

(4)　交流電圧として$V = V_0 \sin \omega t \ (\omega \geqq 0)$を回路に加えたとすると，回路に流れる電流の最大値$I_{max}$は，$I_{max} = \dfrac{V_0}{\sqrt{R^2 + \left(\omega L - \dfrac{1}{\omega C}\right)^2}}$と表せる。

これより，角周波数ωを変化させたときI_{max}も変化することがわかる。I_{max}が最大となるのは，$\omega L - \dfrac{1}{\omega C} = 0$のときであり，これを満たす角周波数が$\omega_0$である。これを解いて，$\omega_0 = \dfrac{1}{\sqrt{LC}}$と求められる。

(5)　半減期をτ〔日〕とすると，τ日経過するごとに原子核の数は$\frac{1}{2}$になる。したがって，$\left(\dfrac{1}{2}\right)^n = \dfrac{1}{16}$を満たす$n = 4$を用いて，経過した日数は，$n\tau = 4\tau$〔日〕と表せる。これが32日であるので，$4\tau = 32$より，$\tau = 8$〔日〕と求められる。

【3】(1)　力学的エネルギー保存則より$mgh = \dfrac{1}{2}mv^2$　$v = \sqrt{2gh}$〔m/s〕

(2)　台Bについて運動方程式より$Ma = \mu' mg$　$a = \dfrac{\mu' mg}{M}$〔m/s²〕

(3)　運動量保存則より$mv = (m+M)V$　$V = \dfrac{m}{m+M}v = \dfrac{m}{m+M}\sqrt{2gh}$〔m/s〕

(4)　等加速度直線運動より$V = at_0$　$t_0 = \dfrac{V}{a} = \dfrac{M}{\mu'(m+M)}\sqrt{\dfrac{2h}{g}}$〔s〕

(5)　$v-t$グラフの斜線部の面積が，AがBの上面をすべる距離に等しい。その距離がℓを越えなければよいので，

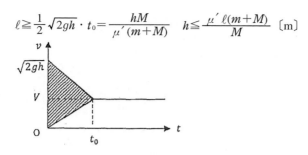

$$\ell \geqq \frac{1}{2}\sqrt{2gh} \cdot t_0 = \frac{hM}{\mu'(m+M)} \quad h \leqq \frac{\mu'\ell(m+M)}{M} \ \text{〔m〕}$$

〈解説〉(1)　斜面と物体Aの間には摩擦力がはたらかないので，点Pと点
Oの間で力学的エネルギーが保存する。物体Aが点Oに達したときの速
度の大きさをvとすると，$mgh=\frac{1}{2}mv^2$より，$v=\sqrt{2gh}$〔m/s〕を得る。
(2)　床から見た台Bの加速度をaとする。床と共に静止している観測者
から見ると，台Bにはたらく運動方向の力は物体Aとの間にはたらく動
摩擦力のみである。その大きさは$mg\mu'$，向きはx軸正方向である。よ
って，台Bの運動方程式は，$Ma=mg\mu'$となる。よって，床から見
た台Bの加速度は，$a=\frac{mg\mu'}{M}$〔m/s²〕と求められる。　(3)　物体Aが
台B上で，台Bに対して静止するとは，床と共に静止している観測者か
ら見て物体Aと台Bの速度の大きさが等しくなることを意味する。この
速度の大きさをVとすると，台Bと床との間に摩擦がないことから，台
Bに乗る直前の物体Aと，その後の物体Aと台Bの間での運動量保存則
$mv=(M+m)V$が成り立つ。これをVについて解き(1)の結果を
用いると，$V=\frac{m}{m+M}v=\frac{m}{m+M}\sqrt{2gh}$〔m/s〕を得る。　(4)　求める時
間は，台Bが$v=0$からVになるまでにかかる時間に等しい。この時間を
t_0とすると，台Bは等加速度運動をしているので，$V=at_0$が成り立つ。
これを解いて，$t_0=\frac{V}{a}=\frac{M}{\mu'(m+M)}\sqrt{\frac{2h}{g}}$〔s〕と求められる。
(5)　解答では，$v-t$グラフにおいて時間軸と囲まれる面積が移動した
距離に等しいことを利用し，床から見て物体Aが進んだ距離から床か
ら見て台Bが進んだ距離の差を求め，これがℓ以下であるという条件を
用いている。　(別解)　物体Aが台Bに乗ったあと，床と共に静止した観測

者から見た物体Aの加速度をa'とすると，運動方程式$ma'=-\mu'mg$より，$a'=-\mu'g$を得る。これより，床から見て物体Aが進んだ距離x_Aは，$x_A=vt_0+\dfrac{1}{2}a't_0{}^2=\dfrac{M+2m}{2(M+m)}t_0\sqrt{2gh}$〔m〕と計算できる。一方，

床から見て台Bが進む距離x_Bは，$x_B=\dfrac{1}{2}at_0{}^2=\dfrac{1}{2}Vt_0=\dfrac{1}{2}\dfrac{m}{M+m}t_0\sqrt{2gh}$〔m〕となる。この差は，$x_A-x_B=\dfrac{1}{2}t_0\sqrt{2gh}$〔m〕と計算され，これが$\ell$以下であるという条件$\dfrac{1}{2}t_0\sqrt{2gh}\leqq\ell$を$h$について整理すれば，解答と同じ結果$h\leqq\dfrac{\mu'\ell(m+M)}{M}$〔m〕が得られる。

【4】 (1) シャルルの法則$\dfrac{V_1}{2T_1}=\dfrac{2V_1}{T_C}$　$T_C=4T_1$〔K〕　　(2) 状態方程式$P_AV_1=nRT_1$　$P_A=\dfrac{nRT_1}{V_1}$　定圧変化$P_D=P_A=\dfrac{nRT_1}{V_1}$〔Pa〕

(3)

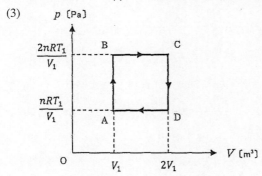

(4)　A→B：$Q_{in}=\dfrac{3}{2}nR(2T_1-T_1)=\dfrac{3}{2}nRT_1$

B→C：$Q_{in}=\dfrac{5}{2}nR(4T_1-2T_1)=5nRT_1$

1サイクルの仕事：$W=nRT_1$

熱効率は$e=\dfrac{W}{Q_{in}}=\dfrac{nRT_1}{\left(\dfrac{3}{2}+5\right)nRT_1}=\dfrac{2}{13}$

〈解説〉(1)　(別解)　A→BとC→Dは定積変化，B→CとD→Aは定圧変化である。Bでの気体の圧力をpとすると，Cでの圧力もpである。Cでの

気体の温度をT_cとしてBとCにおける気体の状態方程式を考えると，それぞれ$pV_1＝nR・2T_1$，$p・2V_1＝nRT_c$が成り立つ。これら二式から，$T_c＝4T_1$と求められる。　（2）　Dでの気体の圧力をp_Dとする。D→Aの状態変化は定圧変化であるので，Aでの圧力p_Aを求めればよい。Aでの状態方程式を考えると，$p_AV_1＝nRT_1$　このp_Aがp_Dに等しいので，$p_D＝\dfrac{nRT_1}{V_1}$となる。　（3）　Aでの圧力は$\dfrac{nRT_1}{V_1}$，体積はV_1，Bでの圧力は状態方程式から$\dfrac{2nRT_1}{V_1}$，体積はV_1，B→Cは定圧変化なので，Cでの圧力は$\dfrac{2nRT_1}{V_1}$，体積は$2V_1$，D→Aは定圧変化なので，Dでの圧力は$\dfrac{nRT_1}{V_1}$，体積は$2V_1$，これらの点を図示する。　（4）　気体に加えられた熱量の合計Q_{tot}と，気体が外部へした仕事Wを求める。単原子分子理想気体の定積モル比熱C_Vと定圧モル比熱C_Pが，それぞれ$C_V＝\dfrac{3}{2}R$，$C_P＝\dfrac{5}{2}R$であることを用いて，気体は，A→Bにおいて$nC_V\Delta T＝\dfrac{3}{2}nR(2T_1－T_1)＝\dfrac{3}{2}nRT_1$の熱を，B→Cにおいて$nC_P\Delta T_1＝\dfrac{5}{2}nR(4T_1－2T_1)＝5nRT_1$の熱を受け取る。したがって，$Q_{tot}＝\dfrac{3}{2}nRT_1＋5nRT_1＝\dfrac{13}{2}nRT_1$と求められる。同様に気体が外部へした仕事を求める。気体はB→Cにおいて$p\Delta V＝\dfrac{2nRT_1}{V_1}(2V_1－V_1)＝2nRT_1$，D→Aにおいて$p\Delta V＝\dfrac{nRT_1}{V_1}(V_1－2V_1)＝－nRT_1$の仕事を外部へする。よって，$W＝2nRT_1－nRT_1＝nRT_1$である。したがって，このサイクルの熱効率$e$は，$e＝\dfrac{W}{Q_{tot}}＝\dfrac{nRT_1}{\dfrac{13}{2}nRT_1}＝\dfrac{2}{13}$と求められる。

【5】（1）　①　ファラデーの電磁誘導の法則より誘導起電力の大きさは$|V|＝\left|－N\dfrac{\Delta\Phi}{\Delta t}\right|＝vBL$　　②　力の大きさ$\cdots F＝IBL＝\dfrac{vB^2L^2}{R}$
力の向き$\cdots x$軸負の向き

(2) ①

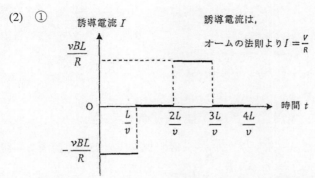

誘導電流は，

オームの法則より $I = \dfrac{V}{R}$

② $t=0 \sim \dfrac{L}{v}$ に発生するジュール熱は $Q_1 = IVt = \dfrac{v^2B^2L^2}{R} \cdot \dfrac{L}{v} = \dfrac{vB^2L^3}{R}$

$t = \dfrac{2L}{v} \sim \dfrac{3L}{v}$ に発生するジュール熱は $Q_2 = IVt = \dfrac{v^2B^2L^2}{R} \cdot \dfrac{L}{v} = \dfrac{vB^2L^3}{R}$

よって，ジュール熱の総和は $Q = Q_1 + Q_2 = \dfrac{2vB^2L^3}{R}$

〈解説〉(1) ① 辺cdのx座標をxとすると，辺cdがLに到達する直前までコイルを貫く磁束の大きさΦは，$\Phi = Lx \times B = xBL$ と表せる。コイルに生じる誘導起電力の大きさは，コイルの巻き数をNとして，$\left| -N\dfrac{d\Phi}{dt} \right|$ で与えられる。$N=1$，$\dfrac{dx}{dt} = v$ なので，コイルに生じる誘導起電力の大きさは，$\left| -1 \cdot BL\dfrac{dx}{dt} \right| = vBL$ となる。 ② コイルの辺のうちad，bcにはたらく力は同じ大きさで逆向きなのでつり合っている。辺cdが受ける力を考えると，コイルに流れる誘導電流の大きさが $I = \dfrac{V}{R} = \dfrac{vBL}{R}$ より，力の大きさは，$IBL = \dfrac{vB^2L^2}{R}$ である。誘導電流の向きはコイルを貫く磁束の増加を妨げる方向，すなわち時計回りであるので，コイルが受ける力の向きは，x軸負の向きである。 (2) ① コイルが$0 \leqq x \leqq 4L$の領域を通過する間を4つの区間に分けて考える。区間1：辺cdが$x=0$を通過し辺abが$x=0$に到達するまでの間，大きさ$\dfrac{vBL}{R}$の誘導電流が時計回りに生じる。区間2：辺cdが$x=2L$に到達するまでの間，コ

117

イルを貫く磁束が変化しないので誘導電流は0である。区間3：辺cdが$x＝2L$を通過し辺abが$x＝2L$に到達するまでの間，大きさ$\frac{vBL}{R}$の誘導電流が反時計回りに生じる。区間4：辺abが$x＝2L$を通過し辺cdが$x＝4L$に到達するまでの間，コイルを貫く磁束がないので誘導電流は0である。以上を図示する。　②　①から電流が流れているのは区間1と区間3である。区間1を通過するのに要する時間は$\frac{L}{v}$，生じるジュール熱は，$VIt＝vBL×\frac{vBL}{R}×\frac{L}{v}＝\frac{vB^2L^3}{R}$，区間3を通過するのに要する時間は$\frac{L}{v}$，生じるジュール熱は，$VIt＝vBL×\frac{vBL}{R}×\frac{L}{v}＝\frac{vB^2L^3}{R}$である。よって，生じるジュール熱の合計は，$\frac{2vB^2L^3}{R}$となる。

【高校化学】

【1】1　ア　物質とその変化　　イ　見通し　　ウ　化学的な事物・現象　　エ　原理・法則　　2　(1)　ろ過，蒸留，抽出，再結晶及びクロマトグラフィーのうち3つを答える。　　(2)　化学が果たす役割
〈解説〉1　化学基礎においては物質とその変化，化学においては化学的な事物・現象を取り扱う。「見通しをもって観察，実験を行うこと」とは，観察，実験，学習を行う際，何のために行うか，どのような結果になるかを考えさせるなど，予想したり仮説を立てたりしてそれを検証するための観察，実験，学習を行わせることを意味する。理科における知識及び技能の目標とは，自然の事物・現象に対する概念や原理・法則の理解を図るとともに，科学的に探究するために必要な観察，実験などに関する技能を身に付けることである。　　2　解答参照。

【2】1　54〔mL〕　　2　6.7×10⁻²〔mol〕　　3　この系における酸素の物質量は，$6.67×10^{-2}＋1.2×10^{-3}×2＝6.91×10^{-2}$となる。
よって，〔実験2〕の気相の酸素の物質量は，$6.91×10^{-2}－1.2×10^{-3}×\frac{1.5×10^5}{1.0×10^5}＝6.73×10^{-2}$〔mol〕となる。気体の状態方程式より，

求める気体の体積は，$V = \dfrac{nRT}{P} = \dfrac{6.73 \times 10^{-2} \times 8.3 \times 10^3 \times 300}{1.5 \times 10^5} = 1.11$ となる。　　答え…1.1〔L〕

〈解説〉1　ヘンリーの法則により，気体の溶解量はその気体の分圧に比例するので，$1.2 \times 10^{-3} \times 22400 \times 2 = 53.76 \fallingdotseq 54$〔mL〕である。

2　気体の状態方程式より，$n = \dfrac{PV}{RT} = \dfrac{2.0 \times 10^5 \times 0.83}{8.3 \times 10^3 \times 300} = 0.0667 \fallingdotseq 6.7 \times 10^{-2}$〔mol〕となる。　　3　解答参照。

【3】1　ア　$CaSO_4$　ウ　$CaCl_2$　オ　$Ca(HCO_3)_2$　2　ア，エ
3　$CaCl(ClO) \cdot H_2O + 2HCl \rightarrow CaCl_2 + Cl_2 + 2H_2O$　4　C_2H_2　5　炭酸カルシウムを主成分とする石灰岩，大理石が二酸化炭素を含んだ雨水にさらされて，$CaCO_3 + CO_2 + H_2O \rightarrow Ca(HCO_3)_2$の反応が起こり，石灰石や大理石が溶けて洞窟ができる。

〈解説〉1　ア　$Ca(OH)_2 + H_2SO_4 \rightarrow CaSO_4 + 2H_2O$によって，硫酸カルシウムが沈殿する。　イ　$Ca(OH)_2 + Cl_2 \rightarrow CaCl(ClO) \cdot H_2O$によって，さらし粉が生成する。　ウ　$Ca(OH)_2 + 2HCl \rightarrow CaCl_2 + 2H_2O$によって，塩化カルシウムが生成する。また，エ　$Ca(OH)_2 + CO_2 \rightarrow CaCO_3 + H_2O$によって，炭酸カルシウムが沈殿する。　オ　$CaCO_3 + H_2O + CO_2 \rightarrow Ca(HCO_3)_2$によって，炭酸水素カルシウムが生成する。　2　水に溶けないのは，硫酸カルシウムと炭酸カルシウムである。　3　さらし粉は塩酸と反応して塩素を発生する。　4　炭酸カルシウムを強熱すると，$CaCO_3 \rightarrow CaO + CO_2$と変化し，コークスを加えると，$CaO + 3C \rightarrow CaC_2 + CO$によって化合物Xである炭化カルシウム($CaC_2$)が生成する。炭化カルシウム(カーバイド)に水を反応させると，$CaC_2 + 2H_2O \rightarrow C_2H_2 + Ca(OH)_2$によって，アセチレンが発生する。　5　雨水などで一旦溶解した炭酸カルシウムは，$Ca(HCO_3)_2 \rightarrow CaCO_3 + CO_2 + H_2O$の反応によって再び炭酸カルシウムに戻る。この一連の反応で生じるのが鍾乳石や石筍である。

【4】1　2.7　　2　緩衝液　　3　4.7　　4　弱酸である酢酸の水溶液である水酸化ナトリウムの水溶液の中和においては，中和点が塩の加水分解により，塩基性側に偏る。よって，塩基性側に変色域をもつフェノールフタレイン溶液が適切となる。　　5　8.9

〈解説〉1　酢酸はわずかに，$CH_3COOH \rightleftarrows CH_3COO^- + H^+$と電離する。電離定数は，$K_a = \dfrac{[CH_3COO^-][H^+]}{[CH_3COOH]}$である。電離度が小さいため，電離後の酢酸の濃度も近似的に$[CH_3COOH] = 0.20$〔mol/L〕である。よって，$[H^+]^2 = K_a[CH_3COOH] = 2.0 \times 10^{-5} \times 0.20 = 4.0 \times 10^{-6}$となり，$pH = -\log_{10}[H^+] = -\log_{10}(4.0 \times 10^{-6})^{\frac{1}{2}} = -\dfrac{1}{2}(-6 + 0.60) = 2.7$となる。

2　弱酸とその共役塩基との混合溶液で，酸や塩基を加えてもpHがあまり変化しないような性質をもつ溶液を緩衝液という。　　3　反応後は，酢酸と酢酸ナトリウムの混合溶液となっている。酢酸は1.0×10^{-3}〔mol〕残り，酢酸ナトリウムが1.0×10^{-3}〔mol〕生じている。$CH_3COOH \rightleftarrows CH_3COO^- + H^+$，$CH_3COONa \rightarrow CH_3COO^- + Na^+$のように電離する。緩衝液中では，$CH_3COO^- + H^+ \rightarrow CH_3COOH$の反応はほとんど起こらない。したがって，$[H^+] = c$とすると，$[CH_3COOH] = 1.0 \times 10^{-3} - c$，$[CH_3COO^-] = 1.0 \times 10^{-3} + c$となるが，酢酸の電離度はごく小さいため，$[CH_3COOH] = [CH_3COO^-] = 1.0 \times 10^{-3}$となる。$[H^+] = 2.0 \times 10^{-5} \times \dfrac{1.0 \times 10^{-3}}{1.0 \times 10^{-3}} = 2.0 \times 10^{-5}$より，$pH = -\log_{10}(2.0 \times 10^{-5}) = 5 - 0.3 = 4.7$となる。　　4　フェノールフタレインの変色域はpH8.0〜9.8である。　　5　酢酸と水酸化ナトリウムは中和して酢酸ナトリウム水溶液になる。酢酸ナトリウム水溶液は$CH_3COONa \rightarrow CH_3COO^- + Na^+$と完全に電離する。酢酸イオンは$CH_3COO^- + H_2O \rightleftarrows CH_3COOH + OH^-$となり，弱塩基性を示す。生じた酢酸ナトリウムのモル濃度が，$2.0 \times 10^{-3} \times \dfrac{1000}{20} = 1.0 \times 10^{-1}$〔mol/L〕となっている。よって，溶液のモル濃度Cとして，弱塩基のpHを求める式$pH = 7 + \dfrac{1}{2}(pK_a + \log_{10}C)$より，$pH = 7 + \dfrac{1}{2}\{-\log_{10}(2.0 \times 10^{-5}) + \log_{10}(1.0 \times 10^{-1})\} = 7 + \dfrac{1}{2} \times 3.7 = 8.85 \fallingdotseq 8.9$となる。

【5】1 a ホールピペット b ビュレット 2 $2S_2O_3{}^{2-}\rightarrow S_4O_6{}^{2-}+2e^-$ 3 1.3×10^{-1}〔mol/L〕 4 指示薬名…デンプン溶液 終点の色…青紫色 5 $C_6H_8O_6\rightarrow C_6H_6O_6+2H^++2e^-$ 6 アスコルビン酸とヨウ素の酸化還元反応は$C_6H_8O_6+I_2\rightarrow C_6H_6O_6+2HI$と表すことができる。アスコルビン酸を含む水溶液の濃度をx〔mol/L〕とおくと，化学反応の量的関係より，x〔mol/L〕$\times\dfrac{10.0}{1000}$〔L〕$=1.25\times10^{-1}$〔mol/L〕$\times\dfrac{4.8}{1000}$〔L〕 $x=6.00\times10^2$〔mol/L〕となる。よって，試料X 1.5gに含まれるアスコルビン酸の質量は，176〔g/mol〕$\times6.00\times10^{-2}$〔mol/L〕$\times\dfrac{10.0}{1000}$〔L〕$\times\dfrac{50}{10.0}=0.528$ 答え…5.3×10^{-1}〔g〕

〈解説〉1 一定量の液体を計り取る器具はホールピペットで，滴下量を測定する器具はビュレットである。 2 チオ硫酸イオン($S_2O_3{}^{2-}$)が酸化されると四チオン酸イオン($S_4O_6{}^{2-}$)に変化する。 3 ヨウ素の半反応式が$I_2+2e^-\rightarrow2I^-$であるので，2の反応式と比べると，チオ硫酸ナトリウムとヨウ素とは2:1で反応する。よって，ヨウ素の濃度をc〔mol/L〕とすると，$0.20\times\dfrac{10}{1000}:c\times\dfrac{8.0}{1000}=2:1$が成り立ち，$c=0.125\fallingdotseq1.3\times10^{-1}$〔mol/L〕となる。 4 ヨウ素が反応して変色するのはヨウ素デンプン反応である。 5 解答参照。 6 解答参照。

【6】1

ア

ウ

エ

オ

カ

ク

121

　２　メチルフェニルエーテル(アニソール，メトキシベンゼン)

〈解説〉1　(Ⅰ)より，エステルの加水分解によってアルコールとカルボン酸が生じ，ウはヨードホルム反応を示すので第二級アルコールで，イは還元性のあるカルボン酸であるのでギ酸である。よって，ウは2－プロパノールで，アはこれらをエステル化したギ酸イソプロピルになる。(Ⅱ)より，ナトリウムフェノキシドを高温高圧で二酸化炭素と反応させても得られるクはサリチル酸と決定する。よって，オはo-クレゾールになる。エのアルコールは第一級アルコールであることから，ベンジルアルコールである。ベンジルアルコールを酸化するとカのベンズアルデヒドを経由して，キの安息香酸へと変化する。　2　アルコールの異性体はエーテルで，示性式が$C_6H_5-O-CH_3$，ベンゼン環に$-O-CH_3$が結合した構造の化合物である。

【7】1　$5.0×10^3$　　2　ビニルアルコールは不安定でアルデヒドに変化してしまうから。　　3　$2.3×10$〔g〕　　4　ビニロン中に，水素結合を形成するヒドロキシ基を一部残すことで繊維に強度と吸湿性を持たせるため。

〈解説〉1　ポリ酢酸ビニルの構成単位は[$-CH_2-CH(COOCH_3)-$]で式量が86である。よって，重合度は，$\dfrac{4.3×10^5}{86}=5.0×10^3$である。　　2　解答参照。　　3　ポリビニルアルコールの構成単位は[$-CH_2-CH(OH)-CH_2-CH(OH)-$]で式量が88，ビニロンの構成単位は[$-C_5H_8O_2-$]で式量が100である。$-OH$の30%がアセタール化された場合の構成単位の式量は，$88×\dfrac{70}{100}+100×\dfrac{30}{100}=91.6$になる。よって，求めるビニロンの質量は，$22×\dfrac{91.6}{88}=22.9≒23$〔g〕である。　　4　$-OH$には水素結合ができ，親水基でもあるため，強く吸水性の高い繊維となる。

【高校生物】

【1】(1)　ア　問題を見いだし　　イ　分析し解釈する　　(2)　レポートの作成，発表，討論など知識及び技能を活用する学習活動の工夫

(3)　できるだけ露出部分の少ないもの，帽子を着用し，靴は滑りにくいものを使用する。　　(4)　カルタヘナ法　　(5)　・器具の選定や薬品の濃度と使用量などの適切な条件や方法を確認するための予備実験を行う。　　・事故を防止するために，生徒に基本操作や正しい器具の扱い方などを習熟させるとともに，誤った操作や使い方による危険性を認識させておく。

〈解説〉(1)　設問部分は思考力，判断力，表現力等を育成する学習活動の充実についての事項である。思考力，判断力，表現力等を育成するに当たっては，問題を見いだし，観察，実験などを通して，得られた結果や既習の様々な分野の知識を関連させ分析し解釈し，課題を解決していくという探究の過程をたどらせることが重要である。　　(2)　探究の記録やまとめ，意見交換や議論によって，探究の内容や方法を検討し，問題点を改善するなど，探究の質を高めさせることができると考えられる。　　(3)　野外観察時は虫刺されやけがを防止するために露出の少ない長袖長ズボンを着用させる。また，熱中症予防や頭部保護の観点から帽子，転倒防止のために滑り止めの付いた動きやすい靴を使用させる。　　(4)　カルタヘナ法は遺伝子組換え生物等により，生物の多様性へ悪影響が及ぶことを防ぐため公布された法律である。

(5)　解答例の他，各実験器具，薬品，実験教室等の点検などの環境整備を行うことが挙げられる。

【2】(1)　・核膜をもたない。　・リボソーム以外の細胞小器官をもたない。　　(2)　・気を付けること…等張液中で実験操作を行う。　　理由…細胞小器官が(吸水により)破裂することを防ぐため。　　・気を付けること…低温で実験操作を行う。　　理由…細胞小器官が酵素の働きにより分解するのを防ぐため。

(3)

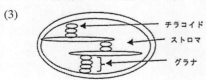

チラコイド
ストロマ
グラナ

(4)　チャネルは，生体膜内外の物質の濃度勾配に従い，エネルギーを用いない受動輸送によって特定のイオンを通過させ，膜の反対側へ移動させる通路となる。ポンプは，ATPのエネルギーを用いて，膜内外の濃度勾配に逆らい物質を輸送する。　　(5)　ア　タンパク質　イ　水素　ウ　結合　エ　上皮　オ　器官　　(6)　a，d

〈解説〉(1)　原核細胞は核がなく細胞小器官をもたない。リボソームのみが存在し，DNAが細胞質基質中にある。　(2)　細胞は細胞内液よりも濃度が低い溶液の中に浸すと吸水して膨張し細胞膜が破れてしまう。また，細胞内にはその構造を破壊するような酵素が入っている。細胞分画法を行う際には，細胞の破壊を避けるために，細胞と等張もしくは高張の溶液中で，酵素の働きを抑えるように冷却しながら行う。(3)　植物細胞の炭酸同化の場となる細胞小器官は葉緑体である。葉緑体は外膜と内膜の二重膜からなり，その内部には扁平な袋状の膜構造であるチラコイドが積み重なりグラナを構成している。チラコイドの間を満たす液状部分はストロマと呼ばれている。　(4)　細胞膜を介した物質の輸送には受動輸送と能動輸送がある。受動輸送は物質の濃度勾配に従った輸送のことで，さらにチャネルによるものと輸送体によるものとに分かれる。能動輸送は物質の濃度勾配に逆らって起こる輸送である。能動輸送にはATPのようなエネルギーの供給が必要で，このような能動輸送のしくみをポンプという。ポンプの代表的な例はナトリウムポンプである。　(5)　生物のからだを構成する元素は，化合物やイオンとして存在している。これら化合物は，炭素原子をもたない無機化合物と，炭素，水素，酸素を含む有機化合物とに分かれる。無機物はさらに水と無機塩類に分けられ，有機物は炭水化物，脂質，タンパク質，核酸を構成する。多細胞生物では，細胞どうしの結合や細胞が分泌した細胞外物質と結合することで組織を構成している。組織には構成する細胞の形やはたらきなどに基づき，血液，皮膚の真皮などを構成する結合組織，汗腺や胃腺を構成する上皮組織，筋肉を構成する筋組織，神経系を構成する神経組織に分類される。さらに，さまざまな組織が集まりまとまってはたらく器官(脳，小腸，胃など)を

形成する。　(6)　a　動物細胞では，隣接した細胞どうしを管状のタンパク質であるコネクソンが結合させている。このような結合様式をギャップ結合といい，ギャップ結合を介して低分子の物質や無機イオンが細胞間を移動している。　b　微小管は，2種類のチューブリン(αチューブリンとβチューブリン)が結合し，鎖状になったものが管状構造を形成し細胞骨格としてはたらいている。その直径は24〜25nmで，細胞の形や形成の維持に関与している。　c　小胞と細胞膜の融合による細胞外への物質の分泌は，エキソサイトーシスという。　d　モータータンパク質であるダイニンは，ニューロン内で細胞骨格の1つである微小管上を細胞体側に移動する。同じくモータータンパク質であるキネシンは軸索の末端側に向かって移動する。　e　ゾウリムシなどの単細胞生物では，1つの細胞で生命活動を行うため，特殊な細胞構成要素が発達している。細胞小器官が発達しているわけではない。

【3】〔A〕(1)　ア　アミノ酸　イ　種類　ウ　順序(イ，ウは順不同)　エ　リボソーム　(2)　(i)　①　(ii)　③　(iii)　④
(3)　イントロン部分に変異が生じても，基本的にイントロンの塩基配列はタンパク質合成に関与しないので，ほとんど影響はない。一方，エキソン部分に変異が生じた場合，コドンが変化しても変異が生じる前と同じアミノ酸を指定する場合は合成されるタンパク質に影響がないが，アミノ酸1つの変化やフレームシフト等がおきて，異なるアミノ酸が指定されるようになった場合は，正常なタンパク質が合成されないなどの影響が生じるため。　〔B〕(4)　①　制限酵素
②　DNAリガーゼ　(5)　a, d　(6)　遺伝子Aが*lacZ*に挿入されなかったプラスミドを獲得した大腸菌。　(7)　アンピシリン耐性がない大腸菌も生育することができるため，コロニーの総数が増加し，圧倒的に白色コロニーが多くなる。
〈解説〉〔A〕(1)　DNAの塩基配列は，タンパク質を構成するアミノ酸の数，種類，順序を決定する。核内でDNAの塩基配列を基に転写されたmRNAは，核から細胞質に移動する。移動したmRNAはリボソーム

と結合することで開始コドンから終始コドンまでの翻訳が行われ，最終的にタンパク質が合成される。mRNAからタンパク質を合成する工程を翻訳と呼ぶ。　(2)　DNAの転写領域のみにRNAポリメラーゼを加えても転写は起こらない。転写開始には，転写領域の近くに位置した部位にRNAポリメラーゼが結合して転写開始を促進することが必要である。RNAポリメラーゼが結合するこの領域をプロモーターと呼ぶ。また，RNAポリメラーゼのプロモーターへの結合には，核内の基本転写因子と呼ばれるタンパク質も必要で，RNAポリメラーゼと転写因子の複合体が転写開始には必要である。原核生物では，複数のタンパク質の遺伝子が隣接して存在し，まとめて転写されることがある。このような転写単位をオペロンと呼んでいる。　(3)　イントロン領域における1個の塩基の変異は，置換，欠失，挿入のいずれの場合もタンパク質の合成に及ぼす影響は少ない。一方，エキソン領域における1個の塩基の変異は，その場所によってアミノ酸1つの変異，フレームシフト，ストップコドンの出現などにより正常なタンパク質が合成されないなどの影響が出ることがある。ただし，1個の塩基置換の場合，対応するアミノ酸が置換前と同じであればタンパク質合成に影響は出ない。　〔B〕(4)　①　特定の塩基配列を認識して切断する酵素は制限酵素とよばれている。　②　DNAの切断面をつなぐ酵素をDNAリガーゼとよぶ。DNAリガーゼはDNAのリン酸基とデオキシリボースを結合する酵素である。　(5)　制限酵素は認識配列を識別したのち，糖とリン酸の結合を切断し，さらに塩基と塩基の結合を切断する。

(6)　遺伝子挿入領域が*lacZ*の内側にあることより，目的の遺伝子が入ったプラスミドは*lacZ*を発現できない。一方，目的の遺伝子が入らなかったプラスミドは*lacZ*を発現できる。プラスミドを大腸菌に取り込ませてX−galを塗布した培地で培養することで，前者は白色のコロニーを形成し，後者は青色のコロニーを形成する。　(7)　アンピシリンはプラスミドを取り込んだ大腸菌を選択的に培養するために培地に塗布する。そのため，アンピシリンを含まない培地で育てた大腸菌は，プラスミドの有無に関係なく増殖し，白色のコロニーが増えると推定

126

できる。

【4】(1) ア　慣れ　　イ　脱慣れ　　(2)　行動…刷込み(インプリンティング)　　人物名…ローレンツ　(3) a，b　(4) (i)　ウ　電位依存性　エ　シナプス小胞　　オ　EPSP(興奮性シナプス後電位)
(ii)　電位依存性Na^+チャネル　　(5)　短期の慣れでは，シナプス小胞の減少とCa^{2+}チャネルの不活性化により放出される神経伝達物質が減少するが，長期の慣れでは，シナプス前膜のシナプス小胞が開口する領域が減少する(感覚ニューロンの分枝数が減少する)。　(6)　尾部への刺激により介在ニューロンからセロトニンが放出され，それを受容した水管感覚ニューロンの軸索末端では$cAMP$が合成される。これによりK^+チャネルが不活性化するので，K^+の透過性が低下し，水管感覚ニューロンの軸索末端で活動電位の持続時間が長くなる。その結果，電位依存性Ca^{2+}チャネルの開口時間も長くなって神経伝達物質の放出量が増加する。

〈解説〉(1)　動物の行動には，生得的行動・学習行動・知能行動がある。アメフラシの水管に刺激を与えると，えらを縮めて体の中に引っ込む運動を示す。このような反応をえら引っ込め反射というが，このような水管刺激が度々繰り返されると，えらを引っ込めなくなる。このような状態を慣れという。慣れを起こしたアメフラシの尾部に強い電気刺激を与えると，えら引っ込め反射が回復する。このような現象を脱慣れという。　(2)　オーストリアのローレンツは，ハイイロガンのひながふ化後間もない時に最初に見た動くものを記憶して，その後をついて歩くようになることを見出した。このように生後間もない時期に特定の対象を記憶する学習を刷り込みと呼んだ。　(3)　三胚葉性の動物は原口が口になる旧口動物と，原口付近が肛門になる新口動物とに分かれる。軟体動物門は，旧口動物で，原口が口になる動物である。石灰質の貝殻をもつものが多い。アサリは石灰質の貝殻をもつ軟体動物門に属する。イカは内臓を覆う膜(外とう膜)をもち，軟体動物門に属する。イソギンチャクは二胚葉動物で中胚葉を生じない刺胞動物門

に属する。ナマコは三胚葉性の動物で，原口付近が肛門になる新口動物である。棘皮動物門に属する。ミミズは旧口動物で多数の体節をもち，環形動物門に属する。　（4）　(i)　水管への接触刺激による興奮が活動電位として軸索末端に伝わると，電位依存性Ca^{2+}チャネルが開き，Ca^{2+}が軸索の末端に流入する。Ca^{2+}の流入はシナプス小胞から神経伝達物質が放出されるのを促し，えら運動ニューロンに興奮性シナプス後電位(EPSP)が生じ，えら引っ込め反射が起こる。　(ii)　興奮の発生と伝導に関わるイオンチャネルにはCa^{2+}チャネルのほか，電位依存性ナトリウムチャネルや電位依存性カリウムチャネルなどが関与している。　（5）　短期の慣れでは，接触刺激の繰り返しによりCa^{2+}チャネルの不活性化が起きてCa^{2+}の流入量が減少し，それに伴いシナプス小胞の数も減少する。結果的に放出される神経伝達物質の量も減少し慣れが生じる。長期の慣れでは，さらなる接触刺激の繰り返しにより，Ca^{2+}チャネルとシナプス小胞の数は回復するが，シナプス小胞が開口する領域が狭くなり慣れが生じる。　（6）　尾部に刺激を与えるとその刺激は尾部の感覚ニューロンを伝わり，促通性介在ニューロンからセロトニンが分泌される。セロトニンは水管の感覚ニューロンの軸索末端にある受容体に結合し，cAMPを活性化する。cAMPはカリウムチャネルをリン酸化して不活性化し，カリウムの流出量が減少する。その結果，Ca^{2+}の量が多くなり放出される神経伝達物質の量が増加する。

【5】（1）　(i)　ア　サヘラントロプス・チャデンシス　　イ　大後頭孔　ウ　ホモ・ネアンデルターレンシス　　(ii)　8.0×10^{-10}　（2）　(i)　エ　任意(自由)　　オ　突然変異　　(ii)　次世代の遺伝子型AA，Aa，aaの頻度はそれぞれp^2，$2pq$，q^2となる。この世代のA遺伝子の頻度は$2p^2+2pq=2p(p+q)$，a遺伝子の頻度は$2pq+2q^2=2q(p+q)$となり，遺伝子頻度の割合はA：a＝$2p$：$2q＝p$：qとなる。よって，次世代の遺伝子頻度は変化せず，前世代と同じとなる。　（3）　木村資生　（4）　地理的隔離が長く続くと，その間にそれぞれの集団に独自の遺伝的な変化が蓄積していく。やがて地理的解離がなくなり両者の

　　個体が再び出会っても交配しない，もしくは交配できない生殖的隔離が生じる。その結果，両集団は別の種となり，2種が分かれて種分化が成立する。

〈解説〉(1)　(i)　最古の人類の化石はアフリカのチャドにある約700万年前の化石から発見されたサヘラントロプス・チャデンシスであると考えられている。猿人は，類人猿と比較して大後頭孔が前方に位置する，横に広がった骨盤をもつなどの特徴があり，直立二足歩行をしていたと考えられている。約30～20万年前にネアンデルタール人であるホモ・ネアンデルターレンシスが出現したが，約3万年前に絶滅したと考えられている。　(ii)　ヒトとウマのヘモグロビン α 鎖141個中のアミノ酸の違いが18か所なので，共通の祖先から分岐してから各々18÷2＝9〔個〕の変異が生じていると考えられる。アミノ酸141個あたり9個の置換が8000万年の間に生じると考えると，一年あたりの置換率は，$9 \div 141 \div 8.0 \times 10^{7} = 7.97 \times 10^{-10} \fallingdotseq 8.0 \times 10^{-10}$ と求められる。

(2)　(i)　ハーディー・ワインベルグの法則が成立する集団では，遺伝子頻度は変化せず進化は起こらない。この法則が成り立つためには，いくつかの条件を満たす必要がある。その条件とは，集団を構成する個体が任意に交配できる，突然変異が起こらない，自然選択がはたらかない，集団が大きい，他の集団との移出入がないなどである。

(ii)　解答参照。　(3)　ある遺伝子の塩基配列に生じる突然変異には環境に適して生存に有利なものは少なく，不利なものや中立的なものがほとんどであり，生存に不利な突然変異は自然選択によって排除される。中立的なものは，自然排除がはたらかず集団に残ることが多いので，遺伝的浮動によって広まる。このことを中立説という。　(4)　地形上の障壁によって同種の集団で交配や移動による遺伝子流動が妨げられることを隔離という。また，集団間での個体移動ができなくなる隔離を地理的隔離という。地理的隔離が原因で種間に地理的な分布の違いが影響する種分化を異所的種分化という。地理的隔離が継続すると元は同じ種に属していた集団も互いに繁殖できなくなり，生殖的隔離が生じて種分化に至る。

【高校地学】

【１】具体例…①　光合成生物の出現による酸素の増加。　②　大気中のオゾン層の形成。　③　オゾン層形成による地表での紫外線の減少と生物の陸上進出。　データ例…①　世界の平均気温の変化や氷河の後退のデータ　②　オゾンホールの面積の経年変化

〈解説〉原始地球の大気は水蒸気，二酸化炭素中心であったが，光合成生物(シアノバクテリア)の出現により，二酸化炭素が吸収され酸素が放出されることで，大気中の酸素濃度が増加した。酸素濃度が増加すると成層圏内でオゾン層が形成された。オゾンは紫外線を吸収し生物が陸上に生息域を広げることができるようになった。地球環境の変化を示す具体的なデータとしては，エルニーニョ現象や温室効果ガスの観測結果などもあげられる。

【２】(1)　ア　ダイナモ　　イ　磁気嵐　　(2)　隕石(コンドライト)　(3)　かんらん岩　　(4)　地震波の速度が深さとともに急に速くなる不連続面を発見した。　　(5)　密度の大きいマントルに密度の小さい地殻が浮いてつり合っている状態という考え。　　(6)　$0.9 \times X = 3.3 \times 250$　$X = 916.67$〔m〕　　答え…9.2×10^2〔m〕(916.67〔m〕)　　(7)　②

〈解説〉(1)　ア　外核において良導体である液体の鉄が磁場中で対流することにより，発電作用によって磁場が生じて，磁場が維持されるという考えをダイナモ理論という。　イ　高速で密度が大きい太陽風が地球に達して，地球の磁気圏に影響を与え，地磁気を大きく変化させる現象を磁気嵐という。　(2)　コンドライトは，コンドリュールという主にケイ酸塩からなる直径約1mmの球状粒子を含む隕石である。化学組成が太陽系の元素の存在比にほぼ一致することから，地球の材料となった原始太陽系の物質がそのまま残ったものと考えられている。(3)　捕獲岩(ゼノリス)とは，火成岩に含まれる異種の岩石片のことで，マグマが上昇する過程で周囲から取り込まれたものである。マグマの熱により変成していることが多い。問題文に「マントルが一部溶けてできた」とあるため，岩質としてはマントルを構成する「かんらん岩

質」と答えればよい。　(4)　1909年に，クロアチアの地球物理学者であるモホロビチッチによって発見された。ある深さより深部に，地表付近よりも地震波が早く伝わる層があり，震央距離が折れ曲がり点より長い場合，地震波が高速に伝わる層を経由して再び地表に現れ観測点に達することで，走時曲線が折れ曲がることによる。　(5)　密度の小さい地殻が，密度が大きく流動性のあるマントルに浮かんでいて，地殻にはたらく重力と浮力がつり合っているという考え，あるいはそのつり合いをアイソスタシーという。　(6)　アイソスタシーが成り立つとし，地殻の厚さは一定であるため，氷床の重さと，隆起した分の高さX〔m〕のマントルの重さが等しい。密度と厚さの積のつり合いを考えて，$0.9 \times X = 3.3 \times 250$より，$X = 916.67 \fallingdotseq 9.2 \times 10^2$〔m〕

(7)　核はニッケルと鉄で構成されていると考えられているため，④は核のグラフであり，AはFeとわかる。マントルは地殻と比べてMgの割合が高いため，③がマントルのグラフであり，BはMg，残った，C，DはAl，Caである。地殻は，他の層よりAlやCaが相対的に多いため，化学組成は②が適当である。

【3】(1)　ア　その地点の地震動の強さ　　イ　地震の規模(エネルギー)　ウ　異常震域　　(2)　逆断層　　(3)　海溝やトラフから大陸方向に向かって，斜めに深くなりながら分布する。　　(4)　100万〔回分〕
(5)　56〔km〕　　(6)　海溝から深く沈み込んだ海洋プレート内で発生した地震のゆれが，かたい海洋プレート内ではあまり減衰せずに伝わるため。　　(7)　速度の速いP波を震源に近い地震計で検知し，そのデータから各地のS波の到達時刻や震度を計算し，素早く知らせることができる。

〈解説〉(1)　解答参照。　　(2)　海溝付近で起こるプレート間の地震断層のタイプは，逆断層であることが多い。　　(3)　この地震の多発帯を，深発地震面，もしくは発見者である和達清夫より，和達－ベニオフ帯とよばれている。　　(4)　マグニチュードの定義により，マグニチュードが2大きくなると，地震のエネルギーは1000倍である。マグニチュ

ードが4大きくなると，そのさらに1000倍，すなわち100万倍になる。

(5)　初期微動継続時間とは，P波が到着してからS波が到着するまでの時間である。したがって，求める距離をd〔km〕とすると，$\dfrac{d}{4.0} - \dfrac{d}{7.0}$＝6.0より，$d = 56$〔km〕　(6)　解答参照。　(7)　解答参照。

【4】A　(1)　ア　35　　イ　シアノバクテリア　　ウ　縞状鉄鉱層
(2)　核膜に被われた細胞核をもっている。　　(3)　陸上でシダ植物の大森林が形成され，光合成が盛んに行われたため。　　(4)　植物に取り込まれ，有機物となり地層中に固定された。　　(5)　フズリナ
B　(6)　春から夏にかけては植物の光合成が活発になり，二酸化炭素が減少していく。秋から冬にかけては，微生物の分解や植物の呼吸が光合成に勝るため，二酸化炭素が増加していく。　　(7)　3地点のうち綾里が最も高緯度に位置するので，季節の変化が大きくなるため。
〈解説〉A　(1)　ア　生物として外形を残したとされる最古の化石は，西オーストラリアのピルバラ地域で発見された約35億年前の原核生物の化石である。　イ　約27億年前までに，酸素発生型光合成を行うシアノバクテリアが現れた。　ウ　シアノバクテリアによって放出された酸素は，海水中の鉄イオンと結合して酸化鉄として大量に海底に堆積して，縞状鉄鉱層が形成された。　(2)　細胞質基質中にDNAとタンパク質からなる染色体を含み，核をもたない細胞からなる生物を原核生物という。これに対し，核をもち，その内部にDNAとタンパク質からなる染色体をもつ細胞からなる生物を真核生物という。　(3)　デボン紀中頃にシダ植物が急激に大型化し，石炭紀にはロボク・リンボク・フウインボクなどのシダ植物が繁栄し，大森林を形成した。　(4)　大量の植物遺骸が世界各地の沼地に堆積して，有機物が濃集して，石炭のもととなった。　(5)　この時期に絶滅した生物としてほかに三葉虫などがあげられる。　B　(6)　植物の光合成は二酸化炭素を吸収し有機化合物を合成する。春から夏では光合成による二酸化炭素の吸収量が呼吸による二酸化炭素の排出量より高くなる。　(7)　綾里のある岩手県は冷温帯に位置し，バイオームは冬季に落葉する夏緑樹林である

ため，光合成のできない冬季の二酸化炭素濃度は高くなる。一方で，与那国島と南鳥島は亜熱帯に位置し，バイオームは落葉しない常緑広葉樹林であり，一年を通しての光合成量の変化は比較的少なくなる。

【5】A (1) 19〔cm〕 (2) 物質…二酸化炭素 減少の理由…二酸化炭素は海洋に溶け，炭酸塩となった。 物質…水蒸気 減少の理由…水蒸気は原始海洋になり減少した。 (3) オゾンが紫外線を吸収し，酸素分子と酸素原子に分裂する際に熱を放出するため。
(4) 上昇したフロンが圏界面を越え，成層圏の対流により極域に運ばれるため。 B (5) 亜熱帯環流(亜熱帯循環系，中緯度環流)
(6) 現象…西岸強化 理由…高緯度ほど転向力が大きくなるため。
(7) 水温が低下し，密度が上昇するとともに，海水が凍結する際，周囲の海水の塩分が上昇し密度が大きくなるため。

〈解説〉A (1) トリチェリの実験では，大気の重さによる圧力と水銀柱の重さによる圧力がつり合う。高度11kmでは気圧が地表の$\frac{1}{4}$になるため，水銀柱の高さも地表での76cmの$\frac{1}{4}$になる。 (2) 地球表面や大気の温度が下がると，マグマオーシャンの表面が冷えて原始地殻ができ，大気中の水蒸気は凝結して雨となって降り，原始海洋が形成された。海洋が形成されると，大気中の二酸化炭素は海に吸収され，CaイオンやMgイオンと結合して炭酸塩として海底に堆積した。
(3) 光の波長λ，光の振動数ν，プランク定数hとしてオゾン層形成のチャップマン機構を反応式(O原子の電子状態は無視する)で示すと，$O_2+h\nu \rightarrow O+O$ ($\lambda<240nm$)…①，$O+O_2+M \rightarrow O_3+M$…②，$O_3+h\nu \rightarrow O_2+O$ ($\lambda<320nm$)…③，$O_3+O \rightarrow 2O_2$…④，O_2が太陽からの紫外線を吸収してO_3が生成され，O_3もまた紫外線を吸収して分解される。②，④は発熱反応であり，太陽からの紫外線のほとんどがオゾン層までの高度で吸収され，光が熱に交換されて大気を暖めている。オゾン層は上部ほど紫外線を多く吸収するが，高度が高いほど大気の密度が小さく熱容量が小さいため，気温の極大は高度50kmの成層圏界面付近とな

る。　(4)　赤道上空で生成されたオゾンの多くは，成層圏における大気の循環(ブリュワー・ドブソン循環)により冬側の高緯度に向かって輸送される。南極上空では，成層圏の極を中心とした低気圧性の渦である極渦の周囲に時計回りに流れる強いジェット気流が，中緯度のオゾン濃度の高い空気の流入を妨げる。また，冬の極渦の内側は寒冷で極成層圏雲が出現し，極渦内にフロンを起源とする塩素分子が蓄積する。春先になり太陽光が差し込むと，塩素分子が紫外線により分解されて塩素原子となり，触媒としてはたらきオゾンを連鎖的に破壊する。そのため，オゾン濃度が極めて低い領域(オゾンホール)が出現する。
Ｂ　(5)　解答参照。　(6)　転向力により北半球では時計回りの流れが生じる。西岸の沿岸ではこの流れが北向きとなり，転向力は高緯度ほど大きいため，北向きの海流の速さは強化される。　(7)　高緯度の海水は低温で密度が大きい。また，海氷は塩類を排除して凍るため，海水の塩分が増加して密度が大きくなる。

【６】(1)　Ａ　①　　Ｂ　④　　(2)　ア　主系列星　　イ　ヘリウム　ウ　白色矮星　　(3)　後退速度が光速に達する地点である「宇宙の地平線」までの距離を，光速で割ることで導かれる。　(4)　宇宙の晴れ上がり　　(5)　①，④　　(6)　恒星の質量で決まり，質量が大きな恒星は，内部の温度や圧力の条件でエネルギー生成速度が速くなるため，進化の速度も速くなる。

〈解説〉(1)　解答参照。　(2)　ア　中心部の温度が1000万K以上になり，水素の核融合が始まった段階を主系列星という。　イ　核融合によって，4個の水素原子核が1個のヘリウム原子核になる。　ウ　赤色巨星後は，惑星状星雲として外部にガスを放出し，中心部は高密度の白色矮星となる。　(3)　銀河の後退速度をv，銀河までの距離をrとすると，ハッブル・ルメートルの法則$v=Hr$が成り立つ(Hはハッブル定数)。問題の仮定より，この銀河が後退を始めたのは$\frac{r}{v}=\frac{1}{H}$前であり，これが約138億年前である。宇宙に年齢があることより，光を使っても観測可能な領域の限界があることになる。光速度と宇宙の年齢の積である

138億光年を半径とする球の表面にあたる限界を，宇宙の地平線という。　(4)　宇宙が中性化して，光が散乱されなくなったことを，霞が取れて遠くまで見通せるようになったことから，宇宙の晴れ上がりという。　(5)　①　誤り。スペクトル型はK型かM型である。　②　正しい。さそり座 α 星Aであるアンタレスは，太陽系から約550光年の距離にある，M2型の赤色超巨星である。オリオン座 α 星であるベテルギウスは，太陽系から約640光年にある，M1型の赤色超巨星である。③　正しい。星自身が膨張と収縮を繰り返して明るさが変化する恒星を脈動変光星という。セファイド(ケフェウス座 δ 型変光星)やタイプⅡセファイド(おとめ座W型変光星)，おうし座RV型変光星やミラ型変光星などが例としてあげられる。　④　誤り。HR図において，主系列星は左上から右下に帯状に分布し，赤色巨星は右上に分布し，白色矮星は左下に分布する。　(6)　恒星の進化は，その質量で決まる。恒星の質量が大きいほど，核融合における水素の消費量が多く，速く進化して寿命が短い。

二次試験 (県のみ)

【中学理科】

【1】(解答例)　振り子を用意し，最下点での物体の速さや，最高点(物体が一瞬静止する点)の高さを計測する実験を行う。振り子において，最下点では物体は速く通過し，最高点に近づくにつれて物体は遅くなって，最高点では静止することを，問いかけながら確認していく。ここで，類似の現象として，ブランコに乗ったときの体感などを尋ねると効果的であると考えられる。

　速さの変化と高さの変化の関連性について確認した後に，物体の運動エネルギーと位置エネルギーがそれぞれどのように変化しているかを問う。位置エネルギーが高さに比例し，運動エネルギーは速さが大きいほど大きいことから，位置エネルギーが減少すると運動エネルギ

ーが増加していることに気づかせていく。このような関係性は，自由
落下する物体や斜方投射した物体などでもみられることを指摘し，位
置エネルギーと運動エネルギーの和を力学的エネルギーと定義する
と，力学的エネルギーが一定になるように運動していることを明らか
にしていく。なお，速度センサーを用いると，最下点の速さを計測す
ることも可能であるから，定量的に検証することも可能である。

　さらに，振り子を振ったまま放置するとどうなるかを発問する。実
際の振り子は，長時間運動を続けていくと振幅が小さくなり，やがて
止まってしまうことを確認し，なぜ力学的エネルギー保存則が成り立
たないのか，理由を考えさせる。生徒の考えを整理する中で，摩擦力
や空気抵抗が影響していることを理解する。ほかにも，ジェットコー
スター走行中の音や摩擦によって生じる熱などを例示することで，音
や熱に変換する場合があることも取り上げる。

〈解説〉現行の学習指導要領においては，運動エネルギーと位置エネルギ
ーが相互に移り変わることを見いださせ，摩擦力が働かない場合には
力学的エネルギーの総量が保存されることを理解させることが求めら
れている。まず，振り子の実験などの実際の実験を通して速さの変化
と高さの変化の関連性から位置エネルギーと運動エネルギーの相互の
移り変わりを見出させる。これらの変化については，生徒の実感を定
量的なデータからより客観的に提示することができれば，より身近に
感じさせることができる。また，振り子を放置すると停止することを
確認し，実際の物体の運動では，摩擦力や空気の抵抗などが働くこと
に触れ，力学的エネルギー以外の音や熱などに変わり，力学的エネル
ギーは保存されないことを日常生活や社会の実際の事例をあげること
で関連付けて生徒に理解させると効果的である。

【高校物理】

【１】(解答例)　光が波動だとするならば，光は波動としての現象を示す。
ヤングの実験は，図のように光源の前に単スリットＳを置いて位相を
そろえ，その先に複スリットＳ₁，Ｓ₂を配置し，複スリットの先にスク

リーンを配置する。S_1とS_2の距離をdとし，S_1S_2の中点からスクリーンに下した垂線の足をO，S_1S_2の中点からOまでの距離をlとする。

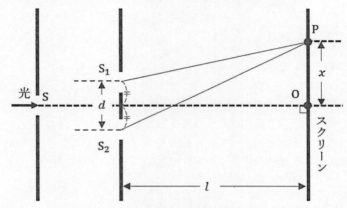

スクリーン上のある点をPとし，$OP=x$とすると，三平方の定理により，

$$S_1P=\sqrt{l^2+\left(x-\frac{d}{2}\right)^2}=l\sqrt{1+\frac{\left(x-\frac{d}{2}\right)^2}{l^2}}=l\left(1+\frac{\left(x-\frac{d}{2}\right)^2}{l^2}\right)^{\frac{1}{2}}$$

ここで，x，dに比べてlは非常に大きいので，$\dfrac{\left(x-\frac{d}{2}\right)^2}{l^2}$は1に比べて非常に小さい。1に比べて非常に小さい数αに対して，$(1+\alpha)^n\fallingdotseq1+n\alpha$となる近似を用いると，

$$l\left(1+\frac{\left(x-\frac{d}{2}\right)^2}{l^2}\right)^{\frac{1}{2}}\fallingdotseq l\left(1+\frac{1}{2}\frac{\left(x-\frac{d}{2}\right)^2}{l^2}\right)=l+\frac{x^2-xd+\frac{d^2}{4}}{2l}$$

同様にして，$S_2P=\sqrt{l^2+\left(x+\frac{d}{2}\right)^2}\fallingdotseq l+\dfrac{x^2+xd+\frac{d^2}{4}}{2l}$

したがって，$|S_2P-S_1P|=\dfrac{xd}{l}$となる。

この実験では，スクリーン上に明暗の縞模様ができる。縞模様ができるのは，光がSで回折して広がったうえ，S_1，S_2でさらに光が回折して，スクリーン上で干渉しているからである。すなわち，ヤングの実験は，光の回折・干渉を示した実験であり，光が波動性をもつことを意味している。光の波長をλとすると，干渉の条件より，Pが明るい

点(明線)の場合は，$|S_2P-S_1P|=m\lambda$（$m=0$，1，2，…），Pが暗い点(暗線)の場合，$|S_2P-S_1P|=\left(m+\dfrac{1}{2}\right)\lambda$（$m=0$，1，2，…）の条件を満たしている。隣り合う明線の間隔(あるいは暗線の間隔)Δxは，$\dfrac{\Delta x\cdot d}{l}=\lambda$を満たし，これより，$\Delta x=\dfrac{l\lambda}{d}$となる。$l$，$d$，$\Delta x$を測定することにより，$\lambda$を求めることができる。

〈解説〉複数の波が重なり，波同士が強め合ったり弱め合ったりする現象を波の干渉，波が障害物や隙間の背後の領域に回り込む現象を波の回折と呼び，これらの波の性質を波動性と呼ぶ。ヤングの実験は，光を単スリットへ経由させてから複スリットを通してスクリーンに映すことで光の波動性を証明した実験である。

【高校化学】

【1】1　(解答例)　「水溶液中の化学平衡」学習計画(全8時間)

第1時　水の電離平衡とpH

・化学基礎の学習内容を復習するとともに，水の電離とその平衡状態について学習する。また，水のイオン積の算出根拠とpHについて学習する。

第2時　弱酸の電離平衡

・酢酸を題材に，弱酸の電離定数と電離度およびpHの関係について学習する。

第3時　弱塩基の電離平衡

・アンモニアを題材に，弱塩基の電離定数と電離度およびpHの関係について学習する。

第4時　【探究活動】　弱酸の電離平衡と電離度・平衡定数を求める

・弱酸の電離の反応式が書け，電離平衡の意味が説明できるようにする。また，電離度・水素イオン濃度と電離定数の関係を理解する。あわせて実験に用いる各器具の取り扱いについて技能を高める。

第5時　塩の加水分解

・塩の種類を復習するとともに，塩の加水分解を化学平衡の関係を用

いて説明できるようにする。

第6時　緩衝液とpH

・緩衝作用および緩衝液の定義をおさえ，緩衝液のpHを計算できるようにする。

第7時　混合溶液の水素イオン濃度と電離定数

・弱酸とその塩の混合溶液，弱塩基とその塩の混合溶液について，水素イオン濃度と電離定数の関係を学習する。演習によりpHを求める計算まで学習する。

第8時　溶解平衡

・難溶性の塩の溶解平衡と溶解度積について学習し，計算問題を用いて学習を深める。

2　(解答例)　探究活動

(1)　【探究活動名】　弱酸の電離平衡と電離度・電離定数

(2)　【準備物】

50mLビーカー，10mLホールピペット，20mLメスフラスコ，ピペッター，時計皿，ガラス棒，ピンセット，万能pH試験紙，常用対数表，氷酢酸，純水，電子天秤

【実験手順】

①　1.0mol/L酢酸水溶液を調製する。1液とする。

②　1.0mol/L酢酸水溶液10mLをホールピペットではかりとり，メスフラスコに移して純水を加えて20mLとする(2倍に希釈する)。2液とする。

③　希釈した水溶液をさらに2倍に希釈する。3液とする。

④　3種類の水溶液を時計皿に少量取り，pH試験紙により正確にpHを測定する。

⑤　pHの結果より，常用対数表から水素イオン濃度を決定する。

⑥　水素イオン濃度をもとに，電離度を求める。

以上の結果から各水溶液の電離定数を計算して結果を表にまとめる。

(3)　予想される結果，誤差，考察等

【結果】

① pH＝－$\log_{10}$[H$^+$]より，[H$^+$]＝$10^{-\text{pH}}$であるので，その値を常用対数表より読み取る。つまり，1液の場合，[H$^+$]＝$10^{-2.3}$＝5.01×10^{-3}となる。

② 電離度の計算

	CH$_3$COOH	⇄	CH$_3$COO$^-$	＋	H$^+$
電離前	C		0		0
電離後	$C(1-\alpha)$		$C\alpha$		$C\alpha$

[H$^+$]＝$C\alpha$ より，$\alpha = \dfrac{[\text{H}^+]}{C}$

③ 電離定数の求め方

電離定数$K_a = \dfrac{[\text{CH}_3\text{COO}^-][\text{H}^+]}{[\text{CH}_3\text{COOH}]} = \dfrac{C\alpha \cdot C\alpha}{C(1-\alpha)}$

$1-\alpha ≒ 1$より，$K_a = C\alpha^2$

結果の一例として

酢酸水溶液のモル濃度	1 液　1.0mol/L	2 液　0.5mol/L	3 液　0.25mol/L
水溶液の pH	2.3	2.5	2.6
水溶液の水素イオン濃度	$5.01×10^{-3}$mol/L	$3.16×10^{-3}$mol/L	$2.51×10^{-3}$mol/L
水溶液の電離度	$5.01×10^{-3}$	$6.32×10^{-3}$	$1.0×10^{-2}$
電離定数	$2.51×10^{-5}$	$2.00×10^{-5}$	$2.51×10^{-5}$

【考えられる誤差】

誤差が出る原因としては，水溶液の調製時における誤差，pH試験紙でのpHの読み取り方による誤差，計算の過程で用いる桁数による誤差などが考えられる。

【考察】

・希釈によってpHの変化がほとんどないことを考える。

　濃度が小さくなると電離度が大きくなる。

・電離定数の計算方法に，近似値を用いる理由を考える。

　計算を行う上で，電離度 $\alpha \ll 1$であることから，$1-\alpha ≒ 1$とする。

(4) 探究活動における留意点

実験としては簡単な実験であり，予想される結果が得られる。

pH試験紙の代用としてpHメーターを用いることも考えられる。

ガラス器具の取り扱い方を学び，共洗いの必要な器具についても理解を深めていく。

水素イオン濃度，電離度，および電離定数の求め方は，授業で行ってきた内容を確認しながら作業を進めることを促す。

〈解説〉高等学校学習指導要領解説理科編に示されている目標は，『「化学」の目標は，高等学校理科の目標を受け，「化学基礎」までの学習を踏まえて，化学的な事物・現象に関わり，理科の見方・考え方を働かせ，見通しをもって観察，実験を行うことなどを通して，化学的な事物・現象を科学的に探究するために必要な資質・能力を育成することである。』としている。また，水溶液中の化学平衡について，『⑦　電離平衡について　「化学基礎」では，「(3)ア(イ)⑦　酸・塩基と中和」で，酸や塩基の強弱と電離度の大小との関係について学習している。また，水素イオン濃度とpHとの関係について学習している。ここでは，水のイオン積，pH及び弱酸や弱塩基の電離平衡について理解させることがねらいである。電離平衡については，例えば，酢酸やアンモニアのような弱酸や弱塩基の水溶液を取り上げ，電離定数を扱う。その際，塩の加水分解や緩衝液にも触れる。また，水の電離平衡として水のイオン積も扱う。pHについては，水のイオン積と関連付けて扱う。扱う実験としては，例えば，酢酸の電離定数を求める実験などが考えられる。』と取り扱いが示されている。水溶液中の化学平衡は，生徒にとって理解しにくい分野である。しかし，理論的に考えていくと，ほとんどが同じパターンで説明できることに気づくはずである。したがって，その思考過程を大切に指導していくことが求められる。緩衝液のpH計算や，溶解度積の計算問題など，演習を積んで理解を深める。探究活動は，学習指導要領解説理科編に示された酢酸の電離度と電離定数の求め方を取り上げたが，ほかに沈殿滴定(モール法)の実験も行うことができる。

【高校生物】

【１】(1)　(解答例)　アルコール発酵，乳酸発酵，解糖の各々の反応式は以下のとおりである。

アルコール発酵

$$\boxed{C_6H_{12}O_6 \rightarrow 2C_3H_4O_3 + 2ATP} \rightarrow 2C_2H_4O + 2ATP \rightarrow 2C_2H_5OH + 2CO_2 + 2ATP$$

乳酸発酵

$$\boxed{C_6H_{12}O_6 \rightarrow 2C_3H_4O_3 + 2ATP} \rightarrow 2C_3H_6O_3 + 2ATP$$

解糖

$$\boxed{C_6H_{12}O_6 \rightarrow 2C_3H_4O_3 + 2ATP} \rightarrow 2C_3H_6O_3 + 2ATP$$

　アルコール発酵，乳酸発酵，解糖の共通点は，酸素なしの条件下で，上記の反応式中に四角枠で示したように，解糖系を用いてエネルギー(ATP)をつくり出せることである。乳酸発酵と解糖の最終産物は乳酸で，ともに同じ反応系にて生成されるが，乳酸発酵は乳酸菌によって行われ，解糖は筋細胞の細胞質基質で行われる点で異なる。アルコール発酵は酵母により行われ，解糖系で生成されたピルビン酸($C_3H_4O_3$)は脱炭酸酵素と反応してアセトアルデヒド(C_2H_4O)が生成され，さらに還元されてエタノール(C_2H_5OH)が生成される点で乳酸発酵，解糖とは異なる。

(2)　(解答例)　アルコール発酵の実験は以下の手順で行う。

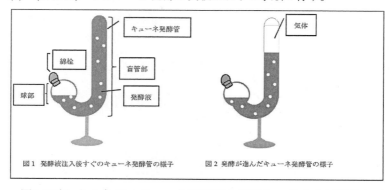

図１　発酵液注入後すぐのキューネ発酵管の様子　　図２　発酵が進んだキューネ発酵管の様子

　図1に示したように，キューネ発酵管を用意し，その中に酵母とグルコースを混ぜた発酵液を注入する。実験の際，酵母の酸素呼吸を防

ぐために，キューネ発酵管の盲管部に空気が入らないように気をつける。綿栓でキューネ発酵管に蓋をして35℃に保つ。しばらくすると図2に示したように，盲管部に気体がたまってくる。この気体が酵母によるアルコール発酵の結果生じたCO_2であることを確認するため，キューネ発酵管に水酸化ナトリウム溶液を加える。水酸化ナトリウムは酸性である二酸化炭素と反応して塩を生成する。その結果，盲管部の気体の量が減少するため，開口部を指で押さえてよく振ると指が開口部に吸い付けられる。発酵管を立てて指を離すと盲管部の発酵液の液面は上昇する。この発酵液を取り出しろ過した後，ヨウ素溶液を加えて70〜80℃の湯に浸すと黄色の沈殿(ヨードホルム)が生じて特有のにおいがする。この反応により，エタノールとヨウ素溶液が反応しヨードホルムが生成されていることを確認できる。

〈解説〉(1)　アルコール発酵，乳酸発酵，解糖の共通点は，嫌気性の条件下で解糖系によりエネルギーをつくり出すことができることである。相違点は，つくられる生成物が乳酸発酵と解糖ではともに乳酸で同じだが，アルコール発酵はエタノールであることである。乳酸発酵と解糖の相違点は，生成物は同じでも，生成される場所が異なることである。　(2)　キューネ発酵管を用いた酵母とグルコースを用いたアルコール発酵の実験で確認すべき重要なことは，アルコール発酵によって発生した気体が二酸化炭素であること，発酵液中にエタノールができていることである。二酸化炭素は水酸化ナトリウムを添加することで，エタノールの生成はヨウ素溶液を用いたヨードホルム反応で確認することができる。

【高校地学】

【1】(解答例)

　　雲ができるためには，空気塊が上昇する必要がある。しかし，通常の大気の条件であると空気塊は上昇しない。そのため，空気塊の上昇は，大気の流れが山にぶつかって強制的に持ち上げられるときや，前線など大気下層で気流が集まる収束域になっているときに起こりやす

い。図1のように，条件がそろい空気塊が上昇し始めると，まわりの圧力が下がるため空気塊は自然に膨張する。このとき空気塊は外部と熱の出入りがほとんどないため，膨張のために空気塊の内部エネルギーを消費して膨張する。よって，空気塊の温度は下がる。このことを断熱膨張という。飽和に達していない空気塊が断熱膨張しながら上昇するときの温度低下の割合を乾燥断熱減率という。また，ある高度で空気塊が飽和に達し，水蒸気の凝結が始まり雲が発生する。このときの高度を凝結高度という。空気塊がさらに上昇を続けると，水蒸気が凝結するときに凝結熱が放出されて空気塊が暖められるので，温度の低下の割合は乾燥断熱減率よりも小さくなる。このときの温度低下の割合を湿潤断熱減率高という。実際の大気の高度による気温の低下の割合を気温減率といい，気温減率がこれらの断熱減率よりも大きい場合，大気の状態は不安定であり，空気塊は上昇し雲が発達しやすい。

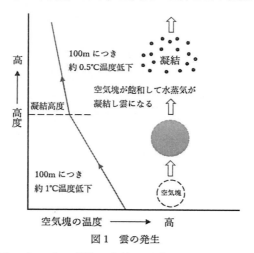

図1　雲の発生

発達した雲の中では，水滴や氷晶が形成され，成長して上昇気流に耐え切れなくなると雨や雪として降ってくる。しかし，雨には，雨粒のでき方によって図2のように2つに大別される。1つ目は，「冷たい雨」(図2のa)である。約−10℃以下の低温の大気中で，雲の中に氷晶と過

冷却の水滴が共存する場合がある。このときの飽和水蒸気圧は，図3
に示すように，水滴の周りの飽和水蒸気圧P_1の方が，氷晶のまわりの
飽和水蒸気圧P_2よりも高い。水蒸気圧PがP_1とP_2の間にあると，水に
対しては不飽和なので水滴は蒸発して水蒸気となり，氷に対しては過
飽和であるので水蒸気は氷晶のまわりに昇華して付着する。こうして，
氷晶がどんどん成長して重くなると，上昇気流で支えきれなくなり落
下し，途中で解けたものが雨になる。日本をはじめ中・高緯度地域の
雨はほとんどが冷たい雨である。また，氷晶が地表まで融けずに落下
したものが雪である。2つ目は，「暖かい雨」(図2のb)である。熱帯地
方や夏の中緯度地域では，気温が0℃以上の暖かい大気中で，氷晶を
含まない雲から雨が降る。大小の雲粒が気流の乱れの中で上昇や下降
を繰り返すうちに，落下速度の違いから雲粒どうしが衝突し，落下速
度が大きな雲粒が小さな雲粒を次々と捕えて大きな雨粒に成長する。
このような雨を暖かい雨という。

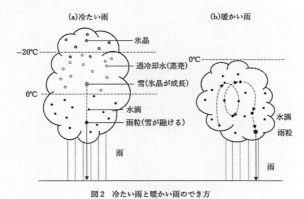

図2　冷たい雨と暖かい雨のでき方

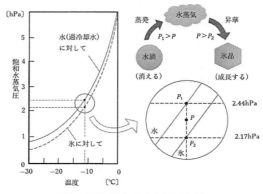

図3　水面と氷面の飽和水蒸気圧の違い

　雨や雪として降ってくる水滴や氷晶の最初は雲粒とよばれるものである。雲粒は，大気中に浮遊している微粒子(エーロゾル)を核にしている。雲粒の大きさは，$10\,\mu$m程度である。水滴の核となるものを凝結核，氷晶の核となるものを氷晶核という。微小な水滴は0℃以下になってもなかなか凍らず，この状態を過冷却という。雲の中には氷晶と過冷却の水滴が混在していることがある。雲粒が1cm³あたり100〜1000個程度浮かんでいるものを雲という。図2のそれぞれの条件の雲の中で雲粒が成長し，1mm程度の大きさに成長して重くなると，地表に向かって落下し，雨や雪などの降水となる。

〈解説〉学習指導要領では，対流による現象について指導する際に，乾燥断熱減率，湿潤断熱減率を取り上げ，大気の気温減率との関係において，大気が安定か不安定かが決まることにも触れること，また，降水の仕組みの指導では，暖かい雨と冷たい雨を取り上げることが明示されている。

2022年度　実施問題

一次試験 (県・市共通)

【中学理科】

【1】図1のA，Bは，イヌワラビの体のつくりを表したものである。また，図2のC，Dは，スギゴケの体のつくりを表したものである。以下の(1)〜(6)の各問いに答えなさい。

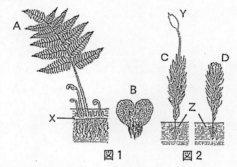

図1　　図2

(1)　図1のXの部分を何というか，答えなさい。

(2)　図1のBを何というか，答えなさい。

(3)　図1のBは，Aでつくられたあるものが発芽してできたものである。あるものとは何か，答えなさい。

(4)　図2のYのでき方について，最も適したものを，次のア〜カから1つ選び，記号で答えなさい。

　　ア　Cで咲いた花のめしべに，Dでつくられた花粉が受粉してできる。

　　イ　Cで咲いた花のめしべに，Dでつくられた胞子が受粉してできる。

　　ウ　Dでつくられた胞子がCでつくられた卵を刺激し，その卵が成長してできる。

エ　Dでつくられた胞子がCでつくられた卵と受精し，その受精卵が成長してできる。

オ　Dでつくられた卵とCでつくられた精子が受精し，その受精卵が成長してできる。

カ　Dでつくられた精子とCでつくられた卵が受精し，その受精卵が成長してできる。

(5)　図2のZの部分を何というか，答えなさい。

(6)　イヌワラビはシダ植物に分類されるが，シダ植物はコケ植物から進化し，より陸上生活に適するようになったと考えられている。コケ植物にはみられないが，シダ植物にみられる陸上生活に適した体のつくりの特徴は何か，簡潔に答えなさい。

(☆☆☆◎◎◎)

【2】生物のはたらきを調べるために次のような実験を行った。また，図3は，自然界における炭素の循環を表したものである。あとの(1)〜(7)の各問いに答えなさい。

【実験方法】

①　山で採取した落ち葉や土に水を加え，布でこした液をとり，その液を同量ずつ2本の試験管AとBに分けた。

②　次に，試験管Bの液だけを十分に加熱沸騰した。

③　同量のうすいデンプン溶液を試験管AとBにそれぞれ加えた後，密閉したまま25℃で7日間放置した。

④　放置後に，それぞれの試験管にヨウ素液を加えて変化を確認した。

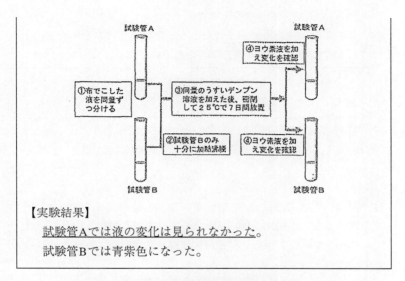

【実験結果】

試験管Aでは液の変化は見られなかった。

試験管Bでは青紫色になった。

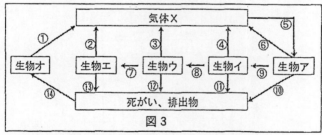

図3

(1) 図3中の 気体X にあてはまる物質は何か，物質名を書きなさい。

(2) 栄養をとる方法や生物どうしのつながりにおける自然界の役割から図3の生物オのようなはたらきをもつものを何というか，答えなさい。

(3) 図3の矢印⑦，⑧，⑨のような生物どうしの食べる，食べられる関係を何というか，答えなさい。

(4) 図3で，有機物での炭素の移動を表している矢印を①〜⑭からすべて選び，番号で答えなさい。

(5) 【実験結果】の下線部と関係が深いはたらきはどれか，図3の①〜

⑭から2つ選び，番号で答えなさい。

(6) この実験結果から分かったことを，次のようにまとめた。[　P　]と[　Q　]に当てはまる適当な語句をそれぞれ答えなさい。

> 山の落ち葉や土の中に含まれる微生物によって，[　P　]が[　Q　]されたと考えられる。

(7) この実験を終了し，実験に用いた液を捨てるときには，どのような処理をしてから捨てる必要があるか，簡潔に答えなさい。

(☆☆☆◎◎◎)

【3】図4は，空気の温度と空気1m³中の水蒸気量の関係を表したグラフである。また，A～Eの5つの部屋で，空気の温度と空気1m³あたりに含まれる水蒸気の量を求めて，それぞれ図中に示した。以下の(1)～(6)の各問いに答えなさい。

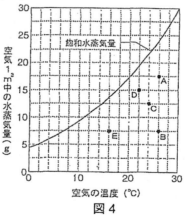

図4

(1) 図4中のA～Eのうち，湿度が最も低いのはどれか，記号で答えなさい。

(2) 気体の状態にある物質が，液体に変わる現象を何というか，答えなさい。

(3) 図4中のA～Eのうち，空気の温度を10℃まで下げたときに，最も

多くの水滴ができるのはどれか，記号で答えなさい。

(4) 図4中のA〜Eのうち，露点が同じなのはどれとどれか，記号で答えなさい。

(5) Cの部屋の容積を測定すると，300m³であった。この部屋の気温が，10℃まで下がった場合，この部屋全体では，約何gの水蒸気が水滴となると考えられるか，最も適当なものを次のア〜オから1つ選び，記号で答えなさい。

ア　約100g　　イ　約200g　　ウ　約250g　　エ　約450g

オ　約900g

(6) 冬の時期に眼鏡をかけてマスクをしている際，レンズの内側が曇るのはなぜか，「水蒸気」という語句を用いて，その理由を簡潔に答えなさい。

(☆☆☆◎◎◎◎◎)

【4】図5は，学校近くの露頭に見られる地層を観察したようすを模式的に表したものである。また，図6は，地層に大きな力が加わり，地層がずれることによってできたくいちがいを模式的に表したものである。以下の(1)〜(6)の各問いに答えなさい。

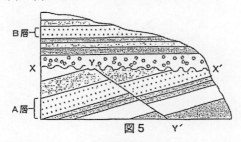

図5

(1) 図5のX−X′は，不規則な凹凸をしており，これは，風化や侵食を受けて地層の堆積が不連続になったものである。このような地層の重なり方を何というか，答えなさい。

(2) 図5の露頭の観察から，過去に起こった出来事で，もっとも古いものは何か，次のア〜オから選び，記号で答えなさい。

　　ア　地層A層の堆積　　イ　地層B層の堆積　　ウ　X－X′の形成
　　エ　Y－Y′の形成　　　オ　地層A層の褶曲

(3)　図5から，この土地は少なくとも何回隆起したと考えられるか，答えなさい。

(4)　図6のAのような(上盤が下盤に対してせり上がった状態)地層のずれを何というか，答えなさい。

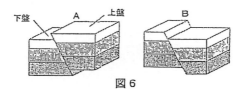

図6

(5)　図6のBのような地層のずれができるときに加わった力の向きを正しく表しているものを次のア～カから1つ選び，記号で答えなさい。

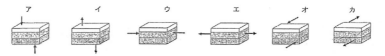

(6)　かつて地震を引き起こし，将来も再び動いて地震を引き起こす可能性がある地層のずれを何というか。

(☆☆☆◎◎◎◎)

【5】図7のように質量200gの直方体の物体Aを，滑車を使って半分の高さまで水中に入れた。このとき，ばねばかりの目盛りは0.6Nだった。以下の(1)～(6)の各問いに答えなさい。ただし，100gの物質にはたらく重力の大きさを1Nとし，糸や滑車の質量や摩擦は考えないものとする。

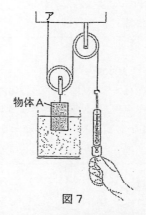

図7

(1)　点アで天井が糸を支える上向きの力は何Nか，答えなさい。

(2)　物体Aにはたらく重力の大きさは何Nか，答えなさい。

(3)　物体Aに加わる浮力の大きさは何Nか，答えなさい。

(4)　物体Aの底面積は25cm²である。この物体Aは何cm水に沈んでると考えられるか，答えなさい。ただし，水の密度は1g/cm³とする。

(5)　水を濃度10%の食塩水に変え，同じように物体Aを半分沈めた。この時ばねばかりの目盛りは0.6Nと比べてどうなるか，答えなさい。

(6)　「中学校学習指導要領(平成29年告示)解説　理科編」の「第1章総説」，「3　理科改訂の要点」，「(3)　理科の見方・考え方」では，理科における「見方」について，「エネルギー」を柱とする領域では，自然の事物・現象を主としてどのような視点で捉えると述べられているか，答えなさい。

(☆☆☆◎◎◎)

【6】電流による発熱について調べるために次のような実験を行った。あとの(1)～(6)の各問いに答えなさい。

【実験】
　図8のような装置で100gの水をプラスチックのコップに入れ，6Ωの電熱線aに9Vの電圧をかけ，1分ごとに水の温度を測定した。次に電熱線aを3Ωの電熱線bに変え同じように9Vの電圧をかけ，1分ごとに水の温度を測定した。表1は結果をまとめたものである。

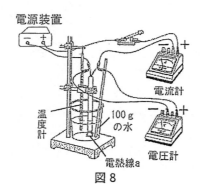

図8

表1

時間（分）	0	1	2	3	4	5	6	7
電熱線 a が入った水の温度（℃）	24.2	25.0	25.8	26.6	27.4	28.2	29.0	29.8
電熱線 b が入った水の温度（℃）	24.3	25.9	27.5	29.1	30.7	32.3	33.9	35.5

(1)　電熱線aに9Vの電圧をかけた時の電力を求めなさい。

(2)　電熱線a，電熱線bについて，電圧をかけた時間と水の上昇温度との関係を次のグラフに表しなさい。

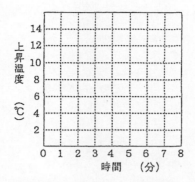

(3) 電熱線aに7分間電流を流した時，電熱線aから発生する熱量は何J
になるか，答えなさい。

(4) 電熱線aに7分間電流を流した時，実際に100gの水が受け取った熱
量は何Jになるか，表1から求めなさい。ただし，1gの水を1℃上昇
させるのに必要な熱量を4.2Jとする。

(5) 電熱線aから発生する熱量と，実際に水が受け取った熱量が異な
る理由を答えなさい。

(6) 電熱線a，電熱線bを図9のような回路に接続した。2つの電熱線か
ら発生する熱量の合計を最大にするにはS1，S2，S3のどのスイッチ
を入れるとよいか，答えなさい。

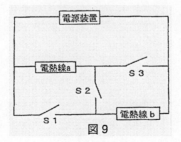

図9

(☆☆☆◎◎◎)

155

【７】酸化銅と活性炭を混ぜて図10のような装置で，加熱する実験を行った。以下の(1)〜(6)の各問いに答えなさい。

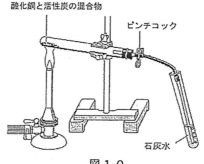

酸化銅と活性炭の混合物
ピンチコック
石灰水

図１０

(1)　この実験を行う際に，酸化銅と活性炭は，乳鉢でしっかり混ぜ合わせておくのはなぜか。その理由を答えなさい。

(2)　発生した気体により，石灰水が白くにごった。この反応の様子を化学反応式で表しなさい。

(3)　加熱をやめる前に，石灰水からガラス管を抜く必要がある。その理由を答えなさい。

(4)　試験管に残った物質が銅であることを確かめる方法を1つ答えなさい。

(5)　酸化銅と活性炭の反応を化学反応式で表しなさい。

(6)　酸化銅を還元する場合，炭素以外に用いることができる物質を1つ答えなさい。

(☆☆○○○)

【８】図11のように，マグネシウム，銅，亜鉛の金属板が入ったマイクロプレートに，4種類の水溶液を加え，どのような変化が見られるか観察した。表2はその結果をまとめたものである。あとの(1)〜(7)の各問いに答えなさい。

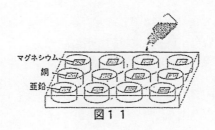

図11

表2

	硫酸マグネシウム水溶液	硫酸銅水溶液	硫酸亜鉛水溶液	硝酸銀水溶液
マグネシウム	変化なし	赤い物質が付着した。	ウ黒い物質が付着した。	白い物質が付着した。
銅	ア	変化なし	変化なし	エ
亜鉛	変化なし	イ	変化なし	白い物質が付着した。

(1) 硝酸銀が電離している様子を式で表しなさい。

(2) 表2中のイに当てはまる結果を答えなさい。

(3) 表2中の下線部ウの結果からマグネシウムと亜鉛では、どちらがイオンになりやすいと考えられるか、答えなさい。

次に、銅板と亜鉛板を使って図12のような装置をつくり、モーターを回転させた。

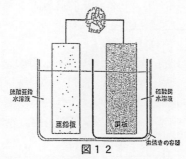

硫酸亜鉛水溶液　　亜鉛板　　銅板　　硫酸銅水溶液　　素焼きの容器

図12

(4) 銅板の周りでの反応の様子を式で表しなさい。ただし、電子は「e⁻」とする。

157

(5)　銅板と亜鉛板ではどちらが＋極になっているか，答えなさい。

(6)　モーターを長く回転させるには，硫酸銅水溶液の濃度はどのようにするとよいか，答えなさい。

(7)　この装置で素焼きの容器はどのような役割をしているか，説明しなさい。

(☆☆◎◎◎◎)

【高校物理】

【1】次の文章は，「高等学校学習指導要領(平成30年告示)理科」，「第2款各科目」，「第3　物理」から「2　内容」，「(1)　様々な運動」と「3　内容の取扱い　(1)」を抜粋したものである。以下の(1)，(2)の各問いに答えなさい。

「2　内容」，「(1)　様々な運動」
　物体の運動についての観察，実験などを通して，次の事項を身に付けることができるよう指導する。
　ア　様々な運動について，次のことを理解するとともに，それらの観察，実験などに関する技能を身に付けること。
　イ　様々な物体の運動について，観察，実験などを通して探究し，平面内の運動と剛体のつり合い，運動量，円運動と単振動，万有引力，気体分子の運動における規則性や関係性を見いだして表現すること。
「3　内容の取扱い　(1)」
　ア　内容の(1)から(4)までについては，「物理基礎」との関連を考慮し，それぞれのアに示す[　①　]とイに示す[　②　]とを相互に関連させながら，この科目の学習を通して，科学的に探究するために必要な資質・能力の育成を目指すこと。

---

(1)　下線部について，単振り子に関する実験を行う目的を説明しなさい。

(2) ［ ① ］，［ ② ］に当てはまる最も適当な語句をそれぞれ答え
なさい。

(☆☆◎◎◎)

【2】次の(1)〜(5)の各問いに答えなさい。

(1) 地球を球体とするとき，地表すれすれを円運動する物体の速さは
いくらか。最も適当なものを，次のア〜エから1つ選び，記号で答
えなさい。ただし，地球の半径をR，重力加速度の大きさをgとする。
ア $\sqrt{gR}$　　イ $\sqrt{2gR}$　　ウ $\sqrt{3gR}$　　エ $\sqrt{4gR}$

(2) シリンダー内に封入された気体の状態変化について，気体が吸収
する熱量をQ，気体がされる仕事をWとしたとき，熱力学第一法則
に基づき，気体の内部エネルギーの変化ΔUを示す関係として正し
いものを，次のア〜エから1つ選び，記号で答えなさい。
ア $\Delta U=-Q+W$　　イ $\Delta U=-Q-W$　　ウ $\Delta U=Q-W$
エ $\Delta U=Q+W$

(3) 質量106gの金属塊を100℃に熱し，これを20℃の水150gが入って
いる質量100gの銅製の容器に入れたら，水と容器の温度が30℃にな
った。ただし，熱は空気中に逃げないものとし，水の比熱を
4.2J/(g・K)，銅の比熱を0.38J/(g・K)とすると金属塊の比熱は何
J/(g・K)か。最も近い値を次のア〜エから1つ選び，記号で答えなさ
い。
ア 0.45　　イ 0.90　　ウ 1.3　　エ 1.8

(4) 電磁波の種類には〔電波，γ線，紫外線，赤外線，X線，可視光
線〕などがある。〔　〕内の電磁波を波長が長い順に並べたとき
長い方から3番目にくるものを，次のア〜エから1つ選び，記号で答
えなさい。
ア 紫外線　　イ 赤外線　　ウ X線　　エ 可視光線

(5) 放射線を照射された物質の一部が，単位質量当たりに吸収する放
射線のエネルギーを示す単位として正しいものを，次のア〜エから
1つ選び，記号で答えなさい。

159

　　　　ア　Sv　　イ　Bq　　ウ　Gy　　エ　MeV

（☆☆☆○○○）

【3】図のように，粗い斜面のある質量*M*の物体Aがなめらかな水平面上にストッパーで固定されている。この斜面上に質量*m*の物体Bを置き，静かにはなしたところ物体Bは斜面上を滑り落ちた。

　傾斜角をθ，物体AとBとの間の静止摩擦係数をμ，動摩擦係数をμ'，重力加速度の大きさを*g*として，以下の(1)～(4)の各問いに答えなさい。

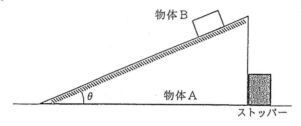

(1)　物体Bが斜面を滑り落ちているときの加速度の大きさを求めなさい。

(2)　物体Bが斜面上を距離*L*だけ滑り落ちたときの速さを求めなさい。

(3)　物体Bが斜面上を距離*L*だけ滑り落ちたとき，物体Bが失った力学的エネルギーを求めなさい。

　　次に，ストッパーを外し，再び物体Bを斜面上に乗せ，物体Bを乗せた直後，物体Aに水平方向から力を加え運動させたところ，物体Bは斜面を滑り落ちず物体Aとともに運動し続けた。

(4)　物体Bが斜面上に静止しているとき，物体Aに加えた力の大きさの範囲を求めなさい。

（☆☆☆○○○）

【4】図のように，観測者A，音源S，反射板Rが一直線上に並んでいる。Sは，振動数f_0〔Hz〕の音を発しており，音速をV〔m/s〕とする。A，S，Rは，一直線上を移動することができ，移動する際の速さはV〔m/s〕よりも十分小さいものとして，以下の(1)～(4)の各問いに答えなさい。

(1) 音源Sのみが右向きに速さv〔m/s〕で移動するときと，観測者Aのみが右向きに速さv〔m/s〕で移動するとき，音源Sから観測者Aに直接伝わる音の波長をそれぞれ求めなさい。

(2) 観測者A，音源Sが静止し，反射板Rが左向きに速さv〔m/s〕で移動するとき，観測者Aは音源Sから直接伝わる音と反射板Rで反射して伝わる音によりうなりを観測した。1秒間のうなりの回数を求めなさい。

(3) (2)のとき，音源Sが音をt_0〔s〕間発した。音源Sから観測者Aに直接伝わる音を観測者Aが聞く時間t_1〔s〕，音源Sから反射板Rに伝わる音を反射板Rが受ける時間t_2〔s〕，反射板Rで反射して伝わる音を観測者Aが聞く時間t_3〔s〕のうち，もっとも短い時間を求めなさい。

(4) 反射板Rが左向きに速さv〔m/s〕で移動するとき，観測者Aもしくは音源Sを移動させることで観測者Aが観測するうなりを消したい。観測者A，音源Sのどちらを動かせばよいか，また動かす向きと速さを求めなさい。

(☆☆☆◎◎◎)

【5】図のように，点Sから点Tの向きの強さEの一様な電場がある。点O，点S，点Tは同一平面上にあり，点Oと点Sは距離$2d$離れており，電位V_1の等電位面上，点Tは点Sから距離d離れており電位V_2の等電位面上にある。

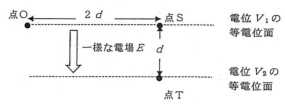

点O　　　　$2d$　　　　点S　　　電位V_1の
　　　　　　　　　　　　　　　　　等電位面
　　　一様な電場E　　d
　　　　　　　　　　　　　　　　　電位V_2の
　　　　　　　　　　　　　点T　　等電位面

　　まず，点Oに電荷$Q(>0)$の点電荷を固定したところ，点Sでの電場の強さが$\sqrt{2}E$になった。クーロンの法則の比例定数をk_0とし，空気抵抗や重力の影響は考えないものとして，次の(1)〜(4)の各問いに答えなさい。

(1)　点Sにおける電場の向きを次の図中に記入しなさい。

点O　　　　　　点S

(2)　EをQ，k_0，dを用いて表しなさい。

(3)　V_2をd，E，V_1を用いて表しなさい。

　　次に，点Oに電荷$Q(>0)$の点電荷を固定したまま，電荷$-q(q>0)$，質量mの小物体を点Tで静かにはなしたところ，小物体は線分OS上で点Oからx離れた位置を通過した。

(4)　小物体が線分OS上を最初に通過する際の運動エネルギーをq，d，x，Eを用いて表しなさい。

　　　　　　　　　　　　　　　　　　　　　　（☆☆☆◎◎◎）

【高校化学】

原子量　H＝1.0　C＝12　N＝14　O＝16　Cl＝35.5　Ca＝40
Mn＝55　Ag＝108　　気体定数：R＝8.3×10^{3}Pa・L/(K・mol)

【1】次の1，2の各問いに答えなさい。

1　次の文章は，「高等学校学習指導要領(平成30年告示)理科」，「第2款　各科目」，「第5　化学」，「1　目標」である。文章中の空欄[　ア　]～[　ウ　]に当てはまる語句を答えなさい。

　　化学的な事物・現象に関わり，理科の見方・考え方を働かせ，見通しをもって[　ア　]を行うことなどを通して，化学的な事物・現象を科学的に探究するために必要な[　イ　]を次のとおり育成することを目指す。

(1)　化学の基本的な概念や原理・法則の理解を深め，科学的に探究するために必要な観察，実験などに関する技能を身に付けるようにする。

(2)　観察，実験などを行い，科学的に探究する力を養う。

(3)　化学的な事物・現象に主体的に関わり，科学的に探究しようとする[　ウ　]を養う。

2　「高等学校学習指導要領(平成30年告示)解説　理科編理数編」「第1部　第1章　第4節　理科の科目編成」で示されていることについて，次の(1)，(2)に答えなさい。

(1)　今回の高等学校学習指導要領改訂において，新たに共通教科として「理数」を位置付け，「理数探究基礎」及び「理数探究」の科目を設けたことにより廃止することとした理科の科目名を答えなさい。

(2)　生徒が履修すべき科目数を2科目とする場合，履修の条件として示されていることを答えなさい。

(☆☆◎◎◎)

【2】以下の文章を読み，あとの1～4の各問いに答えなさい。ただし，空気は，窒素と酸素が物質量比4：1で混合した気体であり，気体はすべて理想気体とする。また，次図は水の蒸気圧曲線である。

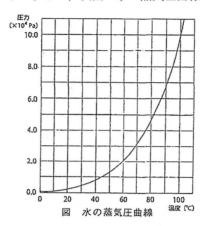

図　水の蒸気圧曲線

　　点火装置のついた容積66.4Lの密閉耐圧容器にメタン0.24mol，空気2.4molを入れ，〔実験1〕～〔実験4〕を続けて行った。
　　〔実験1〕容器内の温度を27℃に保った。
　　〔実験2〕容器内の温度を100℃までゆっくり上昇させた。
　　〔実験3〕容器内のメタンを完全燃焼させ，容器内の温度を100℃に保った。
　　〔実験4〕容器内の温度を0℃までゆっくり下げた。
1　〔実験1〕における容器内のメタンの分圧〔Pa〕を有効数字2桁で答えなさい。
2　〔実験2〕において，容器内の全圧が〔実験1〕の容器内の全圧の1.2倍となるときの容器内の温度〔℃〕を有効数字2桁で答えなさい。
3　〔実験3〕で起きたメタンの完全燃焼を化学反応式で答えなさい。
4　〔実験4〕における容器内の水蒸気圧の変化を表すグラフをかきなさい。

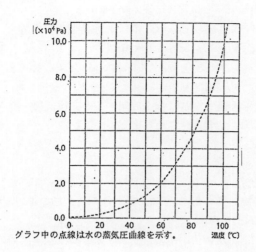

グラフ中の点線は水の蒸気圧曲線を示す。

(☆☆☆○○○○)

【3】次の文章を読み，以下の1〜5の各問いに答えなさい。

　鉄は，鉄鉱石とコークス，石灰石を溶鉱炉に入れて，下から熱風を送り込み，コークスから生じた①一酸化炭素によって鉄の酸化物を段階的に還元することで得られる。得られた鉄は炭素を約4％含み，[　ア　]と呼ばれ，硬くてもろい。さらに，②転炉で炭素を2〜0.02％に減らしたものは，[　イ　]と呼ばれ，硬くて粘り強い。

　鉄に希硫酸を加えると気体を発生して溶ける。この水溶液を濃縮して得られる淡緑色の結晶に関して，次の実験を行った。

〔実験〕淡緑色の結晶を溶かした水溶液を試験管A〜Cに入れ，異なる水溶液を加えた。試験管Aでは緑白色沈殿，試験管Bでは濃青色沈殿，試験管Cでは黒色沈殿が生成した。

1　空欄[　ア　]，[　イ　]に当てはまる最も適当な語句を答えなさい。

2　下線部①について，酸化鉄(Ⅲ)が還元されて四酸化三鉄となるときの変化を化学反応式で答えなさい。

3　下線部②について，鉄に含まれる炭素の割合を小さくするために，

転炉に吹き込む気体の物質名を答えなさい。

4　〔実験〕において，試験管A〜Cに加えた水溶液中の物質を，次のア〜カからそれぞれ選び，記号で答えなさい。

ア　NaOH　　イ　Na₂S　　ウ　K₃[Fe(CN)₆]　　エ　K₄[Fe(CN)₆]

オ　HCl　　カ　KCl

5　〔実験〕後，試験管Aをしばらく放置すると，沈殿の一部が赤褐色沈殿に変化した。変化が起きた理由を答えなさい。

(☆☆◎◎◎)

【４】次の文章を読み，以下の1〜3の各問いに答えなさい。ただし，水溶液の温度は常に25℃であり，25℃における塩化銀AgClの溶解度積K_{sp}は，$1.8 \times 10^{-10}(\text{mol/L})^2$とする。

溶解度積は難溶性塩の溶解度の目安となるため，水溶液中の特定のイオンを分析することができる。

1.0×10^{-3}mol/L塩化カルシウム水溶液50mLに，2.0×10^{-6}mol/L硝酸銀水溶液50mLを加えたところ，塩化銀の白色沈殿が生じた。このとき，生成した塩化銀は[　ア　]molであり，水溶液中の銀イオンのモル濃度は[　イ　]mol/L，塩化物イオンのモル濃度は[　ウ　]mol/Lである。

1　下線部の変化を化学反応式で答えなさい。

2　同体積の塩化カルシウム水溶液と2.0×10^{-6}mol/L硝酸銀水溶液を混合する場合，塩化銀の沈殿が生成するための塩化カルシウム水溶液のモル濃度〔mol/L〕の条件を答えなさい。ただし，数値は有効数字2桁で答えるものとする。

3　空欄[　ア　]〜[　ウ　]に当てはまる数値をそれぞれ有効数字2桁で答えなさい。答えに至る過程も示すこと。

(☆☆☆☆◎◎◎◎)

【５】次の文章を読み，以下の1〜4の各問いに答えなさい。

水質の汚染の程度を表すための指標として用いられるものにCOD(化学的酸素要求量)がある。これは，試料水1L中の有機物を酸化

するために必要な酸化剤の量を，酸素の質量に換算したものである。この指標を使って，ある湖の水質を調査するために，次の実験を行った。

〔実験1〕コニカルビーカーに，ある湖の試料水100mLを入れ，硫酸を加えて酸性条件下にした後，1.0×10^{-3}mol/L過マンガン酸カリウム水溶液10mLを加え，湯浴上で加温した。

〔実験2〕水溶液が熱いうちに2.5×10^{-3}mol/Lシュウ酸水溶液により滴定して，過マンガン酸カリウム水溶液の赤紫色が消えたところを終点とした。使用したシュウ酸水溶液の滴下量は6.8mLであった。

1　〔実験1〕で過マンガン酸カリウム水溶液を計り取る器具，〔実験2〕でシュウ酸水溶液を滴下する器具を次の〔器具〕から，その器具の使用上の注意点を〔注意〕からそれぞれ選び，記号で答えなさい。ただし，繰り返し選んでもよい。

〔器具〕　(ア)　メスシリンダー　　(イ)　メスフラスコ
　　　　　(ウ)　ビュレット　　　　(エ)　ホールピペット

〔注意〕　(オ)　水で濡れていてもそのまま使用する。
　　　　　(カ)　水で濡れているときは共洗いしてから使用する。
　　　　　(キ)　水で濡れているときは温風で乾燥してから使用する。

2　過マンガン酸イオンの酸化剤としての反応をe^-を含むイオン反応式で答えなさい。

3　シュウ酸との反応で使われた過マンガン酸カリウムの物質量〔mol〕を有効数字2桁で答えなさい。

4　実験で測定された湖の水のCOD〔mg/L〕を有効数字2桁で答えなさい。答えに至る過程も示すこと。ただし，酸素の酸化剤としてのe^-を含むイオン反応式は次の通りである。　$O_2 + 4H^+ + 4e^- \rightarrow 2H_2O$

（☆☆☆☆◎◎◎）

【6】次の図は，アセチレンとその関連化合物の反応を表している。以下の1～5の各問いに答えなさい。

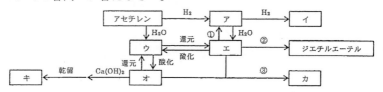

1 空欄　イ　，　ウ　，　キ　に入る物質を例にならって構造式で答えなさい。また，名称も答えなさい。

例

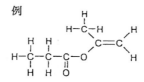

2 ①，②に適切な操作を次の(a)～(e)からそれぞれ選び，記号で答えなさい。

(a) ヨウ素と水酸化ナトリウム水溶液を加える。

(b) 濃硫酸を加えて160～170℃で加熱する。

(c) 濃硫酸を加えて130～140℃で加熱する。

(d) 濃硫酸と濃硝酸を加えて加熱する。

(e) 硫酸酸性の二クロム酸カリウム水溶液を加える。

3 ジエチルエーテルと同じ分子式で表される構造異性体の数を答えなさい。ただし，ジエチルエーテルは数に含めないこと。

4 空欄　ア　～　キ　の中で，ヨードホルム反応を示す物質をすべて選び，ア～キの記号で答えなさい。

5 空欄　エ　と　オ　から　カ　が生成する反応③を，示性式を用いた化学反応式で答えなさい。また，反応名を答えなさい。

(☆☆☆◎◎◎◎)

【7】 次の文章を読み，以下の1～5の各問いに答えなさい。

　合成樹脂には，ポリエチレンやポリプロピレンのように①加熱すると軟らかくなるものと，[　ア　]のように②加熱しても軟化せず，よりいっそう硬化してしまうものがある。また，合成樹脂に処理を行い様々な官能基を導入することで，高い機能性を持たせたものがある。例えば，スチレンと少量のp－ジビニルベンゼンの共重合体の表面を③濃硫酸で処理し，スルホ基を導入した樹脂は，水溶液中の[　イ　]イオンを[　ウ　]イオンに交換する性質を持ち，[　イ　]イオン交換樹脂という。－N(CH$_3$)$_3$OHなどの官能基を導入した樹脂は，水溶液中の[　エ　]イオンを[　オ　]イオンに交換する性質を持ち，[　エ　]イオン交換樹脂という。

1　空欄[　ア　]に入る合成樹脂を次の(a)～(e)からすべて選び，記号で答えなさい。

(a)　ポリ塩化ビニル　　(b)　フェノール樹脂

(c)　シリコーン樹脂　　(d)　尿素樹脂

(e)　ポリエチレンテレフタラート

2　下線部①，②の樹脂の一般的な構造の特徴をそれぞれ簡潔に答えなさい。

3　下線部③の反応名を答えなさい。

4　空欄[　イ　]～[　オ　]に当てはまる最も適当な語句を，それぞれ答えなさい。

5　十分な[　イ　]イオン交換樹脂を詰めた円筒形のガラス管に，上から1.0×10^{-2}mol/Lの塩化カルシウム水溶液10mLを通し，完全にイオン交換を行い，さらに樹脂を水洗してすべての流出液を回収したところ，100mLであった。

(1)　流出した水溶液に含まれる溶質の名称を答えなさい。

(2)　流出した水溶液に含まれる溶質のモル濃度〔mol/L〕を答えなさい。答えに至る過程も示すこと。

(☆☆☆◎◎◎)

【高校生物】

【１】次の文章は，「高等学校学習指導要領(平成30年告示)理科」の「第3
款　各科目にわたる指導計画の作成と内容の取扱い」からの抜粋であ
る。以下の(1)～(4)の各問いに答えなさい。

・各科目の指導に当たっては，観察，実験の過程での①情報の収集・
検索，計測・制御，②結果の集計・処理などにおいて，コンピュー
タや情報通信ネットワークなどを積極的かつ適切に活用すること。

・③科学技術が[　ア　]や社会を豊かにしていることや[　イ　]の向上
に役立っていることに触れること。また，理科で学習することが
様々な職業などと関連していることにも触れること。

(1)　文中の[　ア　]，[　イ　]に当てはまる語句を答えなさい。

(2)　下線部①について，次の(i)，(ii)の各問いに答えなさい。

(i)　情報の収集・検索を行う際，どのようなことに留意させるか，
答えなさい。

(ii)　収集・検索した情報を引用する際，指導することについて答え
なさい。

(3)　下線部②について，データが膨大であったり，結果が出るまで長
期間を要したりするため，観測しにくい現象などについては，どの
ような指導が有効であると考えられるか，簡潔に答えなさい。

(4)　下線部③について，近年，利便性や快適性を求めるだけでなく，
持続可能な社会をつくっていくことの重要性が高まっている。この
ことを踏まえ，どのような探究的な活動が考えられるか，答えなさ
い。

(☆☆◎◎◎)

【２】次の文章を読み，以下の(1)～(5)の各問いに答えなさい。

体細胞分裂を繰り返す細胞では，分裂が終わってから次の分裂が終
わるまでの過程を細胞周期という。細胞周期は，分裂が行われている
分裂期(M期)と分裂期以外の間期に分けられる。間期はさらにG$_1$期，S
期およびG$_2$期の3つに分けられ，①DNAの複製など分裂のための準備が

行われている。一方，体細胞の多くは，細胞周期から外れた②G₀期(休止期)の状態にある(図1)。

また，細胞周期には幾つかの③チェックポイントがあり，異常があれば進行を止めて修復する仕組みがある。

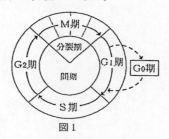

図1

(1) ある動物細胞を増殖に最適な条件下で培養した。しばらく経ったのち，細胞数を計測したところ表1の結果を得た。なお，培養中の細胞周期の長さはどの細胞でも同じである。また，細胞周期のどの時期にあるかは，細胞によって異なる。

表1

培養開始からの時間 (時間)	0	68
細胞数 (×10⁴個)	1.3	20.8

(i) この細胞の細胞周期の長さ(時間)を求めよ。

(ii) 次の実験結果が得られているとき，培養開始から68時間後のG₂期の細胞数を求めよ。解答は有効数字3桁で記入すること。

　・68時間後の間期と分裂期(M期)の細胞数の比は，間期：分裂期(M期)＝15：2である。

　・68時間後のG₁期，S期，G₂期および分裂期(M期)の細胞数の比は，G₁期：S期：(G₂期＋M期)＝5：9：3である。

(2) 下線部①に関して，次の問いに答えなさい。

(i) DNAが複製される際に二重らせんを開裂し1本ずつのヌクレオチド鎖にする酵素を答えなさい。

(ii) DNAの複製は半保存的複製であるが，仮に保存的複製であっ

171

た場合，メセルソンとスタールが大腸菌を用いて行った実験結果
はどのようになると予想されるか説明しなさい。

(3)　下線部②に関して，再生時の肝細胞のようにG$_0$期からG$_1$期に戻り
細胞分裂を再開する場合もある。しかし，多くの動物細胞の場合，
際限なく継代培養を続けることは難しい。その理由を「ラギング鎖」
および「テロメア」の2語を必ず用いて説明しなさい。

(4)　下線部③に関して，チェックポイントはG$_1$期，G$_2$期およびM期の
3箇所に存在する。以下は各箇所におけるチェック項目をまとめた
ものである。空欄[　　]に入る適切な文を答えなさい。
　・G$_1$期チェックポイント…DNAに損傷はないか。
　・G$_2$期チェックポイント…DNAは正確に複製されたか。
　・M期チェックポイント…[　　　　]。

(5)　真核生物の場合，DNAはヒストンと呼ばれるタンパク質に巻きつ
きヌクレオソームを形成し，ヌクレオソームはさらに折りたたまれ
てクロマチン繊維を形成している。このヌクレオソームやクロマチ
ン繊維がほどけた状態でなければ転写が起こらない。その理由を説
明しなさい。

(☆☆☆◎◎◎)

【3】次の〔A〕，〔B〕を読み，以下の(1)～(6)の各問いに答えなさい。
〔A〕

　生きている細胞には，①細胞膜を境として細胞内外に電位差が存在
する。この電位差は[　ア　]と呼ばれる。[　ア　]は静止時には内部が
負で一定の大きさに保たれており，この時の電位を静止電位という。
静止電位は，②細胞内外でNa$^+$やK$^+$などの濃度差がつくられることで
生じる。

　ニューロンが刺激を受けたり，他の細胞から信号を受け取ったりす
ると，負の静止電位から瞬間的に正の[　ア　]に変化する。この
[　ア　]の変化を[　イ　]といい，ニューロンに[　イ　]が発生するこ
とを興奮という。

(1) 文中の[　ア　]，[　イ　]に当てはまる最も適当な語句を答えなさい。

(2) 下線部①に関して，細胞膜の主成分はリン脂質とタンパク質であり，リン脂質が特定の配置をとることで安定な膜構造を保っている。その特定の配置とはどのようなものか説明しなさい。

(3) 下線部②に関して，図2は細胞内外の電位差の変化(細胞内に測定電極，細胞外に基準電極をおく)を示したものである。a〜cのそれぞれの期間におけるイオンチャネルのはたらきとイオンの動きを説明しなさい。

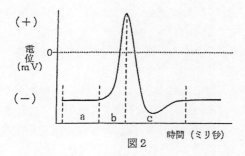

図2

(4) 図3のニューロンAの軸索上のⅠとⅡの位置でオシロスコープの電極を軸索の細胞膜外側に接して取り付けた。刺激電極から閾値以上の電気刺激を与えた時，Ⅰの電極を基準とするとⅡの電極ではどのような電位変化が測定されるか描きなさい。

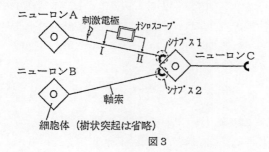

図3

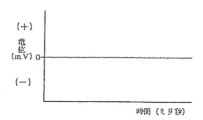

〔B〕

　シナプスには，隣接するニューロンに興奮を引き起こす興奮性シナプスと，隣接する細胞が不活発になり，抑制的にはたらく抑制性シナプスとがある。この違いは，シナプス間隙に放出される神経伝達物質を受容し開くシナプス後膜上のイオンチャネルの違いによる。シナプス後膜においてNa^+チャネルが開くと[　ウ　]分極性の興奮性シナプス後電位(EPSP)が生じ，[　エ　]チャネルが開くと[　オ　]分極性の抑制性シナプス後電位(IPSP)が生じる。なお，多くの場合，興奮性シナプスで発生する単一のEPSPだけではシナプス後細胞に活動電位は生じない。シナプス後細胞の興奮には，複数のEPSPの③時間的加重あるいは空間的加重が必要である。

(5)　文中の[　ウ　]～[　オ　]に当てはまる最も適当な語句を答えなさい。

(6)　図3のニューロンAとニューロンCとのシナプス(シナプス1とする)およびニューロンBとニューロンCとのシナプス(シナプス2とする)いずれにおいてもEPSPが生じると仮定する。下線部③の時間的加重および空間的加重について，図3を用いてそれぞれ説明しなさい。なお，ニューロンCは，シナプス1および2で生じる単一のEPSPでは興奮しないものとする。

(☆☆☆◎◎◎)

【４】次の文章を読み，以下の(1)～(4)の各問いに答えなさい。

　植物は生涯を通じて様々な環境要因の影響を受けるため，生育環境の変化を刺激として捉え，それに応じた様々な反応(環境応答)を示す。

174

環境応答の中でも特に重要な①光に対する応答は，種子の発芽，②根や茎の成長，気孔の開閉および花芽形成など，いろいろな部位で見られる。

　環境の変化が感知されてから発生や成長の調節が起きるまでの過程では，植物ホルモンと呼ばれる生理活性物質の関与が古くから知られている。例えば，種子の発芽には[　ア　]が，根・茎・葉の分化にはオーキシン，[　ア　]，サイトカイニンが，果実の成熟・落果の促進には[　イ　]が関与する。

　植物の生存にとって環境ストレスに対する応答も重要であり，その過程でも植物ホルモンがはたらく。例えば，動物や昆虫による食害を受けた植物では，[　ウ　]が作られる。[　ウ　]は様々な[　エ　]の合成を誘導するが，その中には[　エ　]分解酵素の作用を抑えるものも含まれており，昆虫の摂食障害を誘発し，食害の拡大を軽減している。

(1)　文中の[　ア　]～[　エ　]に当てはまる最も適当な語句を答えなさい。

(2)　下線部①に関して，植物は様々な光受容体を持っている。次の(i)，(ii)の現象に関係の深い光受容体を1つ答えなさい。さらに各々における光受容体の作用として最も適当なものを，以下のa～eから1つずつ選び記号で答えなさい。

　(i)　光屈性

　(ii)　気孔の開口

　　a　細胞壁のセルロース繊維をゆるめ，吸水を促す。

　　b　オーキシン輸送タンパク質の分布に影響を与える。

　　c　赤色光を吸収した後核内に移動し，遺伝子発現を調節する。

　　d　孔辺細胞からのK^+の流出を促進し，浸透圧を低下させる。

　　e　孔辺細胞へのK^+の流入を促進し，浸透圧を上昇させる。

(3)　林床など他の植物に光が遮られるような環境に置かれた光発芽種子の発芽が抑制される仕組みを説明しなさい。

(4)　下線部②に関して，図4はオーキシン濃度と茎の成長の関係を表す。根の成長に関するグラフを描き加えなさい。さらに，茎と根で

光に対する屈曲の方向が逆になる仕組みを説明しなさい。

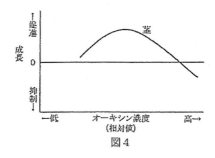

図4

(☆☆☆◎◎◎)

【5】次の文章を読み，以下の(1)〜(5)の各問いに答えなさい。
　　生態系には，攪乱を受けても，もとに戻ろうとする復元力がある。この復元力により，生態系のバランスが保たれているが，生態系の復元力を超える大きな攪乱が起こると，もとの生態系には戻らない場合もある。生態系の保全と取組のため，外来生物法や種の保存法が制定されている。

(1)　アラスカ(アリューシャン列島西部)沿岸の食物連鎖の一つである，ラッコとジャイアントケルプとウニの関係について，簡潔に答えなさい。また，ラッコがいなくなった場合，ウニとジャイアントケルプの個体数はどう変化するか，答えなさい。

(2)　(1)のラッコのように，生態系の上位にあり，他の生物の生活に大きな影響を与える生物種を何というか，答えなさい。

(3)　熊本県内で生息が確認されたことがある特定外来生物は23種である。そのうちの2種について，次の(i)，(ii)の各問いに答えなさい。

(i)　県内だけでなく全国に分布し，各自治体が駆除に取り組んでいる。道路沿いや河川敷などに生育している北アメリカ原産の多年草で高さは30〜70cm，5〜7月に黄色の花を咲かせるキク科の植物の名称を答えなさい。

(ii)　県ではタイワンリスのモニタリング捕獲とピンポイント捕獲を

行っている。ピンポイント捕獲の手法について，簡潔に答えなさい。

(4) 日本から他の国や地域に進出して外来生物となっている次の(i)，(ii)の生物種名を答えなさい。

(i) 緑化や土壌の流出防止，飼料などを目的として北アメリカに導入されたが，増殖により他の植物の成長を妨げるようになった。

(ii) バラスト水の移動に伴い，移入先で増殖し，在来種の海藻の生育を阻害している。

(5) 生態系を支える基盤となる生物多様性について説明したア〜オのうち，適切なものをすべて選び，記号で答えなさい。

ア 生態系多様性は，人間活動が加わることにより複雑化しやすい。

イ 遺伝的多様性が高い個体群は，環境の変化などに対応して生存できる確率が高い。

ウ 個体数が少なくなると，個体群の遺伝的多様性が上昇する。

エ 熱帯多雨林では種多様性が高く，砂漠や極地では低い。

オ 日本列島は，2005年に生物多様性ホットスポットとして追加された。

(☆☆☆◎◎◎)

【高校地学】

【1】「高等学校学習指導要領(平成30年告示) 解説 理科編」，「第1部 第2章 第8節 地学基礎」，「3 内容とその範囲，程度」，「(2)変動する地球」の「(イ)地球の環境」の「⑦日本の自然環境」において，日本における自然環境の特徴を理解させ，それがもたらす恩恵や災害など，人間生活が自然環境と深く関わっていることを認識させることがねらいとされている。ここで日本の自然環境がもたらす恩恵として取り上げることが考えられる具体例を3つあげなさい。さらに自然災害について，地震に伴う被害において取り上げることが考えられる具体例を2つあげなさい。

(☆☆◎◎◎)

【２】次の文章を読み，以下の(1)～(5)の各問いに答えなさい。

　　地球の形が丸いことは，ギリシャ時代に，自然現象を観察すること
で明らかになっていった。古代ギリシャのアリストテレスは，地球が
球形であると考えた。それから約100年後，[　ア　]は_a地球が球形で
あると仮定し，2地点間の距離と[　イ　]を調べることで，地球の周囲
の長さを求めた。

　　17世紀になるとフランスの天文学者リシェは，パリで正確に合わせ
た振り子時計が南米のギアナに持っていくと遅れ，振り子の長さを調
節し，再びパリに持ち帰ると，今度は早く進むことを知り，_b赤道付
近では重力が小さくなると推定した。一方イギリスの[　ウ　]は，回
転による球の変形を理論的に求め，地球は赤道方向に膨らんでいる回
転だ円体であると考えた。そこで，フランス学士院は，ペルー，フラ
ンス，スカンジナビア半島北部で_c測量を行い，地球が赤道方向に膨
らんだ形をしていることが示された。

(1)　文章中の[　ア　]～[　ウ　]に適当な人物名または語句を記入し
　　なさい。

(2)　下線部aについて，地球が球形であるためにおきることを，次の
　　①～④の中からすべて選び，番号で答えなさい。

　　①　南北に移動すると，北極星の高度が変化する。

　　②　船が沖から陸へ近づくと，高い山の山頂から見え始める。

　　③　季節によって，太陽の南中高度が異なる。

　　④　月食のときに月に映った地球の影が円形である。

(3)　北緯30°の場所で，[　ア　]が行った方法で，地球の大きさを求め
　　ようとした。ところが，南北に同一経線上の2地点間の距離を測定
　　しなければならないところを誤って，東西に同一緯線上の2地点間
　　の距離を測定し，2地点の経度差をもとに，地球1周の長さを求めた。
　　この結果は，実際の地球1周の長さの何％になっていると推定され
　　るか。ただし，$\sqrt{2}=1.4$，$\sqrt{3}=1.7$とし，地球を完全な球と仮定
　　する。

(4)　下線部bについて，地球が赤道方向に膨らんでいることをふまえ，

重力が緯度によって変化する理由を2つあげよ。

(5) 下線部cについて，どのような結果から地球が赤道方向に膨らんだ形をしているとわかったか，その結果を説明しなさい。

(☆☆☆◎◎)

【3】次の文章を読み，以下の(1)～(7)の各問いに答えなさい。

　マグマは噴出する地域により化学成分が異なっている。中央海嶺やハワイ島で噴出するマグマは玄武岩質である。日本などの沈み込み帯の火山では[　ア　]岩質が多い。まだ，流紋岩質のマグマも一部で見られ，a火砕流堆積物として噴出している。地下でマグマができるのはマントル上部であるが，b発生したマグマはマントルの融けやすい成分から融けてできたものである。c沈み込み帯では，100kmくらいの深さになるとマグマが発生しやすい。マグマは，火山体の地下にdマグマだまりをつくり，マグマだまりで火山ガスが分離することで噴火が起こる。日本の火山は，[　ア　]岩質マグマであるため，[　イ　]の火山形態をとる火山が多い。また，火山ガスによる火山災害として，空気より重い無色無臭の[　ウ　]が凹地にたまることで引き起こされる被害がある。

(1) 文章中の[　ア　]～[　ウ　]に適当な語句を記入しなさい。

(2) 下線部aについて，どのような噴火のしかたであるか，簡潔に説明しなさい。

(3) 下線部bについて，この現象を何というか。また，この現象は，岩質の変化で説明できるが，どのような岩質変化が起こるか，簡潔に説明しなさい。

(4) 下線部cについて，沈み込み帯におけるマグマ発生条件を簡潔に説明しなさい。

(5) 下線部cについて，沈み込み帯である日本の火山分布にはある特徴が見られる。この特徴を簡潔に説明しなさい。

(6) 下線部dについて，マグマだまりで一時的にマグマがたまる理由を説明しなさい。

(7)　玄武岩と流紋岩のちがいを「造岩鉱物」と「Fe成分」という用語を利用して，簡潔に説明しなさい。

(☆☆☆◎◎◎◎◎)

【４】次の文章を読み，以下の(1)～(7)の各問いに答えなさい。

　地球の歴史については，化石や岩石の生成年代，a離れた地域の地層を比べることなどで過去の情報を得る。このうち花こう岩の生成年代測定には，$^{40}K-^{40}Ar$法が利用されることが多い。^{40}Kの半減期が1.3×10^9年であり，地球最古の岩石はカナダ北部のb40億年前の変成岩である。初期の地球はマグマオーシャンで地球の内部構造や原始大気などが形成された。

　原生代になると，光合成を始める原核生物のシアノバクテリアがつくったドーム状の構造をもつ[　ア　]が世界各地に残された。原生代後期約6.5億年前の全球凍結後の約5.7～5.4億年前には，扁平な形状の数十cm大の比較的大きな生物群[　イ　]が出現した。古生代の始めには，硬い殻をもつ節足動物の[　ウ　]やカナダ北部の奇抜な形状をもつ[　エ　]動物群が出現し，後半にはc生物の陸上進出がおこった。

　中生代は，海で頭足類の[　オ　]や陸では大型は虫類が繁栄した。新生代では約700万年前に二足歩行した最も原始的な人類[　カ　]が現れた。新生代第四紀には，複数回のd氷期が到来しe海水面の変動により独特の地形が形成され，その環境の中で人類が発展した。

(1)　文章中の[　ア　]～[　カ　]に適当な語句を記入しなさい。

(2)　下線部aについて，地層対比の方法について，具体的な例を2つあげて説明しなさい。

(3)　下線部bについて，この岩石を$^{40}K-^{40}Ar$法で年代測定したら，K/Arの量比(%)として最も適当なものを1つ選び番号で答えなさい。ただし，^{40}Kは壊変することで11%がArになり89%はCaになる。

　　①　130%　　②　77%　　③　33%　　④　1.4%

(4)　下線部Cについて，植物界で最初に上陸した生物化石の名称を答えなさい。

(5) 下線部dについて，氷期を調べるには有孔虫の殻中の酸素同位体比(^{18}O/^{16}O)が利用される。氷期のとき，この数値の変化と海水面の変動について，説明しなさい。

(6) 下線部eについて，具体的な河川地形を1つあげ，形成される過程を簡潔に説明しなさい。

(7) 下線部eについて，この時代の記述として最も適当なものを1つ選び番号で答えなさい。

① 最終氷期が終了するのは，今から2万年前である。

② 第四紀の約7000〜4000年前ごろには，縄文海退か起こった。

③ 富山湾などでは，約2000年前の埋没林が海底にひろがっている。

④ この時代の地層からはコノドントと呼ばれる化石が産出される。

(☆☆☆◎◎◎◎)

【5】次の文章(A・B)を読み，以下の各問いに答えなさい。

A 次の図は大気圏最上部に達する太陽放射エネルギーの量を342W/m²としたときの太陽放射の行方と地球からのエネルギーの移動の様子を地球全体の平均値で表したものである。図を参考にして，次の(1)〜(5)の各問いに答えなさい。

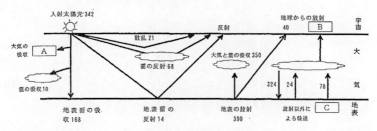

(1) 太陽放射エネルギー量の平均値が342W/m²になる理由を地球の半径をRで表して説明しなさい。ただし，太陽定数は1370W/m²である。

(2) 図中の　A　と　B　に入る数値を求めなさい。

(3) 太陽放射について，正しいものをすべて選び，番号で答えなさい。

① 太陽高度は季節や緯度により異なり，九州では夏至の日の太陽高度は(90°－その地点の緯度＋23.4°)となり最大である。

② 太陽光が大気中に浮遊する火山灰等により吸収され，温暖化が促進される。

③ 地表面の反射する割合は，氷河や砂漠の方が，森林地より大きくなる。

④ 入射太陽光は可視光線を中心にするエネルギーであるが，地表の放射は赤外線を中心にしている。

(4) 放射以外による熱の輸送　　C　　について，78は「潜熱」によるものである。この熱の移動について「空気塊の温度」「断熱膨張」という用語を利用して，簡潔に説明しなさい。

(5) 入射太陽光の大気による吸収について，次の①〜④のうち最も適当なものを1つ選び番号で答えなさい。

① 太陽光のうち波長が0.4μm以下赤外線は，水蒸気や二酸化炭素により吸収される。

② 太陽光のうち波長が$0.4〜0.8\mu$mの可視光線は，水蒸気や二酸化炭素により吸収される。

③ 太陽光のうち波長が0.8μm以上の赤外線は，オゾンにより吸収される。

④ 太陽光のうち波長が0.4μm以下紫外線は，オゾンにより吸収される。

B 次の図は，太陽放射エネルギーと地球放射エネルギーの緯度ごとの収支の様子を表している。以下の(6)と(7)の各問いに答えなさい。

(6) 次の図で，高緯度地域で地球が受ける太陽放射エネルギーが小さくなる理由を2つあげて説明しなさい。

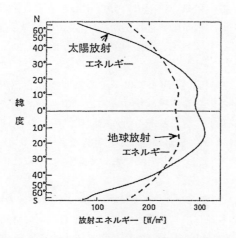

(7)　緯度ごとのエネルギーの過不足を補うかたちで地球の行っている熱輸送について，熱が運ばれる向きを含めて簡潔に説明しなさい。

(☆☆☆◎◎◎◎◎)

【6】次の文章を読み，以下の(1)〜(6)の各問いに答えなさい。

　18世紀，イギリスのハーシェルは，いろいろな方向の恒星の数を数えて，銀河系の形状を考えた。20世紀になり，シャプレーは多数の $_a$ 球状星団が分布する様子を調べ，太陽が銀河系の中心から外れたところに位置していることを発見した。

　現在では，銀河系は，約2000億個の恒星が $_b$ 中心部に膨らみをもった円盤状に分布する構造をしていることがわかっている。また，銀河系の近くには大・小マゼラン雲やアンドロメダ銀河などが分布し， $_c$ 直径約600万光年の領域に40個以上の銀河とグループをつくっていることもわかっている。このように宇宙では一般に，銀河は一様に分布せず $_d$ 分布にむらがあることがわかってきた。一方ハッブルは， $_e$ 遠い銀河ほど高速度でわれわれから遠ざかっていることを発見し，現在われわれの宇宙が膨張していることがわかった。

(1)　下線部aについて，銀河系をとりまく球状星団の分布する領域を

何というか，答えなさい。．また，銀河中心からこの領域の半径として最も近い値を，次の①〜④の中から1つ選び，番号で答えなさい。

①　2.8万光年　　　②　5万光年　　　③　7.5万光年

④　10万光年

(2)　下線部bについて，銀河系には多くの星間物質などが存在し，銀河系内の恒星の分布を直接観測することは難しい。銀河系内の恒星の分布はどのようにしてわかるか，簡潔に説明しなさい。

(3)　下線部cのグループを何というか，答えなさい。

(4)　下線部dについて，宇宙空間における銀河の分布は，泡構造とよばれている。この特徴を説明しなさい。

(5)　下線部eについて，ハッブル定数の逆数は宇宙年齢の目安となり，ハッブル年齢とよばれている。地球から1.4×10^{2}〔Mpc〕の距離にある銀河が，1.0×10^{4}〔km/s〕の速度で遠ざかっている場合，ハッブル年齢は何年になるか計算しなさい。計算過程も示し，有効数字2桁で答えなさい。ただし，1〔Mpc〕$= 10^{6}$〔pc〕，1〔pc〕$= 3.1 \times 10^{13}$〔km〕，1年$= 3.2 \times 10^{7}$〔s〕とする。

(6)　現在，宇宙は非常に高温・高密度の状態から始まり，次第に膨張・冷却をして現在にいたったと考えられている。このようなモデルを何というか答えなさい。また，その根拠として銀河の後退のほかにどのような現象があげられるか，具体例を1つ答えなさい。

(☆☆☆◎◎◎◎)

二次試験 (県のみ)

【中学理科】

【1】前線の通過に伴う天気の変化について，観測結果や生活体験から暖気と寒気を関連付け，生徒の興味・関心を引き出しながら科学的に理解させる効果的な指導方法について述べなさい。

(☆☆☆☆◎◎)

【高校物理】

【1】 キルヒホッフの法則について述べなさい。また，キルヒホッフの法則の授業をする際に生徒の理解を深めるために行う生徒実験や創意工夫する点，指導における留意点についても併せて述べなさい。なお，必要に応じて，板書等で描く図を用いても良い。

(☆☆☆◎◎◎)

【高校化学】

【1】 「高等学校学習指導要領(平成30年告示)理科」を踏まえて，次の1，2の各問いに答えなさい。

1 非金属元素に関する単元の学習計画(9時間程度)を作りなさい。ただし，学習計画には，実験を伴う探究活動を取り入れ，探究活動を通して生徒につけさせたい資質，能力を明記すること。

2 1の学習計画において計画した探究活動について，次の(1)～(4)に答えなさい。

(1) 探究活動名

(2) 実験手順等

(3) 予想される結果，誤差，考察等

(4) 探究活動における留意点

(☆☆☆◎◎◎)

【高校生物】

【1】 ヒトの血糖濃度の調節について，次の(1)，(2)の各問いに答えなさい。

(1) 血糖濃度を維持する仕組みについて図示し，述べなさい。

(2) Ⅰ型糖尿病およびⅡ型糖尿病について図示し，その違いについて述べなさい。

(☆☆☆◎◎◎)

【高校地学】

【１】「高等学校学習指導要領(平成30年告示)解説　理科編」「第1部　第2章　第9節　地学」の「3　内容とその範囲，程度」の「(4)宇宙の構造」の「(ア)太陽系」の「①太陽系天体とその運動について」では，「惑星の運動の規則性を見いだし，視運動と関連付けて理解させることがねらいである。」と示されている。惑星の運動について，地球と惑星がつくる特徴的な位置関係を挙げなさい。また，惑星の視運動の特徴として順行，逆行及び留について地球と惑星の位置関係から説明しなさい。さらに，惑星の会合周期について，式を用いて説明しなさい。

(☆☆☆☆◎◎)

解答・解説

一次試験 (県・市共通)

【中学理科】

【１】(1)　茎(地下茎)　　(2)　前葉体　　(3)　胞子　　(4)　カ

(5)　仮根　　(6)　維管束がある。(根・茎・葉の区別がある。)

〈解説〉(1)〜(3)　イヌワラビは，シダ植物である。Aは胞子体，Bは前葉体である。シダ植物では前葉体が配偶体である。　(4)(5)　スギゴケは，コケ植物である。Yは胞子のうであり，Cは雌性(雌株)で胞子体，Dは雄性(雄株)で配偶体である。根に見えるものは仮根である。　(6)　維管束の発達により大型化と環境の適応が可能になり，植物および生態系の多様性の変化に影響を与えたと考えられている。

【２】(1)　二酸化炭素　　(2)　分解者　　(3)　食物連鎖　　(4)　⑦⑧⑨
⑩⑪⑫⑬⑭　　(5)　①⑭　　(6)　P　デンプン(有機物)　　Q　分解

(7)　加熱殺菌してから廃棄する必要がある。

〈解説〉(1)　自然界における炭素の循環に関わる気体は，二酸化炭素である。　(2)　分解者は，死がいや排出物などの有機物を分解して栄養を摂り，呼吸によって二酸化炭素を排出する。　(3)　食物連鎖の中で，無機物から有機物をつくる生物アは生産者，生物イ〜エは消費者という。(4)　①〜④，⑥は，呼吸による二酸化炭素の移動を示し，⑤は，生物アが光合成のために吸収する二酸化炭素の移動を示す。　(5)(6)　実験方法①でこされた水には，分解者である微生物が生息する。よって，それらがデンプンを分解するので，ヨウ素液反応は見られなかった。ただし，試験管Bでは，実験方法②の煮沸で微生物は死んでおり，デンプンは分解されていない。　(7)　実験で使った液体には，肉眼では見えずとも「生き物」が含まれているため，加熱処理が必要となる。他の実験においても，処理や廃棄方法には注意喚起が必要である。

【3】(1)　B　　(2)　凝結　　(3)　A　　(4)　BとE　　(5)　オ
(6)　水蒸気を多く含んだ呼気がレンズの内側で冷やされ露点に達し，水滴となってついたため。

〈解説〉(1)　湿度は，その空気の温度における飽和水蒸気量に対する含んでいる水蒸気量の割合である。まず，水蒸気量が少ない方が湿度も低いと考えられるため，BとEに絞ることができる。BとEそれぞれの温度の飽和水蒸気量を比べるとBの方が大きいため，湿度は低くなる。(2)　気体から液体の状態に変わることを凝結という。この逆で液体から気体の状態に変化することを蒸発という。　(3)　ある温度に達したときに飽和水蒸気量を上回る水蒸気量が含まれていた場合，飽和水蒸気量を超えた分の水蒸気が水滴となる。空気の温度が10℃の飽和水蒸気量を上回る水蒸気量を含む空気はA・C・Dであり，この中で最も水蒸気量が大きいAで最も多くの水滴ができると考えられる。BとEは水蒸気量が10℃の飽和水蒸気量を下回るので水滴はできない。　(4)　露点はその空気が含む水蒸気量が飽和水蒸気量と等しくなる温度である。空気中の水蒸気量が同じ場合に露点は等しいので，BとEの露点が

同じである。　　(5)　図4からCの部屋では空気1m³中の水蒸気量が12.5gとわかる。空気の温度が10℃の飽和水蒸気量についても図4から約9.5gと読み取れる。部屋の気温が10℃まで下がったとき，飽和水蒸気量を上回った水蒸気量が水滴になるので，空気1m³あたり約3gの水蒸気が水滴となる。部屋の容積が300m³であるから，部屋全体では約900gの水滴が生じる。　　(6)　冬の時期は眼鏡のレンズが冷えており，水蒸気を多く含んだ呼気がレンズの内側で冷やされる。冷やされた呼気が露点に達すると含まれていた水蒸気が水滴となるため，レンズの内側に水滴がつき，レンズが曇ってしまう。

【4】(1)　不整合　　(2)　ア　　(3)　2〔回〕　　(4)　逆断層
(5)　エ　　(6)　活断層
〈解説〉(1)　水中で堆積した地層が一度地上に露出し，風化や侵食を受けて凹凸面を形成した後に再度水中で新しい地層が堆積すると，上下で地層の堆積が不連続になることがある。このときの上下の地層の関係を不整合という。　　(2)　ウの不整合やエの断層の形成は地層A層を切っていることから地層A層の堆積後であるとわかる。よって，過去に起こった出来事で最も古いものはアの地層A層の堆積である。イの地層B層の堆積はウの不整合の上で堆積しているので，ウの形成後である。また，オの地層A層の褶曲はエの断層形成の前に起こっていることがわかる。よって，起こった順番は，ア→オ→エ→ウ→イとなる。
(3)　不整合の形成時に1回隆起しており，さらに現在の状態(地上に露出した状態)になるために1回隆起している。これらを踏まえて少なくとも2回は隆起したことになる。　　(4)　図6のAのように上盤が下盤に対してせりあがった状態を逆断層という。一方，Bのように下盤が上盤に対してせりあがった断層を正断層という。　　(5)　正断層は，エのような張力によってできる。一方，逆断層は，ウのような圧縮力が加わることでできる。　　(6)　解答参照。

【5】(1) 0.6〔N〕　　(2) 2〔N〕　　(3) 0.8〔N〕　　(4) 3.2〔cm〕

(5) 小さくなる　　(6) 量的・関係的

〈解説〉(1) ばねばかりの目盛りが0.6Nであり，ばねばかりが糸の一端であることに着目する。糸の他端が天井に取り付けられていることから，天井が糸を支える上向きの力も0.6Nである。　(2) 物体Aの質量は200gであり，100gにはたらく重力の大きさを1Nとするので，求める重力は2Nである。　(3) (1)より，糸の張力が0.6Nであることから，物体Aの上にある動滑車は，左右から0.6Nずつ，合計1.2Nの大きさで上に引かれている。物体Aの重力は2Nなので，物体Aに関する力のつり合いを考えれば，浮力の大きさは，2−1.2＝0.8〔N〕　(4) アルキメデスの原理より，物体Aの沈んでいる部分が排除している水の重さが浮力の大きさになるから，物体Aの沈んでいる部分の体積は80cm³である。したがって，求める長さは，80÷25＝3.2〔cm〕　(5) 食塩水の方が水より密度が大きく，浮力が増えるので，その分，動滑車が上に引く力は少なくなる。したがって，ばねばかりの目盛りは0.6Nと比べて小さくなる。　(6) 解答参照。

【6】(1) 13.5〔W〕

(2)

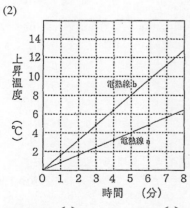

(3) 5670〔J〕　　(4) 2352〔J〕　　(5) 熱の一部が容器などをあたためるのに使われたり，空気中に逃げたりするため。　(6) S1とS3

〈解説〉(1)　求める電力は，$9^2 \div 6 = 13.5$〔W〕　　(2)　解答参照。

(3)　電力は1秒あたりの発熱量になるので，$13.5 \times (7 \times 60) = 5670$〔J〕

(4)　水が受け取った熱量は，$100 \times 4.2 \times (29.8 - 24.2) = 2352$〔J〕

(5)　解答参照。　　(6)　電熱線a，電熱線bに加わる電圧がともに9Vになるように並列に接続すればよい。

【７】(1)　物質どうしが触れ合う面積を大きくし，反応しやすくするため。　　(2)　$Ca(OH)_2 + CO_2 \rightarrow CaCO_3 + H_2O$　　(3)　石灰水が逆流し，試験管が割れてしまうのを防ぐため。　　(4)　薬さじで表面をこすって赤茶色の光沢が出るか確かめる。(電流が流れるか確かめる。)

(5)　$2CuO + C \rightarrow 2Cu + CO_2$　　(6)　水素(エタノール)

〈解説〉(1)　反応物の接触する面積が大きいほど反応は速く進行する。

(2)　石灰水に二酸化炭素を通すと，炭酸カルシウムが沈殿し白濁する。

(3)　解答参照。　　(4)　銅は赤茶色の光沢をもつ。また，電気の良導体であることから，通電実験でも確認できる。　　(5)　酸化銅は還元されて銅になる。　　(6)　水素以外にも，メタノールやエタノールなどがある。

【８】(1)　$AgNO_3 \rightarrow Ag^+ + NO_3^-$　　(2)　赤い物質が付着した。

(3)　マグネシウム　　(4)　$Cu^{2+} + 2e^- \rightarrow Cu$　　(5)　銅板　　(6)　高くする　　(7)　溶液がすぐに混ざるのを防ぐ。(電気的な偏りをなくす。)

〈解説〉(1)　硝酸銀は電離すると銀イオンと硝酸イオンを生じる。

(2)　イオン化傾向がZn＞Cuなので，銅が析出する。　　(3)　水溶液中の亜鉛が析出していることから，マグネシウムの方がイオンになりやすい。　　(4)　水溶液中の銅イオンが電子を受け取り，銅が析出する。

(5)　電子を受け取る方が＋極になる。　　(6)　水溶液中の銅イオンが消費されるので，水溶液の濃度を高くすると長時間電気が流れる。

(7)　水溶液が混ざらないことが必要だが，一定のイオンの移動が可能でないと電荷に偏りが生じるため，半透性をもつ素焼きの容器を使用する。

【高校物理】

【1】(1)　単振り子の長さと周期の関係を調べることで単振動の規則性を見いだして理解する。　　(2)　①　知識及び技能　　②　思考力，判断力，表現力等

〈解説〉(1)　単振動は等速円運動の正射影である。単振り子の運動はその振れ幅が小さいものは単振動とみなすことができる。単振り子の振動数，周期，加速度，通過点での速度などを該当する等速円運動と関連させて実験，または調査し，その規則性，そして両者の関係性を理解させることが目的である。　　(2)　高等学校学習指導要領(平成30年度告示)では各教科の目標について，「知識及び技能」，「思考力，判断力，表現力等」，「学びに向かう力，人間性等」の三つの柱で構成されている。設問のアでは「…理解するとともに，それらの観察，実験などに関する技能を身に付ける…」，イでは「…観察，実験などを通して探究し，…規則性や関係性を見いだして表現する…」としている。これらは目標の「知識及び技能」，「思考力，判断力，表現力等」に対応している。

【2】(1)　ア　　(2)　エ　　(3)　イ　　(4)　エ　　(5)　ウ

〈解説〉(1)　地表すれすれを円運動する物体の向心力は，物体の質量をmとすると，mgであるから，運動方程式は，$\dfrac{mv^2}{R}=mg$　∴　$v=\sqrt{gR}$
(2)　熱力学第一法則によれば，気体の内部エネルギーの変化は，気体が吸収した熱と気体にされる仕事の和になる。　　(3)　金属塊の比熱をcとする。熱量の保存を考えて，$(100×0.38+150×4.2)×(30-20)=106×c×(100-30)$　∴　$c=0.900\cdots≒0.90$〔J/(g·K)〕　　(4)　波長が長い順に並べると，電波，赤外線，可視光線，紫外線，X線，γ線となる。　　(5)　物質が吸収するエネルギーの単位はグレイGyである。シーベルトSvは，生体が放射線による影響を受ける場合に用いる。

【３】(1)　$ma=mg\sin\theta-\mu'mg\cos\theta$　∴　$a=g\sin\theta-\mu'g\cos\theta$

(2)　$v^2=2(g\sin\theta-\mu'g\cos\theta)L$　∴　$v=\sqrt{2gL(\sin\theta-\mu'\cos\theta)}$

(3)　Lだけ滑り落ちたときに動摩擦力から受けた仕事の分だけ力学的エネルギーを失うことになるので，$\mu'mgL\cos\theta$

(4)　左向きを正，物体Aを押す力をF，物体A，Bの加速度をbとすると運動方程式は，$(m+M)b=F$　…①

物体Aから見た物体Bについての力のつり合いより静止摩擦力をf，垂直抗力をNとして，$f=mg\sin\theta-mb\cos\theta$　…②　　$N=mg\cos\theta+mb\sin\theta$　…③　条件より，$-\mu N\leqq f\leqq\mu N$　…④　　①②③④より，
$(m+M)\dfrac{\sin\theta-\mu\cos\theta}{\cos\theta+\mu\sin\theta}g\leqq F\leqq(m+M)\dfrac{\sin\theta+\mu\cos\theta}{\cos\theta-\mu\sin\theta}g$

〈解説〉(1)　斜面方向の運動方程式を考える。　(2)　等加速度運動の公式$v^2-v_0^2=2ax$を用いる。　(3)(4)　解答参照。

【４】(1)　音源が移動するとき…$\lambda=\dfrac{V+v}{f_0}$〔m〕　　観測者が移動するとき…$\lambda=\dfrac{V}{f_0}$〔m〕　　(2)　観測者Aに直接伝わる音の振動数はf_0〔Hz〕となり，反射板Rが受ける音の振動数をf_R〔Hz〕，反射して観測者Aに伝わる音の振動数をf_{RA}〔Hz〕とする。　$f_R=\dfrac{V+v}{V}f_0$〔Hz〕　…①，
$f_{RA}=\dfrac{V}{V-v}f_R=\dfrac{V+v}{V-v}f_0$〔Hz〕　　…②　うなりを求めると$n=f_{RA}-f_0=\dfrac{2v}{V-v}f_0$〔回〕　　(3)　音源Sが発する音，観測者Aに直接伝わる音，反射板Rが受ける音，反射して観測者Aに伝わる音いずれも波数は等しくなるので，$f_0\cdot t_0=f_0\cdot t_1=f_R\cdot t_2=f_{RA}\cdot t_3$　…③　　(2)より$f_0\leqq f_R\leqq f_{RA}$となるので，$t_0=t_1>t_2>t_3$　よって，②③より$t_3=\dfrac{V-v}{V+v}t_0$　　(4)　観測者Aが移動すると，直接音と反射音が同じ割合で変化するため振動数は等しくならずうなりは消えない。音源Sが左向きに速さw〔m/s〕で移動したとき，うなりが消えたと仮定すると，観測者Aに直接伝わる音の振動数をf_A〔Hz〕とすると$f_A=\dfrac{V}{V-w}f_0$〔Hz〕　反射して観測者Aに

伝わる音の振動数をf_4〔Hz〕とすると②より$f_4=\dfrac{V+v}{V-v}\cdot\dfrac{V}{V+w}f_0$〔Hz〕

$f_A=f_4$より，$\dfrac{V}{V-w}f_0=\dfrac{V+v}{V-v}\cdot\dfrac{V}{V+w}f_0$ → $\dfrac{V+w}{V-w}=\dfrac{V+v}{V-v}$ 両辺を比

較し，$w=v$〔m/s〕とわかる。よって，音源Sを左向きに速さv〔m/s〕

で移動させればうなりが消える。

〈解説〉(1) 観測者のみが移動する場合，波長は変わらないことに注意

する。 (2)(3) 解答参照。 (4) うなりは振動数がわずかに違う異

なる音の干渉によって生じる合成波である。よって，二つの音の振動

数が同じときうなりは生じない。

【5】(1)

(2) 点Sでの電界(電場)が$\sqrt{2}\,E$であることから点電荷が点Sにつくる

電界(電場)の強さはE よって，$E=k_0\dfrac{Q}{(2d)^2}=k_0\dfrac{Q}{4d^2}$ (3) $V_2=V_1-$

Ed (4) 力学的エネルギー保存則より，運動エネルギーをKとする

と$K-q\left(V_1+\dfrac{4Ed^2}{x}\right)=-q\left(V_2+\dfrac{4Ed}{\sqrt{5}}\right)$ $K=qEd\left(1-\dfrac{4\sqrt{5}}{5}+\dfrac{4d}{x}\right)$

〈解説〉(1) 電場のうち，点Sでの電場の強さが$\sqrt{2}\,E$，点Sから点Tへ向

かう成分はE，点Sにおける電場はこの二つの合成電場であるため，電

場の向きは等電位面となす角45°方向となる。 (2) 解答参照。

(3) (電位差)＝(電場の大きさ)×(距離)より，$(V_1-V_2)=Ed$ ∴ $V_2=$

V_1-Ed (4) 解答参照。

【高校化学】

【1】1 ア 観察，実験 イ 資質・能力 ウ 態度

2 (1) 理科課題研究 (2) 科学と人間生活，物理基礎，化学基礎，

生物基礎，地学基礎のうち科学と人間生活を含む2科目とする。

〈解説〉1　理科の目標では“自然の事物・現象”を対象としており，各科目の目標ではその対象をそれぞれの分野の対象に変えているが，その他の表現は理科の目標で用いられている表現に沿っている。

2　(1)　「第4節　1　科目の編成の考え方」に記載されている。以前の学習指導要領であった「理科課題研究」は，「理数探究基礎」，「理数探究」を設けたことにより今回の要領では廃止されている。

(2)　「第4節　3　科目の履修」に記載されている。全ての生徒が履修すべき科目数は，2科目あるいは3科目とすることになっているが，2科目とする場合は「科学と人間生活」，「物理基礎」，「化学基礎」，「生物基礎」，「地学基礎」のうち「科学と人間生活」を含む2科目としている。なお，3科目とする場合は「物理基礎」，「化学基礎」，「生物基礎」，「地学基礎」のうちから3科目としている。

【2】1　9.0×10^3〔Pa〕　　2　$8.7 \times 10(87)$〔℃〕　　3　$CH_4 + 2O_2 \rightarrow CO_2 + 2H_2O$

4

〈解説〉1　混合気体の分圧は，その気体が単独で容器に含まれるときに示す圧力であることから，気体の状態方程式$PV = nRT$より，$P = \dfrac{nRT}{V}$ $= 0.24 \times 8.3 \times 10^3 \times \dfrac{300}{66.4} = 9.0 \times 10^3$〔Pa〕　　2　〔実験1〕での全圧を$P$，求める温度を$T$とすると，ボイル・シャルルの法則＝(一定)より，

$P \times \dfrac{66.4}{300} = 1.2P \times \dfrac{66.4}{T}$ が成り立つ。よって，$T = 360$〔K〕　セ氏温度は，$360 - 273 = 87$〔℃〕　3　炭化水素の燃焼では，二酸化炭素と水が生じる。　4　空気が2.4molであることから，酸素は $2.4 \times \dfrac{1}{5} = 0.48$〔mol〕となる。したがって，燃焼後は$CO_2$が0.24molと水蒸気が0.48mol生成する。100℃における水蒸気の分圧は，気体の状態方程式より，$0.48 \times 8.3 \times 10^3 \times \dfrac{373}{66.4} = 2.238 \times 10^4 \fallingdotseq 2.24 \times 10^4$〔Pa〕となる。同様にして，60℃での分圧は，$0.48 \times 8.3 \times 10^3 \times \dfrac{333}{66.4} = 1.998 \times 10^4 \fallingdotseq 2.00 \times 10^4$〔Pa〕となり，60℃で水の蒸気圧曲線と合致する。60℃以下の温度では水の蒸気圧曲線をたどる。

【3】1　ア　銑鉄　　イ　鋼　　2　$3Fe_2O_3 + CO \rightarrow 2Fe_3O_4 + CO_2$
3　酸素　　4　A　ア　　B　ウ　　C　イ　　5　溶液に溶け込んだ空気中の酸素によって，Fe^{2+}が酸化されてFe^{3+}に変化したため，赤褐色の$Fe(OH)_3$が生成したから。
〈解説〉1　炭素を約4%含む鉄は，硬くてもろく，銑鉄とよばれる。炭素の含有量を低下させた鉄を鋼という。　2　酸化鉄(Ⅲ)はFe_2O_3で，四酸化三鉄はFe_3O_4である。　3　炭素を酸化して取り除くため，酸素を吹き込む。　4　淡緑色の結晶は硫酸鉄(Ⅱ)であり，水溶液には鉄(Ⅱ)イオンが含まれる。よって，NaOHで$Fe(OH)_2$の緑白色沈殿が生じ，$K_3[Fe(CN)_6]$で$Fe_3[Fe(CN)_6]_2$の濃青色沈殿が生じ，Na_2SでFeSの黒色沈殿が生じる。　5　Fe^{2+}は酸化されやすく，$Fe(OH)_3$の赤褐色沈殿に変化する。

【4】1　$CaCl_2 + 2AgNO_3 \rightarrow 2AgCl + Ca(NO_3)_2$　　2　1.8×10^{-4}mol/Lより大きい。　　3　生成したAgClを x〔mol〕とすると，溶解度より
$$\dfrac{2.0 \times 10^{-6} \times 50 \times 10^{-3} - x}{100 \times 10^{-3}} \times \dfrac{2.0 \times 10^{-3} \times 50 \times 10^{-3} - x}{100 \times 10^{-3}} = 1.8 \times 10^{-10}$$

$(1.0×10^{-7}-x)(1.0×10^{-4}-x)=1.8×10^{-12}$　…①

$x≪1.0×10^{-4}$であることから，$1.0×10^{-4}-x≒1.0×10^{-4}$

①式を解いて，$x=8.2×10^{-8}$〔mol〕　塩化物イオンは，$1.0×10^{-3}$
〔mol/L〕　銀イオンは，$(1.0×10^{-7})÷(100×10^{-3})=1.8×10^{-7}$〔mol/L〕

ア　$8.2×10^{-8}$　　イ　$1.8×10^{-7}$　　ウ　$1.0×10^{-3}$

〈解説〉1　銀イオンは塩化物イオンと反応してAgClの白色沈殿を生じる。

2　$K_{sp}=[Ag^+][Cl^-]$より，$[Cl^-]=\dfrac{1.8×10^{-10}}{2.0×10^{-6}}=9.0×10^{-5}$〔mol/L〕

$CaCl_2→Ca^{2+}+2Cl^-$より，$CaCl_2$水溶液のモル濃度は，$9.0×10^{-5}×2=$
$1.8×10^{-4}$〔mol/L〕　沈殿が生じるためには，$K_{sp}<[Ag^+][Cl^-]$の条件が
必要であることから，$CaCl_2$水溶液のモル濃度は$1.8×10^{-4}$mol/Lより大
きい必要がある。　3　解答参照。

【5】1　過マンガン酸カリウム水溶液　　器具…エ　　注意…カ
シュウ酸水溶液　　器具…ウ　　注意…カ　　2　$MnO_4^-+8H^++5e^-$
$→Mn^{2+}+4H_2O$　　3　$6.8×10^{-6}$〔mol〕　　4　有機物の酸化に使われ
た$KMnO_4$は，$1.0×10^{-3}×10×10^{-3}-6.8×10^{-6}=3.2×10^{-6}$〔mol〕　これ
よりCODは$3.2×10^{-6}×5×\dfrac{1}{4}×32×10^3×\dfrac{1}{0.100}=1.28$〔mg/L〕　　1.3
〔mg/L〕

〈解説〉1　一定量の液体を計り取る器具はホールピペットで，滴下量を
測定する器具はビュレットである。両方とも含まれる物質量に変化が
あると正しく測定できないことから共洗いする必要がある。

2　MnO_4^-が酸化剤としてはたらくとMn^{2+}に変化する。イオン反応式
では，酸素原子の数をあわせるため右辺に$4H_2O$を加える。両辺の水素
原子の数をあわせるため左辺に$8H^+$を記す。両辺の電荷数をあわせる
ため左辺に$5e^-$を加える。　3　シュウ酸の半反応式が，$(COOH)_2→$
$2CO_2+2H^++2e^-$であることから，過マンガン酸カリウムとは2：5で反
応する。よって，求める過マンガン酸カリウムの物質量をx〔mol〕と
すると，$x：2.5×10^{-3}×\dfrac{6.8}{1000}=2：5$より，$x=6.8×10^{-6}$〔mol〕

4　有機物の酸化に使われた過マンガン酸カリウムの物質量は，1.0×

$10^{-3} \times \dfrac{10}{1000} - 6.8 \times 10^{-6} = 3.2 \times 10^{-6}$ 〔mol〕 酸素の半反応式が$O_2 +$ $4H^+ + 4e^- \rightarrow 2H_2O$であることから，過マンガン酸カリウムとは4：5で過不足なく反応するので，CODは，$3.2 \times 10^{-6} \times \dfrac{5}{4} \times 32 \times 10^3 \times \dfrac{1}{\frac{100}{1000}} =$ $1.28 \fallingdotseq 1.3$ 〔mg/L〕

【6】1 イ　名称…エタン　　ウ　名称…アセトアルデヒド

構造式…
```
    H  H
    |  |
 H--C--C--H
    |  |
    H  H
```
構造式…
```
       H
       |
 H--C--C--H
    |  ‖
    H  O
```

キ　名称…アセトン(ジメチルケトン)

構造式…
```
    H     H
    |     |
 H--C--C--C--H
    |  ‖  |
    H  O  H
```

2　①　(b)　②　(c)　　3　6　　4　ウ，エ，キ

5　反応式…$CH_3COOH + CH_3CH_2OH \rightarrow CH_3COOCH_2CH_3 + H_2O$

反応名…エステル化(脱水縮合)

〈解説〉1　アセチレンに水素を付加すると，エチレンを経てエタンになる。アセチレンに水を付加すると，アセトアルデヒドが生成する。アセトアルデヒドの酸化により，酢酸が生成し，そのカルシウム塩を乾留すると，アセトンが生成する。　2　エチレンに水を付加するとエタノールが生成し，濃硫酸とともに130〜140℃に加熱すると，分子間脱水によりジエチルエーテルが生成し，160〜170℃に加熱すると，分子内脱水によりエチレンが生じる。　3　分子式$C_4H_{10}O$には，アルコール4種とエーテル3種の異性体が存在する。ジエチルエーテルを除くので6種類の異性体になる。　4　ヨードホルム反応はCH_3CO-Rや$CH_3CH(OH)-R$の構造を含む化合物に起こる。カルボニル基をもつアセトンとアセトアルデヒドに加え，エタノールは第一級アルコールであるがヨードホルム反応を示す。　5　オの酢酸とエのエタノールの反応で，エステル化により酢酸エチルが生成する。

【7】1　(b), (c), (d)　　2　①　鎖状構造　　②　立体網目状構造
3　スルホン化　　4　イ　陽　　ウ　水素　　エ　陰　　オ　水酸化
物　　5　(1)　塩化水素　　(2)　生成した塩化水素は$1.0×10^{-2}×10×$
$10^{-3}×2=2.0×10^{-4}$〔mol〕　　したがって，$2.0×10^{-4}×\dfrac{1}{1.0×10^{-1}}=$
$2.0×10^{-3}$〔mol〕　　$2.0×10^{-3}$〔mol/L〕

〈解説〉1　加熱すると硬化する熱硬化性樹脂は，フェノール樹脂，シリ
コーン樹脂や尿素樹脂のように単量体の縮合重合によって生成する樹
脂である。　　2　熱可塑性樹脂は単量体の付加重合により生成するも
ので，鎖状構造をもつ。一方，熱硬化性樹脂は立体網目状構造をもつ。
3　スルホ基に置換する反応をスルホン化という。　　4　陽イオン交換
樹脂は，スルホ基やカルボキシ基を有し，陽イオンを水素イオンに交
換する。陰イオン交換樹脂は，$-NR_3OH$の構造をもち，陰イオンを水
酸化物イオンに交換する。　　5　(1)　Ca^{2+}がH^+に交換されるため，HCl
が流出液に含まれる。　　(2)　塩化カルシウムより生じる塩化物イオン
は，$2×1.0×10^{-2}×\dfrac{10}{1000}=2.0×10^{-4}$〔mol〕　　この塩化物イオンから生
じる塩化水素も同様に$2.0×10^{-4}$〔mol〕である。

【高校生物】

【1】(1)　ア　日常生活　　イ　安全性　　(2)　(i)　情報源や情報の信
頼度について検討すること。　　(ii)　引用部分を明確にして示すこと。
(3)　シミュレーションを利用する。　　(4)　道路拡張工事とその地域
における生息動物について，経年変化や季節的変動を調査し，環境と
生物の関係について考察する。

〈解説〉(1)　学習指導要領・解説でよく出てくる表現の中に「日常生活
や社会」がある。科学技術が豊かにしているものとして該当する。さ
らに「…の向上」というと「…の質の向上」あるいは「…性の向上」
という表現が妥当と考えられる。本文では「安全性の向上」としてい
る。　　(2)　「高等学校学習指導要領(平成30年告示)解説　理科編　理数
編　第1部　理科編　第3章　各科目にわたる指導計画の作成と内容の

取扱い　2　内容の取扱いに当たっての配慮事項　(3)　コンピュータなどの活用」に示されている。情報通信ネットワークを介して得られた情報は適切なものばかりでないので，信頼度を検討し，引用する場合にはどの部分をどこから引用したかを明確にすることが重要となる。　(3)　(2)で示した「(3)　コンピュータなどの活用」に記述があり，観測しにくい現象などについては「シミュレーションを利用すること」が有効としている。　(4)　改訂された学習指導要領では，一人一人の生徒が持続可能な社会の創り手となることができるようにすることが求められると明記されている。そのために，エネルギー・資源・自然環境など我々の身の回りにある問題の解決・改善につなげられる課題を見つけ解決策を探究しそれを実践していく学習活動を行うことが考えられる。また，活動の中では科学的な根拠に基づいて考察させるなど，科学的な見地から客観的に扱うことが求められる。

【2】(1)　(i)　17〔時間〕　　(ii)　1.22×10^4〔個〕　　(2)　(i)　DNAヘリカーゼ　　(ii)　^{15}Nと^{14}Nとからなる中間の重さのDNAが生じない。
(3)　DNAの末端にはテロメアとよばれる特定の塩基配列がある。ラギング鎖では末端部分が完全に複製されずテロメアが短くなる。テロメアの長さが一定以下になると分裂を停止するため，際限なく継代培養はできない。　　(4)　すべての染色体が赤道面に並んだか　　(5)　基本転写因子やRNAポリメラーゼが結合できないから。
〈解説〉(1)　(i)　細胞分裂において，細胞数は2^n(n＝細胞周期の回数)のペースで増加する。今回は，1.3×10^4〔個〕から20.8×10^4〔個〕まで$\frac{20.8 \times 10^4}{1.3 \times 10^4} ≒ 16$〔倍〕に増加しているため，$2^4 = 16$より，細胞周期が4周したと考えられる。よって，細胞周期の長さは，$68 \div 4 = 17$〔時間〕である。　　(ii)　(間期)：(M期)＝15：2であるから，(全周期)：(M期)＝17：2＝20.8×10^4：(M期の細胞数)の関係式が成り立つ。これより，(M期の細胞数)≒2.447×10^4〔個〕　また，(G₁期)：(S期)：(G₂期＋M期)＝5：9：3であり，これらの比も，全周期が17時間であるとして成り立っている。よって，両者の比より，(G₂期＋M期)：(M期)＝3：2となり，

(G₂期)：(M期)＝1：2＝(G₂期の細胞数)：2.447×10⁴の関係式が成り立つ。したがって，G₂期の細胞数は，1.223×10⁴≒1.22×10⁴〔個〕である。　　(2)　複製は，DNA1本鎖それぞれで行われるため，まずは開裂しなければならない。それぞれで複製を終えると，元のDNAを半分受け継いだ新たなDNAが2セット出来上がる。これを半保存的複製という。保存的複製であれば，元のDNAをそのまま受け継ぐため，新たなNを取り入れることがなく，重さに変化はみられないと予想できる。(3)　解答参照。　　(4)　このチェックポイントは，細胞が分裂する際，染色体が等しく配分されるか否かのポイントにもなる。　　(5)　折りたたまれていれば，DNA上にある各因子や酵素の結合部位が隠れてしまう。よって，必要時には解かれなければならない。

【3】〔A〕(1)　ア　膜電位　　イ　活動電位　　(2)　疎水性の部分を向け合い，親水性の部分を外側に向けるようにして2層に並んでいる。(3)　a　電位依存性Na⁺チャネルおよび電位依存性K⁺チャネルは閉じているが，ナトリウムポンプによりNa⁺を細胞外に排出しK⁺を細胞内に取り込んでいる。さらに，電位非依存性K⁺チャネルが開いており，一部のK⁺が細胞外へ流出している。　　b　電位依存性Na⁺チャネルが開き，細胞外のNa⁺が細胞内へ流入する。　　c　電位依存性Na⁺チャネルが閉じNa⁺の流入が止まる。やや遅れて電位依存性K⁺チャネルが開きK⁺が細胞外へ流出する。その後，ナトリウムポンプによりNa⁺の排出とK⁺の取り込みが行われる。

(4)

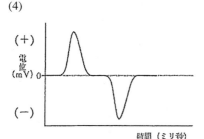

〔B〕(5)　ウ　脱　　エ　塩素　　オ　過　　(6)　時間的加重…シナプス1またはシナプス2で短い間隔で複数のEPSPが発生し，それらが加算されること。　　空間的加重…シナプス1およびシナプス2で同時にEPSPが発生し，それらが加算されること。

〈解説〉〔A〕(1)　細胞膜によるNa^+とK^+の濃度勾配によるエネルギーが，ニューロンの興奮によって変化すると，活動電位が生じる。　(2)　この脂質二重層により，細胞は水(体液)と親和性をもつことができる。
(3)　細胞膜に埋め込まれたナトリウムポンプやチャネルの開閉により電位が変化する。　(4)　まず興奮によって，活動電位が生じる。しばらくすると活動電位を生じない時期に入り，その後，静止電位に戻る。
〔B〕(5)　脱分極とは電位がプラス方向(0V)に変化することである。その反対にマイナス方向に変化することを過分極という。　(6)　通常，EPSP一つでシナプス後のニューロンに活動電位は生じない。時間的・空間的加重によってその興奮の総和が閾値を超えることで，活動電位を生じさせる。

【4】(1)　ア　ジベレリン　　イ　エチレン　　ウ　ジャスモン酸
エ　タンパク質　　(2)　光受容体…フォトトロピン　　作用…(i)　b
(ii)　e　　(3)　林床付近に到達する光は遠赤色光が多く，フィトクロムがPr型となっており，種子の発芽に必要なジベレリンの合成が起こらず発芽が抑制される。
(4)　グラフ

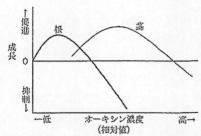

仕組み…オーキシンは光の当たらない側へ移動するため，光の当たら

ない側のオーキシン濃度が高くなる。茎ではオーキシン濃度の高い光の当たらない側の成長が促進され，根では光の当たらない側は成長が抑制される。よって，茎と根では光に対する屈曲の方向が逆になる。

〈解説〉(1)　植物ホルモンには多様な種類がある。これらは，植物の成長段階における反応の促進または抑制にはたらき，それぞれの濃度分布や互いの濃度差によって制御しながら相互にはたらく。　(2)　フォトトロピンは，青色波長の光を受容する。　(i)　光を感知し，オーキシンが光の当たらない側へ局所的に集まることで細胞成長する。これにより，光の方向へと屈性を示す。　(ii)　気孔は，内側の細胞が厚く，外側の細胞が薄い。そのため，浸透圧が上がると，気孔の構造が外側に広がるような形で開口する。なお，閉口にはアブシジン酸が関与する。　(3)　林床では，より高い位置にある植物によって太陽光が遮られる。高い位置の植物の光合成によって，赤・青色光が吸収されているため，林床では遠赤色光が多い。フィトクロムが遠赤色光を吸収してPr型(赤色吸収型)となると種子の発芽が抑制される。　(4)　解答参照。

【5】(1)　関係…ラッコがウニを食べ，ウニがジャイアントケルプを食べるという関係　ウニ…急激に増加する。　ジャイアントケルプ…急激に増加したウニに食べられ減少，もしくは消滅する。
(2)　キーストーン種　(3)　(i)　オオキンケイギク　(ii)　疑似餌を設置し，食害があった場所にわなを設置して残存個体を捕獲する方法。　(4)　(i)　クズ　(ii)　ワカメ　(5)　イ，エ，オ

〈解説〉(1)(2)　食物連鎖・食物網は複数の生物が関わり合っており，特にキーストーン種となる生物に変化がある場合，生態系のバランスに大きな影響をもたらす。　(3)　外来生物や自然環境の問題とその対策については環境省や県庁もしくは市区町村の自治体ホームページに情報が掲載されている。　(4)　解答参照。　(5)　生物多様性には，遺伝的多様性，種多様性，生態系多様性がある。　ア　生態系多様性には人間活動を既に含んでおり，加えるか否かによって違いが生じるわけ

でない。　ウ　個体数が少なくなると，遺伝的多様性は低下する。

【高校地学】

【1】自然環境がもたらす恩恵の具体例…多様な自然景観，豊かな水，温泉(地下資源)　地震に伴う被害の具体例…地震動，津波(液状化現象)
〈解説〉日本の自然環境がもたらす恩恵とまた日本で生じうる自然災害は表裏一体の面もある。日本は四季を有し多様な自然景観を有している。中緯度に位置し雨(水)が豊富であることから農業が盛んであり，一方で多すぎる降雨は台風，豪雨などによる災害をもたらす。日本は火山国でもあるが，それによって温泉が多く存在している。一方で火山の中には噴火によって火砕流や溶岩流を発生させ災害につながることもある。また日本の周りの海には暖流，寒流が流れ，海溝やトラフがあることで漁業資源が豊富で，昨今は地下資源にも期待が寄せられている。しかし同時にプレートの沈み込みの位置にあることで多くの地震が発生している。地震による災害としては，その地震動そのものによる構築物の損壊や人身への災害，津波の発生による構築物の損壊や人身への災害，あるいは土地の液状化現象などがある。

【2】(1)　ア　エラトステネス　イ　緯度差(南中高度差)　ウ　ニュートン　(2)　①②④　(3)　85〔%〕　(4)　・低緯度ほど，自転による遠心力が大きくなるため。　・低緯度の地表ほど，地球の中心(重心)からの距離が長くなり，引力が小さくなるため。
(5)　緯度差1°あたりの経線の長さが，高緯度地方ほど長かった。
〈解説〉(1)　解答参照。　(2)　季節による太陽の南中高度の変化は，自転軸が傾いているために生じる現象であり，地球の形によらない。
(3)　赤道での地球1周の長さをLとすると，赤道での半径Rは，$L=2\pi R$より，$R=\dfrac{L}{2\pi}$で表すことができる。なお，仮定により，この半径は地球の半径と同じである。緯度30°の場所の同一緯線を結んだ円の半径rは，地球の半径Rを用いて，$r=R\cos30°$と表すことができる。これより，緯度30°の同一緯線を結んだ円周の長さlは，$l=2\pi r=2\pi$

$R\cos30° = 2\pi R \times \dfrac{\sqrt{3}}{2} = \sqrt{3}\pi R$と表すことができる。これと地球1周の長さの比をとると，$\dfrac{l}{L} = \dfrac{\sqrt{3}\pi R}{2\pi R} = \dfrac{\sqrt{3}}{2} = \dfrac{1.7}{2} = 0.85$となり，実際の地球1周の長さの85％であるとわかる。　　(4)　重力は地球と地球上の物体にはたらく万有引力と遠心力の合力である。　　(5)　地球は赤道方向に膨らむことで南北方向につぶされた形になり，高緯度地域は東西方向に引き伸ばされ，低緯度地域は圧縮される形となる。そのため，高緯度ほど緯度差1°あたりの経線の長さが長くなり，低緯度では短くなる。

【3】(1)　ア　安山　　イ　成層火山　　ウ　二酸化炭素　　(2)　マグマの破片などと高温の火山ガスが混合しながら高速で火山体を流れ下る噴火のしかた。　　(3)　現象…部分溶融　　説明…カンラン岩の一部が融け，玄武岩質マグマが発生する。　　(4)　沈み込む海のプレートからの水の供給で岩石の融点が下がること。　　(5)　海溝と平行に火山が出現する限界線(火山前線)が見られること。　　(6)　マグマの密度が周りの岩石と同じになり，上昇しなくなるため。　　(7)　玄武岩は，流紋岩に比べてFe成分を多く含む有色鉱物の造岩鉱物量が多く，全体的に黒っぽい色をしている。

〈解説〉(1)　噴出するマグマは場所によって化学成分が異なり，中央海嶺やホットスポットでは玄武岩質マグマが噴出し，沈み込み帯の火山では安山岩質マグマを噴出する。日本は沈み込み帯にあたるために安山岩質マグマを噴出する火山が多い。安山岩質マグマの粘性は中程度であり，成層火山の火山形態をとる。火山ガスには無色無臭の二酸化炭素が含まれており，噴出した二酸化炭素が谷や窪地にたまり，二酸化炭素中毒を引き起こすことがある。　　(2)　火砕流はマグマの破片などの火山砕屑物と高温の火山ガスが混ざりながら時速100kmを超える速さで流れ下る現象である。　　(3)　岩石の全てが融けるのではなく，融けやすい成分から融けるため部分溶融とよばれる。部分溶融では上部マントルのカンラン岩の一部が溶融し，玄武岩質マグマが生じる。

(4)　沈み込み帯では沈み込む海洋プレートとともに含水カンラン岩が沈み込んでいる。この含水カンラン岩が脱水分解することで水が供給され，この水の作用で岩石の融点が下げられることでマグマが生じている。　(5)　日本の火山分布は海溝から西に約300kmの位置に集中して分布している。これが線状に並んで見えるために火山前線(火山フロント)とよばれている。　(6)　液体のマグマは周囲より軽くなり浮力が生じることで上昇する。しかし，マグマの密度が周囲の岩石の密度とつり合うと浮力が生じなくなるため上昇しなくなる。マグマが上昇せず，その位置にとどまることでマグマだまりが形成される。

(7)　玄武岩と流紋岩は同じ火山岩であるが，含まれる造岩鉱物が異なる。Fe成分は有色鉱物に多く含まれており，玄武岩では有色鉱物の量が流紋岩と比べて多い。有色鉱物を含む量が多いほど岩石は黒っぽくなる。

【4】(1)　ア　ストロマトライト　　イ　エディアカラ生物群
ウ　三葉虫　　エ　バージェス(頁岩型)　　　オ　アンモナイト
カ　サヘラントロプス・チャデンシス　　(2)　・世界間の比較的離れた場所では，地層中に含まれる示準化石を利用する。　・日本国内など比較的狭い場所では，火山灰が堆積した凝灰岩を鍵層とする。
(3)　①　　(4)　クックソニア　　(5)　酸素同位体比($^{18}O/^{16}O$)は増加して，海水面が低下し海退が起こる。　　　(6)　河川地形…河岸段丘
過程…氷期には侵食力が強くなり下方侵食され，新しい段丘面が形成される。　　(7)　③
〈解説〉(1)　解答参照　(2)　離れた地域の地層の対比はその距離によって用いる方法が異なる。日本国内など狭い範囲の場合は，単一の火山から噴出する火山灰が地域的に堆積するため，凝灰岩層を鍵層として用いやすい。一方，世界的に比較しようとしたとき，全世界的に降下する火山灰は少ないため，火山灰が堆積した凝灰岩層を鍵層として用いることはできない。そのため，地層に含まれる示準化石などを用いて比較を行う。　　(3)　まず40億年後にあたる現在の^{40}Kの量を求める。

205

最初の^{40}Kの量をN_0とすると，ある時間tの時の^{40}Kの量Nは，$N=N_0\left(\dfrac{1}{2}\right)^{\frac{t}{T}}$と表すことができる（$T$は半減期）。約40億年後にあたる現在の^{40}Kの量Nは，$N=N_0\left(\dfrac{1}{2}\right)^{\frac{4.0\times10^9}{1.3\times10^9}}$である。計算を簡略化するために経過した年数を39億年とすると，$N=N_0\left(\dfrac{1}{2}\right)^3=\dfrac{1}{8}N_0$となる。一方で，壊変した^{40}Kの量は$\dfrac{7}{8}N_0$であり，この内の11％がArになったことになる。よって，Arの量は$\dfrac{7}{8}N_0\times0.11$，40億年後のK/Arの量比は，$\dfrac{\dfrac{1}{8}N_0}{\dfrac{7}{8}N_0\times0.11}=\dfrac{1}{7\times0.11}\fallingdotseq1.298$となるので，約130％となる。　（4）　陸上に最初に進出した植物はシルル紀のクックソニアである。　（5）　^{16}Oを含んだ水は^{18}Oを含んだ水に比べて軽いため蒸発しやすい。そのため，寒冷になるほど^{16}Oを含む水が多く蒸発し，海水には^{18}Oの比率が高くなる。氷期になると海水中で^{18}Oの比率が高くなるから，有孔虫の殻中の酸素同位体比は増加する。全球的に氷床が拡大するため，海水面は低下し海退が生じる。　（6）　河岸段丘の形成には海面の低下が関係している。海水面が低下することで河川は侵食力が強くなる。そのため，下方侵食が起こり新たな段丘面を形成することになる。なお，土地が隆起することでも海水面は相対的に低下するため，侵食力が強くなり段丘の形成につながる。　（7）　富山湾には魚津埋没林が広がっている。

【５】A　（1）　地球が受ける太陽放射は，太陽放射に垂直な面が受ける日射量で，地球断面積（πR^2）が受けるものに等しい。この日射量が，地球全表面積（$4\pi R^2$）で平均化されて求められるので，太陽定数の$\dfrac{1}{4}$になる。　（2）　A　61　B　199　（3）　①，③，④　（4）　地表で暖められた空気塊が上昇し，断熱膨張して空気塊の温度が低下して，雲を生じ熱が放出されたもの。　（5）　④　B　（6）　・高緯度は低緯度より太陽高度が低く，1m²当たりに入射する太陽放射が少ないため。・雪や氷が太陽放射を多く反射するため。　（7）　熱過剰の低緯度側

から熱不足の高緯度側へ，大気の循環や海流で熱輸送する。

〈解説〉A　(1)　太陽定数は太陽光線に垂直な面が単位面積で単位時間に受け取る太陽エネルギーの量である。地球が太陽放射を受けることができるのは太陽光線に垂直な面だけであり，その面積は地球の断面積にあたる。これを全球のエネルギーとして受け取るために，日射量を地球の表面積で平均すると太陽定数の$\frac{1}{4}$となる。　(2)　A　入射太陽光から出ている矢印の総和が入射太陽光の342と一致するので，A＋10＋168＋21＋68＋14＝342より，A＝61となる。　B　地球からの放射は入射太陽光と同じ数値になる(エネルギー収支は0のため)。地球からの放射は，散乱や雲の反射など，地球から宇宙に到達した矢印の総和になるため，21＋68＋14＋40＋B＝342より，B＝199となる。

(3)　大気中に火山灰が浮遊すると太陽光は散乱され地表に届きにくくなり寒冷化が生じる。　(4)　潜熱は，地表で蒸発した水が大気中で凝結するなどして状態変化を起こすときに生じた熱である。空気塊は地表で暖められると上昇するが，上昇に伴い断熱膨張して温度が低下する。すると水蒸気が凝結するため潜熱を放出する。　(5)　熱圏や成層圏にあるオゾン層では紫外線を吸収している。赤外線は水蒸気や二酸化炭素によって吸収されるが，波長は約0.8μm以上である。赤外線を水蒸気や二酸化炭素が吸収することで温室効果が生じる。

B　(6)　高緯度地域になるほど太陽高度は低くなる。太陽放射エネルギーは太陽光線に垂直なほど多くのエネルギーを受け取るため，太陽高度が低くなると受け取ることのできるエネルギー量は少なくなる。また，高緯度地域には雪や氷が広がっているが，これらは太陽光を反射しやすい。　(7)　低緯度地域ではエネルギーが過剰に得られるため，エネルギーが不足している高緯度地域に熱輸送が生じている。熱の輸送手段は，主に大気の循環によるものと，海流によるものがある。

【6】(1)　名称…ハロー　　半径…③　　(2)　水素原子が発する電波を観測することでわかる水素ガスの分布から推定される。　　(3)　局部銀河群　　(4)　銀河が銀河団や超銀河団をつくり壁状やフィラメント状に連なって，ボイドとよばれる銀河がほとんど分布しない空間を取り巻いている。　　(5)　$\dfrac{1}{H} = \dfrac{140 \times 10^6 \times 3.1 \times 10^{13}}{10000 \times 3.2 \times 10^7} = \dfrac{1.4 \times 3.1 \times 10^{10}}{3.2} =$ $1.35625 \times 10^{10} \fallingdotseq 1.4 \times 10^{10}$〔年〕　　(6)　モデル…ビッグバン(モデル)　根拠…宇宙背景放射の存在

〈解説〉(1)　銀河系の中心であるバルジや円盤部をとりまくように球状星団が存在している。この球状星団が分布する領域をハローとよんでおり，このハローの半径は銀河の中心から7.5万光年である。

(2)　水素原子が発する電波は星間物質にほとんど吸収されないため，この電波を観測することで恒星の分布を推定することができる。水素は恒星の主成分であるから，水素からの電波の強さで恒星の数を推定することができる。　　(3)　宇宙にも天体が集団をつくる階層構造があり，下線部cのように銀河系を含めた40個以上の銀河がつくるグループを局部銀河群という。　　(4)　銀河群や銀河団，超銀河団が連なる領域をフィラメントという。また，フィラメントに囲まれた銀河があまり存在しない領域をボイドという。これら2つによって構成される宇宙の大規模構造を泡構造とよぶ。　　(5)　銀河の距離をr，宇宙の膨張に伴う銀河の後退速度をv，ハッブル定数をHとしたときに$v = Hr$が成り立つ。ハッブル定数の逆数が宇宙年齢の目安になるので$\dfrac{1}{H} = \dfrac{r}{v}$となり，これに値を代入して計算すればよい。　　(6)　宇宙が誕生した直後に短時間で非常に急激な膨張が発生し，超高温で超高密度の火の玉宇宙が形成されたのが宇宙の初期であると考えられている。これをビッグバンという。ビッグバンの証拠は主に3つあげられており，宇宙の膨張(ハッブルの法則)，宇宙背景放射の存在，水素とヘリウムの存在比である。

二次試験 (県のみ)

【中学理科】

【1】 (解答例)　導入として，授業の冒頭で寒冷前線や温暖前線に伴う変化が生じる点に触れる。寒冷前線と温暖前線に伴う天気の変化の映像などで，それぞれの前線に伴う変化の違いについて気付かせる。可能であれば生徒の実感に基づく天気や気温の変化から導入することが望ましいため，直近の前線通過前後の気象変化を考えさせることも有用である。また，ニュースなどの気象情報から導入することで，より身近に実感させることも考えられる。この違いに気付かせることで本時の課題を明確にする。この際，積乱雲などは夕立などを連想させる可能性があるが，季節を問わず発生することを踏まえて寒冷前線に伴う積乱雲の気象変化について考えさせる。なお，発展として夕立の発生要因について触れることも考えられる。

　　授業における本時の課題は「前線の通過に伴う天気の変化について，暖気と寒気を関連付けて理解すること」である。そのため，前線の通過前後での気温や湿度，降水量，風向，天気の変化について気象データから気付かせる。この変化と天気図を結び付けることで前線付近の暖気，寒気の動きに気付かせて理解させる。

　　授業の展開では，まず温暖前線と寒冷前線の通過前後での気象データの変化を調べさせる。学校近くの気象台やアメダスなどの地上気象観測データを用いて，温暖前線通過前後の気温や湿度，気圧，降水量，風向，天気の変化の様子をまとめさせ，同様に寒冷前線通過前後でも比較させる。使用する気象データについては明確に変化が見られるデータが望ましい。さらに，前線の移動に伴う変化について実感させるため，複数地点で前線通過前後の気象データを比較させることも考えられる。使用する気象データについて観測地点が生徒の居住地付近のものを用いることも重要視する。これは，生徒にとって身近な気象変化を実感させるうえでは望ましいと考えられるからである。気象データの変化に気付かせたのちに，そのデータに対応した天気図を見せ，

天気の変化に前線が関与していることを気付かせる。このときに，暖気や寒気の存在に気付かせることとなる。温暖前線が通過する際には乱層雲により広範囲で穏やかな雨が降り，通過後には暖気に覆われるため気温が上昇する。また，風向は東寄りから南寄りに変化する。一方で，寒冷前線が通過する際には積乱雲により狭い範囲で強い雨が降り，通過後には寒気に覆われるため急に気温が下がる。風向は南寄りから北寄りに変化する。モデル実験の映像を用いて，寒気や暖気が交わる際には前線をつくることに触れ，寒気や暖気の境界となる前線の通過によって天気が変化することに気付かせる。

　結論として，前線の通過に伴う天気の変化について，暖気と寒気を関連付けて説明できることを納得させる。前線の通過前後に気温，風向，天気が変化し，これらが暖気や寒気に伴うことを説明できるようにさせる。

〈解説〉現行の学習指導要領においては，前線の通過に伴う天気の変化の観測結果に基づいて，その変化を暖気，寒気と関連付けて理解させることが求められている。そのため，生徒には温暖前線や寒冷前線の通過前後の気温などの変化について，観測結果から気付かせることが求められる。これらの変化については，生徒の実感をデータからより客観的にさせることができれば，より身近に感じさせることができる。しかし，これらの変化を全員が感じ取れているとは限らないため，映像資料などで補足しつつ，寒冷前線や温暖前線で変化が違うことを実感させることが必要になると考えられる。展開では気象データから変化の違いを比較させる必要がある。その変化に気付きやすい気象データを用いることが必要で，かつ身近な観測地点のデータを用いることで生徒により実感させやすいと考えられる。さらに天気図と合わせて検討させる必要もあることに留意し，これを解答で触れておかなければならない。また，暖気と寒気が接する際の挙動についてモデル実験を行うことも考えられるが，気象データの比較と合わせて行うと時間が不足することも考えられるため今回の解答では映像で省略することとしたが，数時間の計画としてモデル実験を行うという展開も考えら

れる。

【高校物理】

【1】(解答例)　キルヒホッフの法則とは，

Ⅰ　回路中の交点について，流れこむ電流の和は，流れ出る電流の和に等しい。

Ⅱ　回路中の一回りの閉じた経路について，起電力の和は，電圧降下の和に等しい。というものである。

　キルヒホッフの法則の授業をする際，法則Ⅰは，電流が回路の外から出入りしないことを意味する法則であり，法則Ⅱは，電位が経路によらず一意に定まることを意味する法則であることに気付かせることを念頭に置く。

　法則Ⅰ・Ⅱの実際の活用については，いくつか回路の例を示しながら，順序立てて説明することが不可欠である。回路の電源電圧，抵抗値などを示した上で，まず，法則Ⅰを適用する交点はどれか，どのように電流を文字でおくかを強調する。次に，法則Ⅱを適用する閉回路はどれか，どの向きに見ていくか(時計回りか反時計回りか)を，板書の色を変えて明示するなどの工夫をする。未知数の数だけ関係式が必要になることや，法則Ⅱの閉回路を見ていく際に，見ていく向きによって起電力・電圧降下の正負が決まることにも気付かせながら，連立方程式を解いていく。

　生徒の理解を深めるための生徒実験は，実際に回路を組んで，抵抗間の電圧や電流を測定させ，理論値との整合性を探るために，以下の2つの例の実験が考えられる。

(例1)　同一の抵抗値をもつ抵抗を複数本用意し，正四面体や立方体の各辺に一つずつ抵抗を配置したような形で合成抵抗を作成する。電池を接続して，各抵抗での電圧降下をテスターで測定する。グループ毎に異なる形を検証することもできる。合成抵抗を作成する際にハンダ付けを行う場合は，抵抗が熱を伝えやすいため，やけど等に注意する。電流が大きくなるのを防ぐため，念のため，抵抗値が大きめのものを

用意した方が良い。

(例2)　電池2個と抵抗3個を接続した回路を作成し，各抵抗での電圧降下や電流を測定する。キルヒホッフの法則の問題では，電源の起電力とは逆向きに電流が流れる場合もあるが，乾電池を用いる場合は電流が逆流することは危険であるから，理論値を予め計算し，例えば下図回路のように，電流が理論上逆流しないような回路を提示する必要がある。また，万一逆流したときのためにダイオードを接続することが好ましい。さらに，乾電池の内部抵抗の影響を考慮して，抵抗値が大きめのものを用意した方がよいと考えられる。

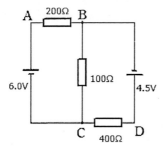

〈解説〉キルヒホッフの法則について，的確に解答することが求められる。また，回路を使用した実験を行う際には生徒の安全を考慮し，あらかじめ危険が予測される手順については安全指導と対策を行う必要がある。

【高校化学】

【１】１　(解答例)「非金属元素」学習計画(全9時間)

　第1時　周期表と元素

　・化学基礎の復習を含み，周期表における元素の位置とその分類上の特徴について理解する。

　第2時　水素と希ガス

　・水素とその化合物について理解する。水素の発生方法や捕集方法について理解する。

　・希ガスの特徴と用途について理解する。

第3時　ハロゲンとその化合物

・ハロゲンの単体とその化合物について理解する。

第4時　探究活動

・実験を通して塩素の発生方法や特徴について考える機会とする。あわせて，ハロゲンの単体の酸化力の違いについて実験を通して理解する。

第5時　酸素，硫黄とその化合物

・酸素，硫黄の単体とその化合物について理解する。

・同素体の構造の違いと特徴について理解する。

第6時　硫酸について

・硫酸の工業的製法(接触法)について理解するとともに，化学反応式を通して量的関係についても理解する。

第7時　窒素，リンとその化合物

・窒素，リンの単体とその化合物について理解する。

・同素体の構造の違いと特徴について理解する。

・アンモニアの工業的製法(ハーバーボッシュ法)について理解する。

・一酸化窒素および二酸化窒素の製法，特徴について理解する。

第8時　硝酸について

・硝酸の工業的製法(オストワルト法)について理解するとともに，化学反応式を通して量的関係についても理解する。

第9時　炭素，ケイ素とその化合物

・炭素，ケイ素の単体とその化合物について理解する。

・同素体の構造の違いと特徴について理解する。

2　(解答例)　探究活動

(1)　探究活動名　塩素の発生とその性質およびハロゲンの酸化力

(2)　実験手順等

準備物

さらし粉，塩酸，青色リトマス紙，有色花，らせん状の銅線，チオ硫酸ナトリウム，臭化カリウム水溶液，ヨウ化カリウム水溶液，臭素水，デンプン溶液，ふたまた試験管，ゴム栓付き気体誘導管，集気びん，

ガラス板，試験管，試験管たて

実験手順

①　ふたまた試験管のきざみのある方にさらし粉を入れ，他方に塩酸を入れる。ゴム栓付き気体誘導管を取り付け，誘導管を集気びんに差し込み，ガラス板を集気びんの上に置く。

②　塩酸を少しずつさらし粉の方に流し込み，気体の発生を確認する。色と臭いを確認する。一部を試験管にとり，水を加え塩素水をつくる。

③　集気びんに青色リトマス紙と有色花を入れ，それらの変化を観察する。

④　加熱したらせん状銅線を集気びんに入れ，その反応を観察する。その後，チオ硫酸ナトリウムを加え，塩素の発生を止める。

⑤　臭化カリウム水溶液を試験管に1本，ヨウ化カリウム水溶液を試験管に2本準備する。

⑥　臭化カリウム水溶液には塩素水を，ヨウ化カリウム水溶液には塩素水および臭素水を加え，色の変化を観察する。

⑦　ヨウ化カリウム水溶液の試験管2本にデンプン溶液を加え，色の変化を観察する。

(3)　予想される結果，誤差，考察等

結果

・塩酸とさらし粉が反応すると黄緑色の気体が発生するとともに刺激臭が出る。

・下方置換で捕集するため空気より重いことを確認できる。

・青色リトマス紙と有色花の色が脱色する。

・加熱したらせん状銅線を入れると，激しく反応し黄褐色の煙が出る。

・ハロゲンの反応力の強さについて，臭化カリウム水溶液に塩素水を加えると褐色に変化する。

・ヨウ化カリウム水溶液に塩素水および臭素水を加えると褐色に変化し，デンプン溶液を加えると青紫色に変化する。

考察

・発生した気体は塩素で，刺激臭の黄緑色の気体である。

・塩素には，漂白作用がある。

・銅線との反応は，$Cu+Cl_2 \rightarrow CuCl_2$で表され，塩素には酸化作用がある。

・3本の試験管では次の変化が起こっている。

$2KBr+Cl_2 \rightarrow 2KCl+Br_2$

$2KI+Cl_2 \rightarrow 2KCl+I_2$

$2KI+Br_2 \rightarrow 2KBr+I_2$

このことより，反応の強さ(酸化力の強さ)は，$Cl_2 > Br_2 > I_2$となる。

ヨウ素の生成についてはデンプン溶液との変色反応で確認できる。

(4) 探究活動における留意点

実験としては簡単な実験であり，予想される結果が得られる。しかし，発生する塩素は有毒な気体であるため，換気を十分にとることと，吸引しないよう注意する。

〈解説〉典型元素で扱う代表的な元素については，1族では水素，14族では炭素，ケイ素，15族では窒素，リン，16族では酸素，硫黄，17族ではフッ素，塩素，臭素，ヨウ素，18族ではヘリウム，ネオン，アルゴンなどが考えられる。それぞれの単体や化合物の性質や構造，用途を考えるとともに，気体の製法と性質も理解し，日常生活と関連付けて考える場とする。また，アンモニアや硫酸，硝酸の工業的製法についても理解する。探究活動では塩化水素，塩素，アンモニアなどの気体の発生方法と実験器具の取り扱い，気体の性質を確認するための実験を行う。

【高校生物】

【1】(1) (解答例) ヒトの血糖濃度は血液100mLあたり約100mgになるように調節されている。この調節は，自律神経系と内分泌系によって行われている。食事などによって血糖濃度が上昇した場合，高血糖の状態を間脳視床下部の血糖調節中枢が感知する(図1①)。血糖調節中枢は副交感神経を通じてすい臓ランゲルハンス島B細胞を刺激する(図1②)。このような刺激や，自身で高血糖を感知することで，B細胞から

インスリンの分泌が促進される(図1③)。インスリンは，肝臓や筋肉などの細胞に作用し，血液中から細胞へのグルコースの取り込み，グリコーゲンの合成を促進し(図1④)，血糖濃度が低下する。一方，空腹などによって血糖濃度が低下した場合，低血糖の状態を間脳視床下部の血糖調節中枢が感知する(図2①)。血糖調節中枢は交感神経を通じてすい臓ランゲルハンス島A細胞と副腎髄質を刺激する(図2②)。この刺激によって副腎髄質からはアドレナリンが，交感神経からの刺激や，自身で低血糖を感知することで，A細胞からグルカゴンの分泌が促進される(図2③)。アドレナリンは筋肉や肝臓，グルカゴンは肝臓に作用し，グリコーゲンの分解を促進する(図2④)。さらに，交感神経は肝臓に直接作用することで，グリコーゲンの分解を促進する(図2⑤)。また，血糖調節中枢は間脳視床下部から放出される放出ホルモンによって，脳下垂体前葉を刺激し，副腎皮質刺激ホルモンの分泌を促進するが，これによって副腎皮質から糖質コルチコイドの分泌が促進される(図2⑥)。糖質コルチコイドは，肝臓における糖新生を促進する(図2⑦)。これらの作用によって，血糖濃度は上昇する。

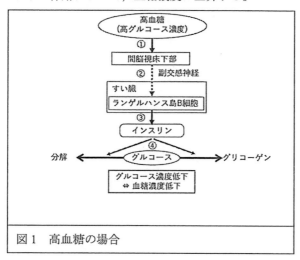

図1　高血糖の場合

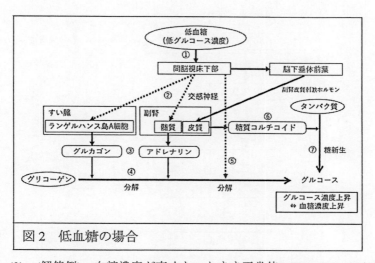

図2　低血糖の場合

(2)　(解答例)　血糖濃度が高くなったまま正常値(100mg/100mL)に戻らない病気を糖尿病とよぶが，これには，Ⅰ型糖尿病とⅡ型糖尿病がある。Ⅰ型糖尿病は，インスリンを分泌するランゲルハンス島B細胞が破壊されるなどしてインスリンが分泌されないことで生じる。血糖濃度が上昇しても，血中インスリン濃度は上昇しないという特徴をもつ。Ⅱ型糖尿病は，インスリンの標的細胞の異常によって生じる。具体的には，標的細胞の受容体がインスリンを受容できない，受容体の数が少ない，インスリン受容後の細胞内情報伝達に異常をきたしているなどである。Ⅰ型糖尿病とは異なり，インスリンは分泌されているという特徴をもつ。

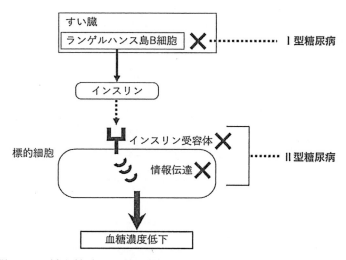

〈解説〉(1)　低血糖時の血糖調節の仕組みについては，糖新生について
も必ず述べること。　　(2)　健常者とⅠ型・Ⅱ型糖尿病患者の血糖濃度
とインスリン濃度の変化を示したグラフを模式的に示す方法もある
が，値の設定が非常に難しいため，Ⅰ型糖尿病とⅡ型糖尿病の原因箇
所の図を示す方がわかりやすい。

【高校地学】

【１】(解答例)　地球を含む太陽系の惑星は，各惑星と太陽との間の平均
距離の3乗と公転周期の2乗との比が，どの惑星をとっても一定である
という関係がある。これをケプラーの第3法則といい，地球と惑星が
つくる特徴的な位置関係であるといえる。

　　惑星はほとんど黄道に沿う形で西から東に公転している。地球の内
側を公転している水星や金星を内惑星という。太陽，内惑星，地球が
一直線上に並ぶときのうち，太陽，内惑星，地球の順に並んだときを
内合という。また，内惑星，太陽，地球の順に並んだときを太陽の外
側に位置することから外合という。内合や外合では太陽と内惑星が同
じ方向にあるため，地球からは見えにくい。地球よりも外側を公転し

ている火星や土星などを外惑星という。太陽，地球，外惑星がこの順に一直線上に並んだときの関係を衝といい，外惑星は地球から見て太陽の逆側に位置するため，真夜中に外惑星を観測することができる。一方で，外惑星，太陽，地球の順に並んだときを合といい，外惑星が太陽と同じ方向に位置するために地球からは見えにくい状態となる。

　動いている地球から見た他の惑星の動きは，西から東に動くように見え，この動きを順行という。惑星の公転速度は太陽に近い惑星ほど大きくなるため，内惑星は地球よりも速く公転し，外惑星よりも地球の方が速く公転する。そのため，内惑星が地球を追い越す，もしくは，地球が外惑星を追い越すことが生じる。このとき，動く地球から見た惑星の動きは，東から西に公転しているように見え，通常の動きとは逆の逆行となる。この動きの変化の際には動く向きが変わる瞬間があり，この動く向きが変わる点を留といい，地球から見ると惑星が止まって見える。逆行は内惑星が地球を追い越すとき，外惑星を地球が追い越すときに見られることから，内惑星と地球が一直線上に並ぶ内合や，外惑星と地球が一直線上になる衝の前後で生じることになる。

　ある惑星の会合周期をS，惑星の公転周期をP，地球の公転周期をEとする。惑星が地球の内側を公転する内惑星の場合の会合周期Sは，$\frac{1}{S}=\frac{1}{P}-\frac{1}{E}$と表すことができる。一方で，地球の外側を公転する外惑星の場合の会合周期Sは，$\frac{1}{S}=\frac{1}{E}-\frac{1}{P}$と表すことができる。内惑星の場合は，地球よりも内惑星の公転周期の方が小さいために内惑星と地球の公転周期の逆比の差をとる(内惑星の公転周期の逆比の方が大きくなるため)。一方で，外惑星の場合は，地球の公転周期の方が小さいため，地球の公転周期の逆比から外惑星の公転周期の逆比を引くことで差をとっている。

〈解説〉それぞれ問われている関係について一つずつ的確に解答していくことが求められている。惑星の運動についてはケプラーの法則が問われていると考えられ，この中で地球と惑星の全てが関係しているのは第3法則であるから，これを説明する。評価の観点で地球と惑星の位置関係から惑星現象の説明が求められていることから，惑星の視運動

の特徴を説明する前に内合や外合などを説明しておくと論理的に説明することが可能になると考えられる。その後，問題文で求められている順行や逆行などの惑星の視運動について説明する。この説明では地球からの動きの方向について触れた上で，それぞれの動き方の違いについて述べる。最後に会合周期について説明をするが，内惑星と外惑星の会合周期の導出の式を示して説明することとなる。

2021年度　実施問題

一次試験 (県・市共通)

【中学理科】

【1】次の図1のA，Bは，アジサイとツユクサの葉をスケッチしたものであり，図2は，ある植物の葉の断面を模式的に示したものである。また，下の図3は5つの植物をそれぞれの特徴をもとにa～dに分類したものである。下の(1)～(6)の各問いに答えなさい。

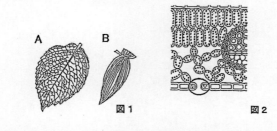

図1　図2

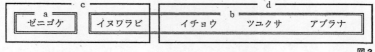

図3

(1) 図1のAの葉は，アジサイとツユクサのどちらの葉か。また，この葉に見られるような葉脈のつくりを何というか，それぞれ答えなさい。

(2) 図1のBで見られるような葉脈の葉を持つ植物は，どのような特徴を持つか。次の文中の①～③に当てはまる適当な語句を(　　)の中からそれぞれ1つ選び，記号で答えなさい。

> 「子葉は①(ア　1枚　　イ　2枚)で，茎の維管束は②(ア　ばらばらに分布して　　イ　輪のように並んで)いて，根は③(ア　主根と側根からなる　　イ　ひげ根である)。」

(3)　図2の ⬭ で囲まれた部分では，細長い2つの細胞が向かい合い，穴を開いたり閉じたりしている。また，根から吸い上げられた水は，おもにこの穴から水蒸気として放出される。向かい合った2つの細胞とこの穴の名称を何というか，また，植物の体から水蒸気が放出される現象を何というか，それぞれ答えなさい。

(4)　図3でaとbは，どのような体のつくりの特徴をもとに分類したものか，簡潔に答えなさい。

(5)　図3でcとdは，子孫の殖え方の違いをもとに分類した。cの子孫の殖え方について簡潔に書きなさい。

(6)　葉緑体に含まれる緑色の色素を何というか，答えなさい。

(☆☆☆◎◎◎)

【2】ヒトの体のしくみについて調べるために，次のような2つの実験を行った。下の(1)～(6)の各問いに答えなさい。

> 【実験1】次の図4は，肺のしくみを調べるために，ペットボトルの上半分を切ったものやゴム膜などでつくった模型である。この模型のゴム膜を下に引いたり戻したりして，ペットボトルの中のゴム風船のようすを観察した。
>
> 【実験2】部屋の明るさを明るくしたとき，暗くしたときのひとみの大きさの変化について観察した。次の図5のA・Bは，そのときの目のようすのいずれかである。

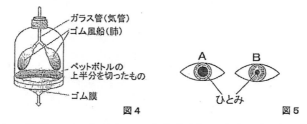

図4

図5

(1)　図4の模型のペットボトルの上半分を切ったものとゴム膜は，ヒトの体ではどの部分に当たるか，その名称をそれぞれ答えなさい。

(2) 次の文は，実験1の結果について述べたものである。文中の①〜③に当てはまる適当な語句を(　　)の中からそれぞれ1つ選び，記号で答えなさい。

> 「ゴム膜を下に引くとペットボトル内の風船が①(ア　膨らむ　イ　しぼむ)のは，ペットボトル内の空気の圧力が②(ア　増加して　イ　減少して)，ゴム風船内の空気の圧力は③(ア　増加する　イ　変化しない)からである。」

(3) ヒトの肺には，肺胞という小さな袋が多数ある。このようなつくりになっている利点について，簡潔に答えなさい。

(4) 明るい部屋での目のようすは図5のA，Bのどちらか，答えなさい。また，明るい場所から暗い場所に入ると，はじめは何も見えないが，やがて見えるようになる。このことを何というか，答えなさい。

(5) 次の文は，(4)のように，無意識に起こる反応について述べたものである。文中の(　①　)，(　②　)に当てはまる適当な語句をそれぞれ答えなさい。

> 「この反応は意思とは関係なく起こる反応で(　①　)という。無意識にすばやい反応が起こるのは，刺激が(　②　)に伝わる前に筋肉に伝わるからである。」

(6) ラケットでボールを打つまでの信号の伝わる経路として，最も適当なものを次のア〜オから1つ選び，記号で答えなさい。

ア　目→感覚神経→せきずい→運動神経→筋肉

イ　目→感覚神経→脳→運動神経→筋肉

ウ　目→感覚神経→脳→せきずい→運動神経→筋肉

エ　目→感覚神経→せきずい→脳→運動神経→筋肉

オ　目→感覚神経→せきずい→脳→せきずい→運動神経→筋肉

(☆☆☆◎◎◎)

【３】次の図6は土砂が海底に堆積した様子を模式的に表したものである。また，次の図7はある露頭の様子を示したものである。下の(1)～(6)の各問いに答えなさい。

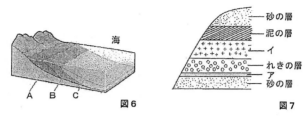

図6　　　　　　　　　図7

(1)　地表の岩石は気温の変化や水のはたらきによって，表面からぼろぼろになってくずれていく。このことを何というか，答えなさい。

(2)　細かい砂，れき，泥はおもに図6のA～Cのどこに堆積したと考えられるか，それぞれ記号で答えなさい。

(3)　図7のれきの層を観察すると，粒に丸みがあった。その理由を簡潔に答えなさい。

(4)　図7のアの層は火山灰の層であった。この層は離れた地層を比べる手がかりとなる。その理由を簡潔に答えなさい。また，火山灰が固まってできた岩石を何というか，答えなさい。

(5)　図7のイの層には，ビカリアの化石が含まれていた。この層が堆積したのは古生代・中生代・新生代のどれにあたると考えられるか。また，ビカリアのように，地層ができた時代を推定することができる化石を何というか，それぞれ答えなさい。

(6)　新「中学校学習指導要領解説　理科編」の「第2章　理科の目標及び内容」，「第2節　各分野の目標及び内容[第2分野]」，「2　第2分野の内容」における「(2)　大地の成り立ちと変化」では，大地の成り立ちと変化に関する学習を進める際には，興味・関心を高めるためにどのような機会を設けるように述べられているか，答えなさい。

（☆☆☆☆◎◎◎）

【4】ある地点で金星の観測を行った。この日，金星は地平線近くの西の空に見ることができた。次の図8はこのときに天体望遠鏡で観測した金星のスケッチである。また，図9は太陽を中心とした金星と地球の軌道を模式的に表したものである。下の(1)〜(6)の各問いに答えなさい。

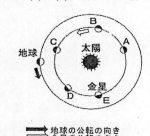

※天体望遠鏡で観測したため，
上下左右が反転している。
図8

➡ 地球の公転の向き
➡ 金星の公転の向き
図9

(1) 観測を行ったのは朝，夕方のどちらの時間帯か，答えなさい。

(2) この日の金星の位置として最も適当なものを図9のA〜Eの中から1つ選び，記号で答えなさい。

(3) 地球の赤道の直径を1.00としたとき，金星の赤道直径として，最も適当なものを次のア〜エから1つ選び，記号で答えなさい。
　ア　0.38　　イ　0.53　　ウ　0.95　　エ　4.0

(4) 金星は地球から真夜中に観察することはできない。その理由を簡潔に答えなさい。また，金星以外に，真夜中に観察することができない惑星を1つ答えなさい。

(5) 金星を最も長い時間観察することができるのは，図9のA〜Eのどの位置に金星があるときか，記号で答えなさい。

(6) 金星の公転周期を225日，地球の公転周期を365日とすると，金星と地球の会合周期は何日になるか，答えなさい。ただし，四捨五入して，小数第1位まで求めなさい。

(☆☆☆☆◎◎◎)

【5】酸化による物質の質量変化ついて，次の実験を行った。表1は，その結果をまとめたものである。あとの(1)〜(6)の各問いに答えなさい。

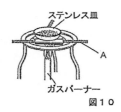

ステンレス皿

A

ガスバーナー

図10

【実験】あらかじめ質量を測っておいたステンレス皿の上に，銅の粉末1.20gをのせ，図10のような装置を用いて，5分間加熱した。ステンレスの皿が冷めてからステンレス皿全体の質量を測り，ステンレス皿上の粉末の質量を求めた。その後再び5分間加熱し，同様に質量を求めるという操作を，質量の変化がなくなるまで繰り返した。次に，マグネシウム粉末でも同じように実験を行った。その時の結果が表1である。

表1

金属名	加熱する前の金属の粉末の質量	加熱後のステンレス皿の上の粉末の質量〔g〕					
		1回目の加熱後	2回目の加熱後	3回目の加熱後	4回目の加熱後	5回目の加熱後	6回目の加熱後
銅	1.20	1.39	1.48	1.49	1.50	1.50	1.50
マグネシウム	1.20	1.94	1.99	2.00	2.00	2.00	2.00

(1)　図10の器具Aの名称を答えなさい。

(2)　マグネシウムの加熱後にできた物質は何色か，答えなさい。また，マグネシウムの酸化を表す化学反応式を答えなさい。

(3)　この実験では，どちらの金属でも，加熱を繰り返すと加熱後の質量が変化しなくなった。その理由を簡潔に答えなさい。

(4)　銅と化合した酸素の質量と，マグネシウムと化合した酸素の質量が同じとき，銅とマグネシウムの質量を，最も簡単な整数比で答えなさい。

(5)　銅とマグネシウムの粉末の混合物4.00gを完全に酸化させたところ，酸化銅と酸化マグネシウムの混合物が，5.50g得られた。酸化させる前の混合物に含まれていた銅の質量は何gか，答えなさい。

(6)　マグネシウム0.3molと酸素0.1molを反応させ，酸化マグネシウム

ができるとき，できた酸化マグネシウムは何gか，答えなさい。ただし，原子量は，Mg＝24，O＝16とする。

(☆☆☆○○○○)

【6】 次の図11のように，塩化銅水溶液を用いて実験を行った。下の(1)～(6)の各問いに答えなさい。

図11

【実験】 ビーカーに10％の塩化銅水溶液を入れ，炭素棒の電極を差し込み，電流装置と電流計を直列につないだ。電源装置のスイッチを入れると，電流が流れ，一方の電極には赤い物質が付着し，もう一方の電極からは気体が発生した。

---

(1)　塩化銅のように，水に溶かしたときに電流が流れる物質を何というか，答えなさい。

(2)　塩化銅が水溶液中で電離しているようすを，イオン式で答えなさい。

(3)　気体が発生したのは，＋極・－極のどちらか。また，発生した気体を化学式で答えなさい。

(4)　＋極付近の液を赤インクで色をつけた水に入れたとき，赤インクの色が消えた。その理由を簡潔に答えなさい。

(5)　この反応と同じように，電気分解を利用して材料の表面に金属のうすい膜をつける操作を何というか，答えなさい。また，その利点について，簡潔に2つ答えなさい。

(6)　新「中学校学習指導要領解説　理科編」の「第2章　理科の目標及び内容」,「第2節　各分野の目標及び内容[第1分野]」,「2　第1分野の内容」における「(6)　化学変化とイオン」では，観察，実験に当たっては，どのようなことに十分留意するように述べられているか，簡潔に2つ答えなさい。

(☆☆☆◎◎◎)

【7】次の図12のような装置で物体やスクリーンの位置をいろいろ変えて，凸レンズによってできる像の位置や大きさ，向きを調べた。物体から凸レンズまでの距離Aが18cm，凸レンズからスクリーンまでの距離Bが18cmのとき，スクリーンに物体と同じ大きさの像がはっきりとできた。下の(1)〜(7)の各問いに答えなさい。

図１２

(1)　光が違う種類の物質へ進むとき，2つの物質の境界で光は折れ曲がってしまう。この現象を何というか答えなさい。

(2)　この装置でスクリーンにできた像のように，実際に光が集まってできる像を何というか答えなさい。

(3)　この凸レンズの焦点距離は何cmか，答えなさい。

(4)　物体を動かし距離Aを18cmより大きくすると，スクリーンに像がはっきりとできるときの距離Bはどうなるか。また，そのときにできる像は物体と比べて，大きさと向きはどのようになると考えられるか，それぞれ答えなさい。

(5)　Aを3cmにしたときに，スクリーンに像ができなかった。このとき，物体の反対側から凸レンズをのぞくと，どのような像が見えるか，向きや大きさについて説明しなさい。

(6)　次の図13はカメラを模式的に表したものである。フィルムにろう

そくの像がはっきりできたとすると，この凸レンズの焦点Fはどこになるか。下の図中に作図して答えなさい。

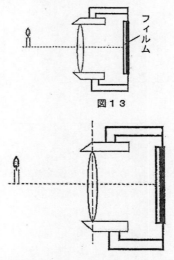

図13

(7) 太陽から放射される光にはいろいろな波長の光が含まれている。太陽の光をプリズムに通すといろいろな色に分かれる。このいろいろな光の帯を何というか答えなさい。

(☆☆☆◎◎◎)

【8】 次の図14の装置で，質量200gの力学台車が斜面を下りる運動について調べた。図15は，下の実験で記録したテープを0.1秒ごとに切ってグラフ用紙に貼ったものである。あとの(1)〜(7)の各問いに答えなさい。ただし，摩擦や空気抵抗は考えないものとする。

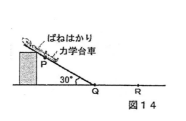

図14

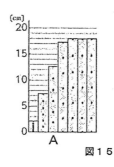

図15

【実験】
① 図14のような30°の斜面をつくり，P点における力学台車にはたらく斜面にそう分力の大きさをばねはかりで測定した。
② 記録タイマーを斜面上部に固定し，力学台車に貼り付けたテープを記録タイマーに通す。
③ 力学台車の後輪をP点に置き，記録タイマーのスイッチを入れると同時に，力学台車から手を離し，力学台車を運動させる。

---

(1) この実験では1秒間に何回打点する記録タイマーを使っているか，答えなさい。

(2) 実験で，P点における力学台車にはたらく斜面にそう分力は何Nになると考えられるか，答えなさい。ただし，100gの物体にはたらく重力の大きさを1Nとする。

(3) Aのテープを記録している間の力学台車の平均の速さは何cm/sになるか，答えなさい。

(4) 力学台車がP点からQ点まで移動する間に，速さはどのようになっているか，答えなさい。また，その理由を，簡潔に説明しなさい。

(5) QR間において，力学台車はどのような運動をしたと考えられるか，答えなさい。

(6) PQR各点において，運動している台車の力学的エネルギーの大きさを，それぞれE_P，E_Q，E_Rとする。E_P，E_Q，E_Rの大きさを

「＝，＜，＞」の記号で表しなさい。

(7)　後輪がR点を通過したときにはたらいている力を次のア～エから
すべて選び，記号で答えなさい。

ア　重力

イ　垂直抗力

ウ　台車の運動の向きと同じ向きの力

エ　台車の運動の向きと反対向きの力

(☆☆☆○○○)

【高校物理】

【1】新「高等学校学習指導要領　第5節　理科」の「第2款　各科目」に
ついて，「第2　物理基礎」の「1　目標」には，「物体の運動と様々な
エネルギーに関わり，理科の　①　を働かせ，<u>見通しをもって観</u>
<u>察，実験を行う</u>ことなどを通して，物体の運動と様々なエネルギーを
科学的に　②　するために必要な資質・能力を次のとおり育成する
ことを目指す。」とある。

次の(1)，(2)の各問いに答えなさい。

(1)　　①　，　②　に当てはまる最も適当な語句をそれぞれ答えな
さい。

(2)　下線部について，斜面に沿って下降する台車の運動を調べる目的
を説明しなさい。

(☆☆○○○)

【2】次の(1)～(5)の各問いに答えなさい。

(1)　重力加速度の大きさを$9.8m/s^2$，地球の半径を$6.4×10^6$mとする。地
球の表面から打ち上げた物体が，無限遠方まで飛び去るために必要
な最小の初速度の大きさはいくらか。最も適当なものを，次のア～
エから1つ選び，記号で答えなさい。

ア　$7.9×10^3$m/s　　イ　$7.9×10^4$m/s　　ウ　$1.1×10^3$m/s

エ　$1.1×10^4$m/s

(2) 気体の二乗平均速度は気体の絶対温度をTとしたとき，T^nに比例する。nに当てはまる数として，最も適当なものを次のア〜エから1つ選び，記号で答えなさい。

ア　$\dfrac{1}{2}$　　イ　1　　ウ　-1　　エ　$-\dfrac{1}{2}$

(3) ソレノイドコイルに一定の電流が流れているとき，このコイルが蓄えているエネルギーについて，正しく述べているものを，次のア〜エから1つ選び，記号で答えなさい。

ア　エネルギーはコイルの断面積に比例する。

イ　エネルギーはコイルを流れる電流に比例する。

ウ　エネルギーはコイルの単位長さあたりの巻き数に比例する。

エ　エネルギーはコイルの体積に反比例する。

(4) ラジウム$^{226}_{88}\text{Ra}$は，α崩壊とβ崩壊を繰り返して，鉛$^{206}_{82}\text{Pb}$となる。このときβ崩壊は何回おきたか。正しいものを，次のア〜エから1つ選び，記号で答えなさい。

ア　2回　　イ　3回　　ウ　4回　　エ　5回

(5) 陽子は，アップクォーク(u)とダウンクォーク(d)の組合せで構成されている。陽子の構成について，正しいものを，次のア〜エから1つ選び，記号で答えなさい。

ア　uudd　　イ　uuud　　ウ　uud　　エ　udd

（☆☆☆◎◎◎）

【3】図のように，水平面OA上の点Aに，高さHの壁が垂直に立っている。地上の点Oから，質量mの小球を水平となす角θの向きに速さv_0で投げ上げたところ，小球は壁の点Bに水平に衝突し，はね返って水平面上の点Cに落下した。ただし，壁はなめらかで，小球に対するはね返り係数はeであり，重力加速度の大きさをgとする。あとの(1)〜(5)の各問いに答えなさい。

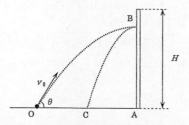

(1) 小球を投げて点Bに達するまでの時間を求めなさい。

(2) 地上から点Bまでの高さを求めなさい。

(3) OA間の水平距離を求めなさい。

(4) OC間の水平距離を求めなさい。

(5) 同じ角 θ で投げて壁を超えるために必要な最小の初速度の大きさを求めなさい。ただし，OA間の水平距離を L として求めなさい。

(☆☆☆◎◎◎)

【4】図のように，波長 λ の単色光を使ってヤングの実験を行った。スリット間隔を d，単スリット S_0 から複スリット S_1，S_2 までの距離を l，複スリットからスクリーンまでの距離を L とする。単スリット，複スリット，スクリーンは互いに平行である。点Oはスリット S_1 と S_2 の垂直二等分線とスクリーンの交点であり，点Oから任意の点Pまでの距離を x とし，d，x は L 及び l に比べてきわめて小さいとして，下の(1)～(5)の各問いに答えなさい。

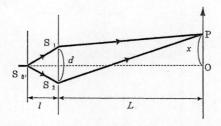

(1) S_1P と S_2P の経路差を適当な近似を使い，x，d，L を用いて表しなさい。

233

(2)　点Pが明るくなる条件を0以上の整数($m=0$, 1, 2, …)を用いて表しなさい。

(3)　スクリーン上の明線の間隔Δxを求めなさい。

　次に，単スリットを図の上向きに少しずつずらすと，明線と暗線の位置が動いた。

(4)　点Oがはじめて暗くなったとき，単スリットをずらした距離を求めなさい。

　さらに，スリットS_0を(4)の位置の状態で，スリットS_1の前に屈折率nの薄膜を置いたところ点Oが明線になった。

(5)　このときの薄膜の最小の厚さaを求めなさい。

(☆☆☆◎◎◎)

【5】図のように，抵抗値10Ωで，長さ1.0mの一様な太さの抵抗線Lを真っ直ぐに張り，抵抗値7.0Ωの抵抗R_1と抵抗値8.0Ωの抵抗R_2，起電力3.0Vで内部抵抗の無視できる電池E_1と，起電力6.0Vで内部抵抗の無視できる電池E_2を接続した。回路上のGは検流計であり，矢印は，被膜の無い抵抗線上に電気抵抗なくつながっており，抵抗線上を自由に動かすことができることを模式的に示している。このとき検流計の針はどちらにもふれなかったとして，E_1を流れる電流をI_1，E_2を流れる電流をI_2とし，図中の矢印の向きを正の向きとする。下の(1)〜(5)の各問いに答えなさい。

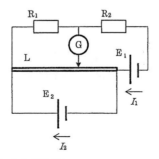

(1)　E_1，L，R_1，R_2を含む閉回路について，I_1，I_2を用いて，キルヒホ

ッフの第2法則の式を立てなさい。

(2) E_2, Lを含む閉回路について, I_1, I_2を用いて, キルヒホッフの第2法則の式を立てなさい。

(3) I_1, I_2を求めなさい。

(4) 検流計はLの左端から何cmの位置で接続されているか, 求めなさい。

次にE_1の代わりに未知抵抗R_xを接続した。このとき, GをLの左から10cmのところに接続すると, 検流計の針はふれなかった。

(5) 未知抵抗R_xの抵抗値を求めなさい。

(☆☆☆◎◎◎)

【高校化学】

原子量　H＝1.0　　C＝12　　N＝14　　O＝16　　Na＝23
　　　　Al＝27　　Cl＝35.5
アボガドロ定数：N_A＝6.0×10^{23}/mol
気体定数：R＝8.3×10^3 Pa・L/(K・mol)
ファラデー定数：F＝9.65×10^4 C/mol

【1】 新「高等学校学習指導要領　理科」について, 次の1〜3の各問いに答えなさい。

1　次の文章は,「第2款　各科目　第4　化学基礎　1　目標」である。文章中の空欄　ア　〜　ウ　に当てはまる語句を答えなさい。

　　物質とその変化に関わり, 理科の　ア　を働かせ, 見通しをもって観察, 実験を行うことなどを通して, 物質とその変化を科学的に探究するために必要な資質・能力を次のとおり育成することを目指す。

(1)　　イ　との関連を図りながら, 物質とその変化について理解するとともに, 科学的に探究するために必要な観察, 実験などに関する基本的な技能を身に付けるようにする。

(2)　観察，実験などを行い，科学的に探究する力を養う。

(3)　物質とその変化に ウ に関わり，科学的に探究しようとする態度を養う。

2　「第2款　各科目　第4　化学基礎　2　内容　(2)　物質の構成」では，物質の構成における エ 性や オ 性を見いだして表現することができるよう指導することとされている。空欄 エ ， オ に当てはまる語句を答えなさい。

3　「第2款　各科目　第5　化学　3　内容の取扱い」において，「2　内容　(3)　無機物質の性質　(ア)　無機物質　①　遷移元素」で扱うこととされている金属元素のうち3つを元素名で答えなさい。

(☆☆◎◎◎)

【2】次の文章を読み，下の1～4の各問いに答えなさい。ただし，$\sqrt{3}=$ 1.7，$1.7^2=3.0$，$\pi=3.14$とし，図中の●は炭素原子の中心の位置を表している。

ダイヤモンドと黒鉛は，互いに炭素の ア である。ダイヤモンドは隣接する イ 個の炭素原子と共有結合しており， ウ 体を基本単位とする立体構造を形成している。一方，黒鉛中の各炭素原子は， エ 個の価電子を使って，隣接する エ 個の炭素原子と共有結合しており，次図のように，正六角形を基本単位とする層状の平面構造が何層にも重なりあった立体構造を形成している。一つの層を形成するすべての炭素原子から，直下の層の平面構造へそれぞれ垂線を引くと，垂線の半分は直下の層の平面構造を構成する正六角形の中心を通る。

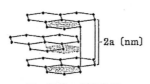

2a〔nm〕

図　黒鉛の結晶格子

1　文中の空欄 ア ～ エ に当てはまる最も適当な語句または

数字を答えなさい。

2　ダイヤモンドの昇華熱〔kJ/mol〕を整数値で答えなさい。ただし，ダイヤモンドのC−Cの結合エネルギーを354kJ/molとする。

3　ダイヤモンドと黒鉛は電気伝導性が異なる。その理由を，炭素原子の価電子に着目して答えなさい。

4　黒鉛の結晶構造について，次の(1)，(2)の各問いに答えなさい。ただし，炭素原子は球であり，最近接する炭素原子どうしは接しているものとし，炭素原子の半径は0.071nm，黒鉛の密度は2.4g/cm³とする。

(1)　黒鉛10cm³中の炭素原子数を有効数字2桁で答えなさい。

(2)　黒鉛の単位格子の充填率は17%である。図を参考にして，黒鉛の平面構造の層間距離a〔nm〕を有効数字2桁で答えなさい。答えに至る過程も示すこと。

(☆☆◎◎◎)

【3】次の文章を読み，下の1〜6の各問いに答えなさい。ただし，温度は常に25℃，この実験で用いた水溶液の密度はすべて1.0g/cm³，水のイオン積を$K_w=1.0×10^{-14}(mol/L)^2$，$\log_{10}2=0.30$，$\log_{10}3=0.48$とする。

　固体の水酸化ナトリウムの純度を調べるため，実験1〜3の操作を行った。

実験1　純粋なシュウ酸二水和物の結晶3.15gを水に溶かし，　ア　を用いて1.00Lの水溶液を調製した。

実験2　固体の水酸化ナトリウム1.00gを水に溶かし，　ア　を用いて500mLの水溶液を調製した。

実験3　実験1で調製したシュウ酸水溶液10.0mLを　イ　を用いて　ウ　に入れ，指示薬としてフェノールフタレイン溶液を数滴加えた。この　ウ　に水酸化ナトリウム水溶液を　エ　で滴下し，中和点を調べた。この操作を数回くり返し，水酸化ナトリウム水溶液の滴下量の平均値を求めると，10.41mLであった。

1　空欄　ア　，　エ　に当てはまる最も適当な器具の名称を答え

237

なさい。

2　空欄　イ　，　ウ　の器具が水でぬれている場合，正しい使用法を次の(a)～(c)から1つずつ選び，記号で答えなさい。

(a)　加熱乾燥してから使用する　　(b)　水でぬれたまま使用する

(c)　使用する水溶液で数回洗ってから使用する

3　実験1で調製したシュウ酸水溶液のモル濃度〔mol/L〕を有効数字2桁で答えなさい。

4　実験3で指示薬としてメチルオレンジを使用することが適当でない理由を答えなさい。

5　実験3で使用した水酸化ナトリウム水溶液のモル濃度〔mol/L〕を有効数字2桁で答えなさい。また，この水溶液のpHを小数第1位まで答えなさい。

6　実験で使用した固体の水酸化ナトリウムの純度〔％〕を有効数字2桁で答えなさい。

(☆☆◎◎◎◎)

【4】次の文章を読み，下の1～3の各問いに答えなさい。ただし，触媒の体積は無視できるものとする。

アンモニアの生成反応は可逆反応であり，圧力や温度の条件によってアンモニアの生成量が変化する。

$$N_2(気)+3H_2(気)=2NH_3(気)+Q〔kJ〕\quad …(1)$$

圧力一定の体積可変容器に，窒素と水素の物質量比1：3の混合気体を触媒とともに入れ，$1.0×10^7$Paの下で平衡状態に達するまで反応させたとき，容器内のアンモニアの体積百分率は，200℃のとき25％，300℃のとき10％となった。

1　(1)式中のQの値を整数値で答えなさい。ただし，結合エネルギーをH－H 432kJ/mol，N－H 386kJ/mol，N≡N 928kJ/molとする。

2　下線部について，アンモニアの体積百分率の温度依存性を，ルシャトリエの原理を用いて説明しなさい。

3　窒素1.0molと水素3.0molを触媒とともに圧力一定の体積可変容器に

入れ，1.0×10⁷Pa，200℃に保ちながら反応させると，平衡状態E₁に達した。続けて，容器に塩化水素0.50molを追加すると，不可逆反応が起こり，白煙を生じながら塩化水素はすべて反応した。再び，容器を1.0×10⁷Pa，200℃に保ちながらしばらく放置すると，新たな平衡状態E₂に達した。不可逆反応の生成物はアンモニアの生成反応に影響を与えないものとし，次の(1)，(2)の各問いに答えなさい。

(1) 平衡状態E₁における容器内の窒素の物質量〔mol〕及び水素の分圧〔Pa〕を，有効数字2桁で答えなさい。

(2) 平衡状態E₂における容器内のアンモニアの物質量〔mol〕を有効数字2桁で答えなさい。答えに至る過程も示すこと。

(☆☆◎◎◎)

【5】次の文章を読み，下の1〜5の各問いに答えなさい。

　アルミニウムは，　ア　族に属する元素で，銀白色の軽くてやわらかい金属である。①単体のアルミニウムは酸，強塩基の水溶液と反応して水素を発生して溶ける性質があるので，　イ　元素(金属)という。しかし，②濃硝酸に入れると不動態になるため反応しない。単体は，ボーキサイトから純粋な酸化アルミニウムをつくり，これを加熱融解した　ウ　に入れて溶かし，③溶融塩(融解塩)電解して製造される。

1　文中の空欄　ア　〜　ウ　に当てはまる最も適当な語句または数字を答えなさい。

2　下線部①について，アルミニウムと希硫酸の反応を化学反応式で答えなさい。

3　下線部②について，濃硝酸に入れると不動態になる金属を，次の(a)〜(e)からすべて選び，記号で答えなさい。

(a) 銀　　(b) スズ　　(c) 鉄　　(d) ナトリウム

(e) ニッケル

4　アルミニウムイオンを含む水溶液を電気分解しても，アルミニウムの単体が得られない理由を答えなさい。

5　下線部③について，280kAの電流で24時間電気分解してアルミニウムを製造したとき，理論的に生成するアルミニウムの質量〔t〕を有効数字2桁で答えなさい。また，この電気量を使用して実際にアルミニウムの生成量が2.0tであったとき，理論的に生成する質量に対する実際に生成した質量の割合〔％〕を有効数字2桁で答えなさい。

(☆☆◎◎◎)

【6】ベンゼンの一置換体A，B，Cについて，次の文章を読み，下の1〜5の各問いに答えなさい。

　①Aは分子量が110以下で炭素，水素だけからなり，15.9mgのAを完全燃焼させると，二酸化炭素52.8mgと水13.5mgが生成した。Aを過マンガン酸カリウム水溶液と反応させると，置換基が酸化されて芳香族化合物Dが生成する。Dは酸性の物質で，②Dにエタノールと濃硫酸を加えて反応させると，水に溶けにくい化合物Eが生成する。

　Bは酸性の物質で，うすい塩化鉄(Ⅲ)水溶液を加えると呈色反応を示す。Bは水酸化ナトリウム水溶液と反応し，塩をつくって水に溶ける。Bを無水酢酸と反応させると，水に溶けにくい化合物Fが生成する。

　Cは分子量が100以下で，水に溶けにくい塩基性の物質である。Cに　ア　水溶液を加えると，　イ　されて赤紫色を呈する。Cを冷やしながら塩酸と亜硝酸ナトリウムを反応させると，Gが生成する。③Gの水溶液とBのナトリウム塩を加えて反応させると，橙赤色の物質Hが生成する。

1　文中の空欄　ア　，　イ　に当てはまる最も適当な語句を答えなさい。

2　下線部①について，Aの組成式を答えなさい。また，Aの構造式を例にならって答えなさい。

例

3　下線部②について，Eの構造式を例にならって答えなさい。また，

この反応で生成した結合と同じ結合をもつ化合物を，A〜D，F〜H
からすべて選び，記号で答えなさい。

4 　B，D，二酸化炭素の水溶液を酸の強い順に答えなさい。

5 　下線部③について，この反応の名称と化学反応式を答えなさい。

(☆☆☆◎◎◎)

【7】次の文章を読み，下の1〜5の各問いに答えなさい。

　　デンプンの加水分解を途中で中止すると，デンプンよりも分子量の
小さな多糖の混合物ができる。これをデキストリンという。デキスト
リンの一つに，環構造をもつγ−シクロデキストリンがある。γ−シ
クロデキストリンは，8個の①α−グルコースが1位と4位のヒドロキシ
基の間で脱水縮合しており，残りのすべてのヒドロキシ基は環構造の
外側に位置している。②γ−シクロデキストリンは水溶性で，内側の
空洞に高級脂肪酸などを取り込む性質をもつため，薬学分野や食品工
業分野で広く利用されている。

1 　下線部①について，α−グルコースの構造式を，例にならって答
　えなさい。

2 　下線部①について，α−グルコースの水溶液が還元性を示す理由
　を，水溶液中での平衡状態に着目して答えなさい。

3 　デンプン324gを完全に加水分解したときに生成するグルコースの
　質量〔g〕を有効数字3桁で答えなさい。

4 　γ−シクロデキストリンがもつヒドロキシ基の数を答えなさい。

5 　γ−シクロデキストリンが，下線部②のような性質を示す理由を，
　分子構造に着目して答えなさい。

(☆☆☆◎◎◎)

【高校生物】

【1】 次の文章は，新「高等学校学習指導要領　理科」の「第3款　各科目にわたる指導計画の作成と内容の取扱い」からの抜粋である。下の(1)～(3)の各問いに答えなさい。

・単元など内容や時間のまとまりを見通して，その中で育む資質・能力の育成に向けて，生徒の　　　ア　　　の実現を図るようにすること。その際，理科の学習過程の特質を踏まえ，理科の見方・考え方を働かせ，見通しをもって①観察，実験を行うことなどの科学的に探究する学習活動の充実を図ること。

・生命を尊重し，自然環境の保全に寄与する態度の育成を図ること。また，環境問題や　イ　の進歩と人間生活に関わる内容等については，②持続可能な社会をつくることの重要性も踏まえながら，科学的な見地から取り扱うこと。

(1) 文中の　ア　・　イ　に当てはまる語句を答えなさい。

(2) 下線部①について，次の(i)～(iii)の各問いに答えなさい。

(i) 観察したものをスケッチするときに，陰影を表す場合はどうすればよいか，答えなさい。

(ii) 光合成色素の分離の実験を行う場合，抽出液や展開液の成分を踏まえた安全管理が必要である。どのような安全管理が必要か，理由とともに答えなさい。

(iii) 単元内容や題材の関係で観察や実験が行えない場合，資料に基づいて関係性を見いだして理解をさせることができる。人類の系統と進化について，どのような指導が考えられるか，簡潔に答えなさい。

(3) 下線部②について，2015年の「国連持続可能な開発サミット」で「持続可能な開発のための2030アジェンダ」が採択され，行動計画として17の目標が掲げられた。その目標の略称を答えなさい。また，「目標14　海の豊かさを守ろう」の実現に向け，生物学とのつながりについて，どのような探究的な活動が考えられるか，答えなさい。

(☆☆☆◎◎◎)

【2】次の文章を読み，下の(1)〜(6)の各問いに答えなさい。

　　DNAは，ヌクレオチド鎖2本が互いに向かいあい，塩基どうしが水素結合してできた構造をしている。塩基の結合は，ヌクレオチド鎖の一方の塩基が決まると，もう一方も決まるといった相補的な関係にある。また，細胞分裂の際，ふつう母細胞のDNAからまったく同一のDNAが複製され，娘細胞に分配される。

(1)　下線部について，ヌクレオチド鎖の構造，5′末端側と3′末端側，塩基の相補性，水素結合の数がわかるように，DNAの構造を図示しなさい。ただし，ヌクレオチドを構成する糖，リン酸，4種類の塩基は，次のモデルを用いなさい。なお，水素結合などの化学結合は，すべて実線で描きなさい。また，ヌクレオチドは4つ図示すればよい。

糖　⬠　　　リン酸　◯　　　塩基　▱　⬠　◖　⬗

(2)　大腸菌を用いた真核生物のDNAのクローニングにおいて，cDNAが必要である理由を説明しなさい。

(3)　ヒトの体細胞では，分裂するたびにDNAが短くなるが，大腸菌では短くならない。その理由を簡潔に説明しなさい。

(4)　DNAの複製に関して，リーディング鎖及びラギング鎖，岡崎フラグメントの違いが分かるように説明しなさい。

(5)　次の(i)〜(iv)を調べるための手法について，下の①〜④から最も適当なものをそれぞれ選びなさい。

(i)　1億塩基対程度のDNAの塩基配列

(ii)　正常組織とがん組織の遺伝子発現

(iii)　細菌集団のゲノム情報

(iv)　DNA型鑑定

①　メタゲノム解析　　　②　DNAマイクロアレイ

③　マイクロサテライト　　④　ショットガン法

(6)　次の文中の　ア　〜　ウ　に当てはまる最も適当な語句を答えなさい。

DNA断片の長さを測定する方法に電気泳動がある。電気泳動は，アガロースゲルをpHがほぼ一定に保たれる溶液である　ア　中において行う。DNAは　イ　の電荷を帯びているため，アガロースゲルに電圧をかけると　ウ　の電極側へ移動する。

(☆☆☆◎◎◎)

【3】次の文章を読み，ヒトの血液に関する下の(1)〜(7)の各問いに答えなさい。

ヒトの血液は液体成分である血しょうに有形成分が浮遊したものである。有形成分には赤血球，白血球，血小板がある。血液は体重の約13分の1を占め，血液の重さの約　X　％を血しょうが占める。有形成分は骨髄に存在する　Y　から分化してできる。

(1) ヒトと同じ閉鎖血管系をもつ動物を，次のa〜eからすべて選び，記号で答えなさい。

a　バッタ　　b　ミミズ　　c　フナ　　d　イソギンチャク
e　ナマコ

(2) 文中の　X　・　Y　に当てはまる最も適当な数値と語句を答えなさい。

(3) 体重65kgの健康な男子の血液中に含まれる全赤血球数はおよそ何個になるか，計算式を含めて答えなさい。ただし，血液の比重は1とし，血液1mm³中の赤血球数は500万個として計算しなさい。

(4) 赤血球及び血小板が生成される過程について，それぞれ簡潔に答えなさい。

(5) 動脈と静脈にはそれぞれ特徴的な構造がある。それらの構造について，働きをふまえ，簡潔に説明しなさい。

(6) 次の図は，血液凝固の過程を模式的に示したものである。あとの(i)，(ii)の方法で血液凝固を防止した場合，図中のA〜Dのいずれの物質が関係するか，それぞれについて記号で答えなさい。また，(i)，(ii)の方法は，それらの物質にどのように作用するか簡潔に答えなさい。

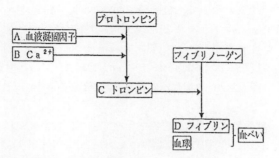

 (i) 血液にヒルジンを加える

 (ii) 血液にクエン酸ナトリウムを加える

(7) 血液型にはRh式血液型がある。父Rh$^+$と母Rh$^-$の子として第1子にRh$^+$の子が生まれたあと，第2子もRh$^+$の場合，新生児溶血症が起きることがある。その理由について，簡潔に答えなさい。

(☆☆☆☆◎◎◎◎)

【4】次の文章を読み，下の(1)～(4)の各問いに答えなさい。

 イギリスでは昔から林の木の幹には色の白っぽい①地衣類が生えており，②白地にまだら模様のオオシモフリエダシャクがよく見られた。ところが，③工業化が進むにつれて，体色に関する遺伝子に突然変異が起こった暗色型(茶色)の個体がしだいに多くなった。

(1) 下線部①について，地衣類とは，何類と何類が共生したものか答えなさい。また，代表的な生物例を1つ挙げなさい。

(2) 下線部②について，生物には保護色以外に他の生物に形や色が似る例もある。その具体例を1つ挙げ，説明しなさい。

(3) ある集団中に優性遺伝子Aと劣性遺伝子aの対立遺伝子があり，Aの遺伝子頻度をp，aの遺伝子頻度をqとする($p+q=1$)。この集団内で任意に交配が起こり生じた世代を世代Xとする。次の(i)～(v)の各問いに答えなさい。

 (i) 世代Xの遺伝子型とその比はどのようになるか，pとqを用いて答えなさい。

(ii)　世代Xについて，優性形質の個体AA，Aaと劣性形質の個体aaから子が生まれる場合，その子が劣性形質である確率を，pとqを用いて答えなさい。

(iii)　世代Xについて，ハーディ・ワインベルグの法則が成り立つ場合，世代Xから8世代後のAとaの遺伝子頻度を，pとqを用いて答えなさい。

(iv)　世代X以降，aaが選択を受けて完全に除かれた場合，世代Xから2世代後(世代Xの孫世代)のAの遺伝子頻度を小数第2位まで求めなさい。ただし，世代Xが200個体あると仮定し，このうち雄は100個体おり，AA，Aa，aaがそれぞれ25個体，50個体，25個体であるとする。また，雌にも同じ選択がはたらき，配偶子は同じ割合ででき，雌雄間で任意に交配が起こるとする。

(v)　一般に，ある地域に生息する同種の生物集団が持つ遺伝子の全体を何というか，答えなさい。

(4)　下線部③について，この原因が，冬に工場が出す煙やすすによる大気汚染であると考えたとき，暗色型(茶色)の個体がしだいに多くなった過程を説明しなさい。

(☆☆☆☆◎◎◎◎)

【5】次の〔A〕〔B〕の各問いに答えなさい。

〔A〕　世界のバイオームについて，次の(1)，(2)の各問いに答えなさい。

(1)　あとの表は，次の図中のA，C，D，F，Jのうち3つのバイオームにおける植物の生活形ごとの割合(%)を示したものである。表中の(i)～(iii)のバイオームに当てはまる最も適当なものを，記号で答えなさい。

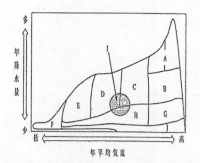

	地上植物	地表植物	半地中植物	地中植物	一年生植物
(i)	1	22	60	15	2
(ii)	0	4	17	6	73
(iii)	54	9	24	9	4

(2) 次の(i)～(iv)の動物が生息する主なバイオームを，図中の記号で答えなさい。また，そのバイオームの植生の特徴について，最も適当なものを下のア～カから選び，記号で答えなさい。

(i) オランウータン　　(ii) トナカイ　　(iii) ライオン

(iv) ヒグマ

ア 雨季に葉を茂らせ，乾季に葉を落とす落葉広葉樹

イ 乾燥に強いイネ科植物が優占し，背丈の低い樹木が点在

ウ 硬くて光沢のある葉をもつ常緑広葉樹

エ 樹高50mを超す常緑広葉樹やツル性植物など種類数は最多

オ 葉の面積が狭く，葉の寿命が長い針葉樹

カ 永久凍土層は栄養分も少なく，植物の成長が困難

〔B〕 日本のバイオームについて，次の文章を読み，あとの(3)～(5)の各問いに答えなさい。

　十分な降水量がある日本では，高山や海岸，湿地など一部を除き，極相のバイオームは森林になる。日本のバイオームの分布を決める主な限定要因は気温である。一般的に，植物の生育には月平均気温で5℃以上が必要とされる。1年間のうち月平均気温が5℃以上の各月について月平均気温から5℃を引いた値の合計値を暖かさの指数

という。表1は日本のバイオームと暖かさの指数の関係，表2はある年の熊本地方の月平均気温(℃)である。

表1

バイオーム	暖かさの指数
亜熱帯多雨林	240〜180
照葉樹林	180〜 85
夏緑樹林	85〜 45
針葉樹林	45〜 15

表2

1月	2月	3月	4月	5月	6月	7月	8月	9月	10月	11月	12月
4.6	5.5	12.3	17.4	21.0	24.2	29.0	30.1	24.8	18.5	13.4	9.0

(3)　ある年の熊本地方の暖かさの指数について計算式を含めて答えなさい。また，該当するバイオームを答えなさい。

(4)　気候変動によって熊本地方の月平均気温がすべての月で表2の値よりもX℃上昇し，暖かさの指数からバイオームが亜熱帯多雨林であると判断された場合のXの最小値を計算式を含めて小数第2位まで答えなさい。ただし，降水量は変化しないものとする。

(5)　阿蘇地方ではススキやシバなどの草原がみられる。放置すれば森林へと遷移する場所で人為的に草原に保たれる草原管理の方法を2つ答えなさい。

(☆☆☆☆◎◎◎)

二次試験 (県のみ)

【中学理科】

【1】音についての実験を行い，音は物体の振動によって生じ，その振動が伝わること，音の高さや大きさは発音体の振動の仕方に関係することを見いだす効果的な指導の工夫について，日常生活との関連も含め論述しなさい。

(☆☆☆◎◎◎)

【高校物理】

【1】断熱変化及びポアソンの法則について述べなさい。その際，断熱変化について身近な事例を示すなど，実際に授業をする際に創意工夫をする点や留意事項についても併せて述べなさい。

(☆☆☆◎◎◎)

【高校化学】

【1】新学習指導要領を踏まえて，次の1・2の各問いに答えなさい。

1 酸と塩基に関する単元の学習計画(8時間程度)を作りなさい。ただし，学習計画には，実験を伴う探究活動を取り入れ，探究活動を通して生徒につけさせたい資質，能力を明記すること。

2 1の学習計画において計画した探究活動について，次の(1)〜(4)に答えなさい。

(1) 探究活動名

(2) 実験手順等

(3) 予想される結果，誤差，考察等

(4) 探究活動における留意点

(☆☆☆◎◎◎)

【高校生物】

【1】植物の光周性について，次の(1)・(2)の各問いに答えなさい。

(1) 明期や暗期の長さと花芽の形成について図示し，述べなさい。ただし，長日植物，短日植物それぞれの限界暗期は11時間とする。

(2) 短日植物を用いて，花成ホルモンが葉でつくられ，師管を通って植物全体に作用することを示す実験を図示し，述べなさい。

(☆☆☆◎◎◎)

解答・解説

一次試験 (県・市共通)

【中学理科】

【1】(1)　植物名…アジサイ　　葉脈…網状脈　　(2)　①　ア　
②　ア　　③　イ　　(3)　2つの細胞…孔辺細胞　　穴…気孔　
現象…蒸散(作用)　　(4)　維管束がないものとあるもの。
(5)　胞子をつくって子孫を殖やす。　　(6)　クロロフィル

〈解説〉(1)　アジサイは網状脈，ツユクサは平行脈である。　　(2)　単子
葉類は，子葉が1枚で，維管束はばらばらに分布し，根はひげ根であ
る。　　(3)　解答参照。　　(4)　aは維管束がないもの，bは維管束がある
もので分類している。同じcの分類でもコケ植物であるゼニゴケは維
管束を持たず，シダ植物であるイヌワラビは維管束を持つ。　　(5)　c
は胞子を使って，dは種子を使って子孫を殖やす。　　(6)　解答参照。

【2】(1)　ペットボトル…ろっ骨　　ゴム膜…横隔膜　　(2)　①　ア　
②　イ　　③　イ　　(3)　表面積が広くなり，酸素と二酸化炭素の交
換を効率よく行うことができる。　　(4)　記号…B　　名称…暗順応
(5)　①　反射　　②　脳　　(6)　ウ

〈解説〉(1)　解答参照。　　(2)　ゴム風船内の空気の圧力は変化しないが，
ペットボトル内の空気の圧力は減少するので，ペットボトル内の風船
は膨らむ。　　(3)　解答参照。　　(4)　人間の目は明るい場所では瞳孔が
小さくなることで眼球に入る光の量を減らしている。また，明るい場
所から暗い場所に移動するとはじめは何も見えないが桿体細胞でロド
プシンが十分に合成されると見えるようになる。このはたらきを暗順
応という。　　(5)　解答参照。　　(6)　ラケットでボールを打つ場合は，
「ボールを見る」という光の刺激を目で受ける。この情報は，感覚神
経→脳の経路で伝えられる。その後，「ラケットでボールを打つ」と

いう命令が，脳→せきずい→運動神経の経路で筋肉へ伝えられる。首から上の感覚器官の場合，せきずいを経由せずに脳に信号が伝わることに注意が必要である。

【3】(1) 風化　(2) 細かい砂…B　れき…A　泥…C　(3) 流水によって運ばれたときに，角が削られたから。　(4) 理由…火山灰は広い範囲にわたって同じときに堆積するから。　岩石名…凝灰岩　(5) 時代…新生代　化石…示準化石　(6) (身近な地域の実態に合わせて)地形や地層，岩石などの観察の機会を設ける。

〈解説〉(1) 風化にはおもに物理的風化と化学的風化がある。物理的風化では，温度変化に伴う膨張・収縮が繰り返されて鉱物どうしの結合が緩み，細かな割れ目が形成され，水の凍結や水分の蒸発に伴う結晶の晶出によって膨張したりして砕かれていく。化学的風化では，雨水や地下水が岩石と化学反応を起こして，鉱物の一部が溶け出したり変質したりする。　(2) 細かい粒ほど沈むのにかかる時間が長いため，粒の細かいものほど海岸線から見てより遠くに堆積する。粒径の小さい順に，泥$\left(\frac{1}{16}\text{mm以下}\right)$<砂$\left(\frac{1}{16}\sim2\text{mm}\right)$<れき(2mm以上)である。

(3) 流水の作用により粒子どうしが衝突すると角が削れ丸みを帯びる。　(4) 火山灰は同時に広範囲に堆積し，火山によりあるいは同じ火山でも噴火ごとに鉱物組成や化学成分が異なるため区別しやすい。火山灰の1つの層の堆積時間は短く，時代が精度よく決定できるため，火山灰層は地層の対比に役立つよいかぎ層となる。火山灰が堆積して固結した岩石を凝灰岩という。　(5) 示準化石は，生息期間が短く，生息の地理的範囲が広く，産出個体数が多いという特徴を持つ生物の化石である。ビカリアは新生代古第三紀～新第三紀に生息した巻貝の一種である。熱帯～亜熱帯の泥質汽水域であったことを示す示相化石でもある。　(6) 中学校学習指導要領解説の当該箇所では，地域の地形や露頭の観察を行ったり，ボーリングコアや博物館の標本などを活用したりするなどして，地層の構成物の違いなどに気付かせ，地層の広がりなどについての問題を見いだし，学校内外の土地の成り立ちや

広がり，構成物などについて理解させるとされている。また，その際，地形や地層，岩石の観察器具の基本的な扱い方や観察方法と，観察記録の仕方を身に付けさせることが述べられている。

【4】(1)　夕方　　(2)　C　　(3)　ウ　　(4)　理由…金星は地球の内側を公転しているから。　　惑星…水星　　(5)　D　　(6)　586.6〔日〕

〈解説〉(1)　図8より，肉眼では右下側が光っているように見える。これは，金星が太陽から東に離れているときの見え方であり，太陽・金星・地球の位置関係を考えると，日没後の西の空に見えるものである。(2)　図9上で地球から見た金星の見え方を考えればよい。　(3)　金星の赤道半径は6051.8km，地球の赤道半径は6378.1kmであり，金星は地球とほとんど同じ大きさといえる。　(4)　真夜中に観察できるためには，観察地点の真夜中の位置における地平面に対して，惑星が太陽と反対側になければならない。内惑星がこのような位置に来ることはない。　(5)　内惑星が太陽から最も離れて見える最大離角のときに最も長い時間観察できる。Dの位置は西方最大離角である。　(6)　会合周期をS〔日〕，地球の公転周期をE〔日〕，惑星の公転周期をP〔日〕とする。内惑星の場合，内惑星と地球が軌道上を1日に公転する角度は，それぞれ$\dfrac{360^\circ}{P}$，$\dfrac{360^\circ}{E}$である。内惑星は地球よりも公転周期が短いので，内合の位置から出発して，1日に内惑星は地球よりも角度$\dfrac{360^\circ}{P}-\dfrac{360^\circ}{E}$だけ先に進む。この角度が加算されて360°となったとき，再び内合の位置となる。$\left(\dfrac{360^\circ}{P}-\dfrac{360^\circ}{E}\right)\times S=360^\circ$より，$\dfrac{1}{S}=\dfrac{1}{P}-\dfrac{1}{E}$である。$P=225$，$E=365$を代入して，$S=586.60\cdots\fallingdotseq586.6$〔日〕となる。

【5】(1)　三角架　　(2)　色…灰色(白色)　　化学反応式…$2Mg+O_2\rightarrow 2MgO$　　(3)　一定量の金属と化合する酸素の質量が決まっているから。　　(4)　8：3　　(5)　2.8〔g〕　　(6)　8.0〔g〕

〈解説〉(1)　解答参照。　(2)　解答参照。　(3)　一つの化合物では，成

分元素の質量比は常に一定である。この法則を定比例の法則という。
(4)　表1より，銅1.2gに酸素0.3g，マグネシウム1.2gに酸素0.8gが化合するので，$\dfrac{1.2}{0.3}:\dfrac{1.2}{0.8}=8:3$　(5)　酸化前の混合物中の銅の質量を x〔g〕とすると，マグネシウムの質量は4.00−x〔g〕である。表1より，Cu：CuO＝1.20：1.50＝4：5，Mg：MgO＝1.20：2.00＝3：5であるので，$\dfrac{5}{4}x+\dfrac{5}{3}(4.00-x)=5.50$が成り立ち，$x$＝2.8〔g〕　(6)　(2)の化学反応式より，マグネシウムと酸素の反応で生成する酸化マグネシウムの物質量比は，Mg：O_2：MgO＝2：1：2であることから，0.1molの酸素と反応するマグネシウムは0.2molで，生成する酸化マグネシウムは0.2molとなるので，0.2×40＝8.0〔g〕

【6】(1)　電解質　　(2)　$CuCl_2 \rightarrow Cu^{2+}+2Cl^-$　　(3)　電極…＋極　　化学式…Cl_2　　(4)　塩素によって赤インクが脱色されたから。
(5)　名称…めっき　　利点…・さびにくくする。　・摩擦に強くする。
(6)　・保護めがねの着用などによる安全性の確保。　・試薬や廃棄物の適切な取り扱い。

〈解説〉(1)　水に溶けると陽イオンと陰イオンに電離し，電気を流す物質を電解質という。　(2)　解答参照。　(3)　＋極では$2Cl^-+2e^-\rightarrow Cl_2$の変化が起こる。　(4)　塩素には漂白・殺菌作用がある。
(5)　メッキにより，耐食性，耐熱性，耐摩耗性など様々な性質や機能を付けることができる。　(6)　解答参照。

【7】(1)　光の屈折　　(2)　実像　　(3)　9〔cm〕　　(4)　B…小さくなる　　大きさ…小さくなる　　向き…逆　　(5)　物体と同じ向きで，物体より大きな像が見える。

(6)

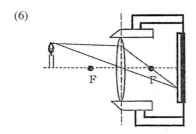

(7)　スペクトル

〈解説〉(1)(2)　解答参照。　　(3)　求める焦点距離をf〔cm〕とすると，写像公式より，$\dfrac{1}{18}+\dfrac{1}{18}=\dfrac{1}{f}$　∴　$f=9$〔cm〕　　(4)　写像公式を考慮すると，距離Aを18cmより大きくすると，距離Bは小さくなる。また，距離Aに対する距離Bの比が倍率になることから，像の大きさは物体に比べて小さくなり，倒立像なので，物体に比べると向きは逆になる。　　(5)　物体の反対側から凸レンズをのぞいて見えるのは，正立虚像となる。　　(6)　凸レンズの中心を通る光は直進し，凸レンズに平行な光はレンズの中線で屈折して焦点を通る。また，凸レンズの焦点はレンズの前後の等しい距離に存在する。　　(7)　解答参照。

【8】(1)　60〔回〕　　(2)　1〔N〕　　(3)　126〔cm/s〕　　(4)　速さ…一定の割合で増加している。　　理由…斜面にそう分力が，同じ大きさではたらき続けているから。　　(5)　等速直線運動(速さが一定でまっすぐ進む運動)　　(6)　$E_P=E_Q=E_R$　　(7)　ア，イ

〈解説〉(1)　1つのテープの点を数えると，7つの打点(両端含む)があるが，時間の間隔は点と点との間に表れるので注意する。点と点との間の数は6つであるから，0.1秒あたり6打点を打っていることになるので，1秒あたり60打点である。　　(2)　物体の重力は2Nであるから，$2\sin30°=1$〔N〕　　(3)　0.1秒間に12.6cm進んでいるから，求める速さは，$12.6÷0.1=126$〔cm/s〕　　(4)　斜面上では等加速度直線運動となる。　　(5)　水平方向には力がはたらかないので，水平面上を走る力学台車は等速直線運動をする。　　(6)　摩擦と空気抵抗を無視しているこ

とから，力学的エネルギーは保存していると考えられる。　(7)　水平方向に等速直線運動をしているため，水平方向には力がはたらいていない。

【高校物理】

【1】(1)　①　見方・考え方　　②　探究　　(2)　速度と時間との関係を見いだし，加速度を理解させる。

〈解説〉(1)　解答参照。科目の目標や内容は頻出であるので，キーワードを押さえてしっかり理解しておくこと。　(2)　高等学校学習指導要領(平成30年告示)解説　理科編　理数編(平成30年7月)　第1部　理科編　第2章　理科の各科目　第2節　物理基礎　3　内容とその範囲，程度 (1)　物体の運動とエネルギー　㋒　直線運動の加速度　に例示されており，斜面に沿って下降する台車など，速度が変化する物体の運動について調べる実験を行い，得られたデータからグラフを作成し，速度と時間との関係を見いだして理解し，加速度を理解させることと述べられている。

【2】(1)　エ　　(2)　ア　　(3)　ア　　(4)　ウ　　(5)　ウ

〈解説〉(1)　物体の質量をm，重力加速度の大きさをg，地球の半径をR，万有引力定数をG，地球の質量をMとすると，地上における万有引力は，$\frac{GMm}{R^2}$と表せる。これがmgと等しいから，$GM=gR^2$と変形できる。一方，地上における物体の万有引力による位置エネルギーは，無限遠を0として，$-\frac{GMm}{R}$であるから，$GM=gR^2$を代入して，$-mgR$となる。無限遠での万有引力による位置エネルギー0との差mgR以上の運動エネルギーを地上で与えれば，物体は無限遠方まで飛び去ることになる。この速さをvとすれば，$\frac{1}{2}mv^2 \geqq mgR$　∴　$v \geqq \sqrt{2gR}$ これに，与えられた値を代入して，$v \geqq 1.12 \times 10^4 \fallingdotseq 1.1 \times 10^4$〔m/s〕

(2)　気体の絶対温度は気体分子の運動エネルギーに比例するから，気体分子の二乗平均速度の二乗に比例すると考えられる。したがって，

二乗平均速度は，気体の絶対温度の平方根に比例する。　(3)　コイルが蓄えるエネルギーは，コイルの自己インダクタンスと電流の二乗に比例する。また，ソレノイドコイルの自己インダクタンスは，コイルの単位長さあたりの巻き数の二乗，コイルの長さ，コイルの断面積に比例する。　(4)　質量数はα崩壊のみで変化し，1回のα崩壊で4減るから，α崩壊は，$\dfrac{226-206}{4}=5$〔回〕おこったことになる。原子番号は，1回のα崩壊で2減るから，$88-(2\times5)=78$となるが，これとβ崩壊による原子番号の増加で，鉛の原子番号82になっている。したがって，求めるβ崩壊の回数は，$82-78=4$〔回〕　(5)　アップクォークは$+\dfrac{2}{3}e$，ダウンクォークは$-\dfrac{1}{3}e$の電荷をもつ。陽子は$+e$だから，正しい組み合わせはuudとなる。

【３】(1)　求める時間をt_1として，$0=v_0\sin\theta-gt_1$より，$t_1=\dfrac{v_0\sin\theta}{g}$

(2)　求める高さをh_1として，$0-(v_0\sin\theta)^2=-2gh_1$より，$h_1=\dfrac{v_0^2\sin^2\theta}{2g}$

(3)　求める距離をLとする。$L=v_0\cos\theta\cdot t_1$より，t_1を代入して，$L=\dfrac{v_0^2\sin\theta\cos\theta}{g}$　$\left(別解：L=\dfrac{v_0^2\sin2\theta}{2g}\right)$　(4)　CA間の落下時間はt_1と等しくなることと，はね返った後の水平方向の速さを考慮しCA間の距離は$L_{CA}=ev_0\cos\theta\cdot t_1$より，$t_1$を代入して$L_{CA}=\dfrac{ev_0^2\sin\theta\cos\theta}{g}$　求める距離をL_{OC}とすると，$L_{OC}=L-L_{CA}$より，$L_{OC}=(1-e)\dfrac{v_0^2\sin\theta\cos\theta}{g}$

(5)　求める初速度をv_2，直線AB上を通過するまでの時間をt_2として，$L=v_2\cos\theta\cdot t_2$より，$t_2=\dfrac{L}{v_2\cos\theta}$　$H=v_2\sin\theta\cdot t_2-\dfrac{1}{2}gt_2^2$より$t_2$を代入して，$v_2=\dfrac{L}{\cos\theta}\sqrt{\dfrac{g}{2(L\tan\theta-H)}}$

〈解説〉(1)(2)　解答参照。　(3)　別解としてt_1を代入後，2倍角の公式を用いて，$L=\dfrac{v_0^2\sin2\theta}{2g}$としてもよい。　(4)(5)　解答参照。

【4】(1) $\dfrac{dx}{L}$　(2) $|S_1P-S_2P|=m\lambda$　$\left(別解：\dfrac{dx}{L}=m\lambda\right)$

(3) $\Delta x=\dfrac{(m+1)L\lambda}{d}-\dfrac{mL\lambda}{d}=\dfrac{L\lambda}{d}$　(4) 点Oは$m=0$の暗線となるから，単スリットが上向きにy動いたとすると，$\dfrac{dy}{l}=\dfrac{\lambda}{2}$となるので，$y=\dfrac{l\lambda}{2d}$　(5) $(n-1)a=\dfrac{\lambda}{2}$となるので，(4)より，$a=\dfrac{\lambda}{2(n-1)}$

〈解説〉(1) 三平方の定理より$S_1P=\sqrt{L^2+\left(x-\dfrac{d}{2}\right)^2}=L\sqrt{1+\left(\dfrac{2x-d}{2L}\right)^2}$

$\fallingdotseq L\left\{1+\dfrac{1}{2}\left(\dfrac{2x-d}{2L}\right)^2\right\}$　同様に，$S_2P=\sqrt{L^2+\left(x+\dfrac{d}{2}\right)^2}=$

$L\sqrt{1+\left(\dfrac{2x+d}{2L}\right)^2}\fallingdotseq L\left\{1+\dfrac{1}{2}\left(\dfrac{2x+d}{2L}\right)^2\right\}$　よって，$S_2P-S_1P=L\cdot\dfrac{4xd}{4L^2}$

$=\dfrac{xd}{L}$　(2) 明るくなるのは，光路差が波長の整数倍のときであるので，$|S_1P-S_2P|=m\lambda$　$(m=0,\ 1,\ 2,\ \cdots)$　また，(1)の解を用いて，$\dfrac{dx}{L}=m\lambda$としてもよい。　(3) (1)，(2)より，$x=\dfrac{mL\lambda}{d}$　よって，Δx

$=\dfrac{(m+1)L\lambda}{d}-\dfrac{mL\lambda}{d}=\dfrac{L\lambda}{d}$　(4) 解答参照。　(5) (4)で暗線となっていた点Oが明線となったことから光路差は半波長分変化する。薄膜による光路差は，$(n-1)a=\dfrac{\lambda}{2}$となる。

【5】(1) 抵抗線Lを右向きに流れる電流をI_2-I_1として，$3.0=7.0I_1+8.0I_1-10(I_2-I_1)$　(2) $6.0=10(I_2-I_1)$　(3) (1)，(2)より，$I_1=0.60$〔A〕，$I_2=1.2$〔A〕　(4) 求める位置をxとし，R_1と検流計を含む閉回路について，キルヒホッフの第2法則 $\dfrac{x}{100}\cdot10(1.2-0.60)=7.0\times0.60$より，$x=70$〔cm〕　(5) 検流計と抵抗からなる閉回路はホイートストンブリッジとみなせるので，求める抵抗値をrとし，$\dfrac{7.0}{1.0}=\dfrac{8.0+r}{9.0}$より，$r=55$〔Ω〕

〈解説〉(1) 解答参照。　(2) (1)と同様にして，$6.0=10(I_2-I_1)$

(3) (1)(2)で得た式からそれぞれ求められる。　(4) 太さが一様なため抵抗線の抵抗値は長さに比例する。また，検流計の針がどちらにも

振れていないことから検流計のつながった2点の電位は等しい。

(5)　解答参照。

【高校化学】

【1】1　ア　見方・考え方　　イ　日常生活や社会　　ウ　主体的
2　エ　規則　　オ　関係　　3　クロム，マンガン，鉄，銅，亜鉛，
銀のうちから3つ

〈解説〉1～2　解答参照。　　3　「高等学校学習指導要領(平成30年3月告
示)　第2章　各学科に共通する各教科　第5節　理科　第2款　各科目
第5　化学　3　内容の取扱い　(2)　ウ」に，遷移元素については，
「クロム，マンガン，鉄，銅，亜鉛及び銀を扱うこと」と具体的に示
されている。

【2】1　ア　同素体　　イ　4　　ウ　正四面　　エ　3　　2　708
〔kJ/mol〕　　3　ダイヤモンドの炭素原子は，価電子すべてを共有結合
に使っているが，黒鉛の炭素原子は，価電子の一部が共有結合に使わ
れておらず，その電子が金属結合の自由電子のような役割を果たすた
め，黒鉛には電気を導く性質がある。　　4　(1)　$1.2×10^{24}$〔個〕
(2)　図中の3層で構成される正六角柱の結晶構造で考える。炭素原子
半径をrとすると，結晶格子の体積は$12\sqrt{3}\,ar^2$〔nm³〕　結晶格子中で
4個の炭素原子が占める体積は$\frac{16}{3}\pi r^3$〔nm³〕　充填率が17％であるこ
とから，$\frac{16}{3}\pi r^3 ÷ 12\sqrt{3}\,ar^2 ×100 = 17$　$a=0.33$〔nm〕

〈解説〉1　同じ元素からなる単体で性質が異なるものを同素体という。
ダイヤモンドと黒鉛は炭素原子からなる同素体である。ダイヤモンド
は，炭素原子の全ての価電子を使って共有結合しており，非常に硬く，
電気伝導性がない。それに対して，黒鉛は，炭素原子の4個の価電子
のうち3個を使って共有結合し，薄く剥がれやすい性質と，電気伝導
性を有する。　　2　ダイヤモンドの昇華の熱化学方程式は，C(固)＝
C(気)－Q〔kJ〕である。ダイヤモンドを形成する炭素原子の4個の共

有結合は，相手の炭素原子といっしょに協力して共有結合を形成しているため，1つの炭素原子は，実質的に2個の共有結合を有すると考えることができる。ダイヤモンドを形成する炭素原子の結合エネルギーは2×354＝708〔kJ/mol〕であるので，Q＝708〔kJ/mol〕である。

3　解答参照。　4　(1)　黒鉛10cm³の質量は10×2.4＝24〔g〕であり，その物質量は$\frac{24}{12}$＝2〔mol〕である。したがって，求める炭素原子数は，2×6.02×10²³≒1.2×10²⁴〔個〕である。　(2)　炭素原子半径をrとすると黒鉛結晶の正六角形平面の一辺の長さは2rである。よって結晶格子の体積は12$\sqrt{3}$ ar^2〔nm³〕　また，結晶格子(正六角柱)中の炭素原子の数は12×$\frac{120}{360}$＝4〔個〕である。

【3】1　ア　メスフラスコ　エ　ビュレット　2　イ　(c)　ウ　(b)　3　2.5×10⁻²〔mol/L〕　4　弱酸であるシュウ酸と強塩基である水酸化ナトリウムの中和点は塩基性領域にあるため，酸性領域に変色域をもつメチルオレンジを指示薬として用いても，メチルオレンジの変色によって中和点を確認することができないから。

5　モル濃度…4.8×10⁻²〔mol/L〕　pH…12.7　6　純度…96〔%〕
〈解説〉1　解答参照。　2　イはホールピペットであり，ウはビーカーである。ホールピペットは，使用する水溶液で数回洗浄(共洗い)して使用する。加熱すると膨張して体積が変わるため，加熱乾燥してはいけない。ビーカーは，濡れていても溶液中の溶質の量は変わらないので，水で濡れたまま使用してもよい。　3　シュウ酸二水和物3.15g中のシュウ酸の質量は，3.15×$\frac{90}{126}$＝2.25〔g〕　よって，モル濃度は，$\frac{2.25}{90}$＝2.5×10⁻²〔mol/L〕である。　4　解答参照。　5　シュウ酸と水酸化ナトリウムの中和反応式は，(COOH)₂＋2NaOH→(COONa)₂＋2H₂Oである。シュウ酸水溶液10.0mLのシュウ酸の物質量は，2.5×10⁻²×$\frac{10}{1000}$＝2.5×10⁻⁴〔mol〕であるので，反応式から，水酸化ナトリウムの物質量は，2×2.5×10⁻⁴＝5.0×10⁻⁴〔mol〕である。したがって，水酸化ナトリウムのモル濃度は，5.0×10⁻⁴×$\frac{1000}{10.41}$≒4.8×10⁻²〔mol/L〕

である。また，$K_w=[\text{H}^+][\text{OH}^-]$より，$[\text{H}^+]=\dfrac{K_w}{[\text{OH}^-]}=\dfrac{1.0\times10^{-14}}{4.8\times10^{-2}}\fallingdotseq$ 2.0×10^{-13}〔mol/L〕である。したがって，pH$=-\log(2.0\times10^{-13})=$ $-0.30+13=12.7$となる。　6　固体の水酸化ナトリウムの純度を100％と仮定すると，その1gを500mLの水に溶かした水溶液の濃度は，$\dfrac{1.0}{40}\times\dfrac{1000}{500}=5.0\times10^{-2}$〔mol/L〕である。小問5より，水酸化ナトリウムの実際の濃度は，4.8×10^{-2}〔mol/L〕であるので，固体の水酸化ナトリウムの純度は，$\dfrac{4.8\times10^{-2}}{5.0\times10^{-2}}\times100=96$〔％〕である。

【4】1　92〔kJ〕　　2　アンモニアの生成反応は発熱反応であり，温度を高くするほど，ルシャトリエの原理により，その温度変化を和らげる吸熱反応となる左向きに平衡が移動するため。　　3　(1)　窒素の物質量…0.60〔mol〕　　水素の分圧…5.6×10^6〔Pa〕　　(2)　平衡状態に達した時のNH_3を$2x$〔mol〕とすると，容器内の全気体の合計量は$4.0-2x$〔mol〕となるので，アンモニアの体積百分率については次式が成り立つ。$\dfrac{2x}{4.0-2x}=0.25$　$x=0.40$〔mol〕　平衡状態に達したとき，アンモニアは0.80mol生成している。塩化水素と反応した後に残ったアンモニアは0.30molとなる。新しい平衡状態におけるアンモニアを$0.30+2x'$〔mol〕とするとき，アンモニアの体積百分率について次式が成り立つ。$\dfrac{0.30+2x'}{2.7-2x'}=0.25$　$\therefore$　$x'=0.15$〔mol〕　したがって，アンモニアは0.60〔mol〕　　0.60〔mol〕

〈解説〉1　(1)から，$Q=(2\times386\times3)-(928+432\times3)=92$〔kJ〕である。2　解答参照。　3　(1)　200℃の平衡状態E_1におけるアンモニアの物質量を$2x$〔mol〕とすると，窒素の物質量は$1.0-x$〔mol〕，水素の物質量は$3.0-3x$〔mol〕であるので，容器内の気体の合計物質量は，$1.0-x+3.0-3x+2x=4.0-2x$〔mol〕である。アンモニアの体積百分率が25％であることから，$\dfrac{2x}{4.0-2x}=0.25$の関係式が成立する。したがって，$x=0.40$〔mol〕となるので，窒素の物質量は，$1-0.40=0.60$〔mol〕である。また，平衡状態E_1における窒素の物質量は0.60mol，水素の物

260

質量は1.8mol，アンモニアの物質量は0.80molである。気体の物質量と圧力は比例するので，水素の分圧は，$\dfrac{1.8}{0.60+1.8+0.80}\times1.0\times$

$10^7=\dfrac{1.8}{3.2}\times1.0\times10^7\fallingdotseq5.6\times10^6$〔Pa〕となる。 (2) 解答参照。

【5】1 ア 13 イ 両性 ウ 氷晶石 2 $2Al+3H_2SO_4\rightarrow$
$Al_2(SO_4)_3+3H_2$ 3 (c)，(e) 4 アルミニウムはイオン化傾向が大きく，そのイオンを含む水溶液を電気分解しても陰極で水が反応するだけだから。 5 質量…2.3〔t〕 割合…89〔%〕

〈解説〉1 アルミニウム，亜鉛，スズ，鉛は，酸と塩基の両方と反応する両性金属である。アルミニウムは，原料であるボーキサイトを，融点を下げるために氷晶石と加熱混合して溶融塩を形成し，この溶融塩を電気分解して製造する(ホール・エルー法)。 2 解答参照。
3 鉄とニッケルは，濃硫酸と接触させると不動態を形成する。
4 解答参照。 5 電気量は，$280\times10^3\times24\times60\times60\fallingdotseq2.42\times10^{10}$
〔C〕であるので，電子の物質量は，$\dfrac{2.42\times10^{10}}{96500}\fallingdotseq2.5\times10^5$〔mol〕である。$Al^{3+}+3e\rightarrow Al$より，理論的に生成するアルミニウムの質量は，
$\dfrac{27\times2.5\times10^5}{3}=2.25\times10^6$〔g〕$=2.25$〔t〕である。したがって，理論的な生成量に対する実際の生成量の割合は，$\dfrac{2.0}{2.25}\times100\fallingdotseq89$〔%〕である。

【6】1 ア さらし粉 イ 酸化 2 組成式…C_4H_5
構造式… 3 構造式…

記号…F 4 D＞二酸化炭素＞B 5 名称…(ジアゾ)カップリング 化学反応式…

〈解説〉1　アニリンは塩基性であり，さらし粉水溶液を加えると，酸化されて赤紫色を呈する。したがって，化合物Cはアニリンである。

2　二酸化炭素52.8mg中の炭素の質量は，$52.8 \times \frac{12}{44} = 14.4$〔mg〕であり，水13.5mg中の水素の質量は，$13.5 \times \frac{2}{18} = 1.5$〔mg〕である。したがって，$C : H = \frac{14.4}{12} : \frac{1.5}{1} = 1.2 : 1.5 = 4 : 5$となり，化合物Aの組成式は$C_4H_5$である。化合物Aの分子式を$C_{4n}H_{5n}$とし，分子量が110以下であることを考慮すると，$n=2$である。したがって，分子式は$C_8H_{10}$であるので，化合物Aはエチルベンゼン$C_6H_5-CH_2CH_3$である。　3　エチルベンゼン$C_6H_5-CH_2CH_3$と過マンガン酸カリウム水溶液を反応させると，エチル基が酸化されて安息香酸C_6H_5-COOH(化合物D)が生成する。安息香酸にエタノールと濃硫酸を加えて反応させると，エステル化合物$C_6H_5-COOCH_2CH_3$(化合物E)が生成する。フェノールは酸性であり，塩化鉄(Ⅲ)水溶液を加えると呈色反応を示し，水酸化ナトリウムを加えるとナトリウムフェノキシドを生成して水に溶解する。したがって，化合物Bはフェノールである。また，フェノールを無水酢酸と反応させてアセチル化すると，酢酸フェニル$C_6H_5-OCOCH_3$(化合物F)が生成する。　4　酸の強さは，安息香酸(化合物D)＞二酸化炭素(炭酸)＞フェノール(化合物B)の順である。　5　塩化ベンゼンジアゾニウム(化合物G)とナトリウムフェノキシド(化合物Bのナトリウム塩)を反応させるとアゾ化合物であるp－ヒドロキシアゾベンゼンが生成される。ジアゾニウム塩からアゾ化合物を作る反応をジアゾカップリングという。

【7】1
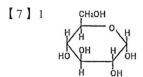

2　α－グルコースは水溶液中では，鎖状構造およびβ－グルコースと平衡状態をとる。鎖状構造のグルコースはアルデヒド基をもつため，水溶液は還元性を示す。　3　360〔g〕　4　24〔個〕　5　環構造

の外側はヒドロキシ基により親水性を示すため，分子自体は水溶性であるが，環構造の内側は疎水性を示すため，高級脂肪酸などの疎水性物質が空洞に取り込まれやすい。

〈解説〉1〜2　解答参照。　3　デンプン($C_6H_{10}O_5)_n$は，α－グルコース$C_6H_{12}O_6$の重合体であり，デンプンの分子量は162nである。324gのデンプンは，162n＝324より，n＝2であるので，加水分解後に生成するα－グルコースの質量は，2×180＝360〔g〕である。　4　α－グルコースは，1分子あたり5個のヒドロキシ基を有し，環状のγ－シクロデキストリンを形成するために，2個を結合に使用しているため，自由なヒドロキシ基は3個である。したがって，8個のα－グルコースから形成されるγ－シクロデキストリンのヒドロキシ基の数は，8×3＝24〔個〕である。　5　解答参照。

【高校生物】

【1】(1)　ア　主体的・対話的で深い学び　　イ　科学技術
(2)　(i)　塗りつぶさずに，点描の濃淡で表す。　　(ii)　抽出液や展開液の成分は有害で蒸発しやすく引火性があるため，十分に換気を行い，火気を使用しない。　　(iii)　ヒトや化石人類を含む霊長類の骨格などの資料を比較し，霊長類に共通している特徴やヒトだけに見られる特徴に気づかせる。　　(3)　目標の略称…SDGs　　活動…海岸の岩場における生態系のバランスを保つキーストーン種の役割を探る。

〈解説〉(1)　解答参照。　(2)　(i)　ここでいうスケッチは生物のスケッチであり，絵画のスケッチとは異なり，生物の実態を正確に描くことが目的である。したがって，絵画的な描写で生物に実際にないものなどを間違って理解されるようなことは避けなければならない。実際の状況を表すべく色の濃淡のみで表すか，点描がふさわしければ点描の濃淡で表す。　(ii)　光合成色素の分離の実験は，クロロフィルなどの光合成色素を含む緑葉を乳鉢ですりつぶし，そこに抽出溶媒として通常ジエチルエーテルを加える。その抽出液をクロマトグラフィーに，展開液としてトルエンやエーテルとアセトンの混合液などを用いて成

分の固定相(吸着層)での吸着しやすさの差を利用して分離する。

(iii)　高等学校学習指導要領(平成30年告示)解説　理科編　理数編(平成30年7月)　第1部　理科編　第2章　理科の各科目　第7節　生物　3　内容とその範囲，程度　(1)　生物の進化　(ウ)　生物の系統と進化　㋐　人類の系統と進化について　に例示されており，　骨格などに関する資料に基づいて，ヒトや化石人類を含む霊長類の脳容積，大後頭孔，骨盤，足の構造などを比較し，霊長類に共通の特徴やヒトだけに見られる特徴に気付かせること　と述べられている。また，二足歩行と形態的特徴との関係についての資料を提示し，人類の進化の道筋について考察させることも述べられている。　(3)　行動計画の17の目標は「持続可能な開発目標＝Sustainable Development Goals (SDGs)」と呼ばれる。その中の「目標14　海の豊かさを守ろう」では，海洋資源を保全し，持続的に利用することを目指している。水産物などの海洋生物資源は世界の人口増加により過剰漁獲の状態にあり，適切な措置をとり資源の回復・維持を図る必要がある。また，海洋プラスチックごみによる海洋汚染，海洋生物への被害が増大・深刻化しており，こうした海洋ごみへの対処が急務である。これらは生物多様性，生態系の保全が根底にあり，上記の海洋資源である水産物の再生と消費速度のバランスを保つことや，生物学の深耕によって再生速度を改善することなどが重要である。

【2】(1)

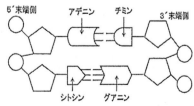

(2)　大腸菌では，スプライシングが起こらないから。　(3)　ヒトのDNAは直線であり，大腸菌のDNAは環状だから。　(4)　リーディング鎖…DNAがほどけていく方向に合成されていくDNA鎖　ラギング

鎖…リーディング鎖と逆方向に合成されていくDNA鎖　　岡崎フラグ
メント…ラギング鎖が合成されるときに生じる短いDNA鎖

(5) (i) ④　　(ii) ②　　(iii) ①　　(iv) ③　　(6) ア　緩衝液
イ　負　ウ　正

〈解説〉(1)　リン酸は糖の5′位に塩基は糖の1′位に結合しヌクレオチド
を形成する。塩基はそれぞれ相補的な塩基と結合する。また，塩基間
の水素結合の数はグアニンとシトシンは3つ，アデニンとチミンは2つ
である。　　(2)　原核生物のDNAにはイントロンがないため，スプライ
シングが起こらない。一方で，真核生物のDNAにはイントロンが存在
するため，スプライシング後のmRNAから逆転写したcDNAを用いる
必要がある。　　(3)　解答参照。　(4)　解答参照。　(5)　①　メタゲ
ノム解析とは単体ではなく群集のゲノム情報を網羅的に解析する手法
である。　　②　DNAマイクロアレイとは細胞から抽出したmRNAから
逆転写させたcDNAを蛍光色素で標識し発現している遺伝子を網羅的
に解析する方法である。　　③　マイクロサテライトとはDNA上にある
同じ塩基配列が繰り返す反復領域である。この塩基配列は個人によっ
て異なるため個人識別やDNA型の判定が可能である。　　④　ショット
ガン法とは長い染色体を切断し短くなった断片を解析して配列を決定
する方法である。　　(6)　DNAはリン酸基をもつため，負の電荷をもつ。
したがって，電圧をかけると，正極側へ移動する。

【3】(1)　b, c　　(2)　X　55　　Y　造血幹細胞　　(3)　式…$65 \times \frac{1}{13}$
$\times 10^6 \times 1 \times 5 \times 10^6 = 2.5 \times 10^{13}$　　答え…2.5×10^{13}〔個〕　　(4)　赤血球
…赤芽球となり，ヘモグロビンが生成され，脱核して，赤血球にな
る。　　血小板…巨核芽球から巨核球となり，仮足状突起がちぎれて，
血小板になる。　　(5)　動脈…高い血圧に耐えられるよう筋肉層が発
達している。　　静脈…血液の逆流を防ぐために静脈弁がある。
(6) (i)　記号…C　　作用…作用を阻害する。　　(ii)　記号…B
作用…沈殿させる。　　(7)　第1子分娩時に母体にRh抗体が形成される
から。

〈解説〉(1)　閉鎖血管系をもつ動物は，脊椎動物，環形動物とタコ・イカなど一部の軟体動物である。一方，開放血管系をもつのは，無脊椎動物，節足動物，アサリなど一部の軟体動物である。　(2)　解答参照。(3)　体重65kgの13分の1が血液量となるので，血液量は$65 \times \frac{1}{13}$で計算できる。　(4)～(6)　解答参照。　(7)　新生児溶血症とは母が異なる血液型に対する抗体を持っていた場合，胎盤から入った母の抗体が母と血液型の異なる胎児の赤血球を抗原と認識し障害を起こす病気である。

【4】(1)　共生したもの…菌類と藻類　　生物例…ウメノキゴケ
(2)　カバマダラとスジグロカバマダラのように，有毒なものどうしが同じような色彩をもつことで捕食者に対する警告の効果を高めている。　(3)　(i)　AA：Aa：aa＝p^2：$2pq$：q^2　　(ii)　$\frac{q}{p+2q}$
(iii)　A…p　　a…q　　(iv)　0.75　　(v)　遺伝子プール　　(4)　大気汚染によって，地衣類が枯れたり，樹皮が黒くすすけたりして，白っぽい個体よりも暗色型のほうが捕食者の眼につきにくくなり，生存率が高まった。

〈解説〉(1)(2)　解答参照。　(3)　(i)　$(p\text{A}+q\text{a})^2=p^2\text{AA}+2pq\text{Aa}+q^2\text{aa}$より，AA：Aa：aa＝$p^2$：$2pq$：$q^2$　(ii)　遺伝子型の比率がp^2のAAと，遺伝子型の比率がq^2のaaが親となる確率は，それぞれが父母どちらになるかの2通りあることに注意して$2 \times p^2 \times q^2=2p^2q^2$であり，その子は，すべて遺伝子型Aaの個体である。次に，遺伝子型の比率が$2pq$のAaと，遺伝子型の比率がq^2のaaが親となる確率は，$2 \times 2pq \times q^2=4pq^3$であり，その子は，Aa：aa＝1：1の比率で得られるので，劣性個体aaとなる確率は$2pq^3$である。まとめると，親が優性と劣性である確率は$2p^2q^2+4pq^3$であり，子が劣性かつ親が優性と劣性である確率は$2pq^3$である。求める確率は，子が劣性であるときに親が優性と劣性である条件付き確率なので，$\frac{2pq^3}{2p^2q^2+4pq^3}=\frac{q}{p+2q}$となる。　(iii)　ハーディ・ワインベルグの法則が成り立つ場合は，世代を経ても遺伝子頻度は変わらな

い。 (iv) 世代XをX$_0$とする。X$_0$の雌雄はそれぞれ，AA：Aa＝25：50＝1：2の比率で生じている。このとき，雌雄がつくる配偶子は，A：a＝(2×1＋1×2)：(1×2)＝4：2＝2：1となる。よって，X$_0$の子世代X$_1$は，AA：Aa：aa＝4：4：1となるはずだが，aaは完全に取り除かれるので，AA：Aa＝1：1の比率で生じる。このとき，雌雄がつくる配偶子は，A：a＝(2×1＋1×1)：(1×1)＝3：1となる。よって，X$_0$の孫世代X$_2$は，AA：Aa：aa＝9：6：1で生じる。このとき，Aの遺伝子頻度は，$\dfrac{2\times9+1\times6}{2\times16}=\dfrac{24}{32}=0.75$となる。 (v) 解答参照。

(4) 解答参照。

【5】(1) (i) F (ii) J (iii) C (2) (i) A，エ (ii) F，カ (iii) G，イ (iv) E，オ (3) 式…0.5＋7.3＋12.4＋16.0＋19.2＋24.0＋25.1＋19.8＋13.5＋8.4＋4.0＝150.2 暖かさの指数…150.2 バイオーム…照葉樹林 (4) 式…(4.6＋X－5)＋150.2＋11X≧180 答え…2.52〔℃〕 (5) 野焼き，放牧

〈解説〉(1) 気温が低い地域では，地表付近に休眠芽が形成される半地中植物や地表植物が多い。一方，砂漠などの乾燥する地域では，乾燥に耐えられる種子をつくる一年生植物が多い。したがって，(i)はFのツンドラ，(ii)はJの砂漠となる。また，熱帯多雨林では，植物食動物から摂食されにくい場所に休眠芽をつける地上植物がほとんどであるが，(iii)では，他の植物も存在しているため，温帯のバイオームであると推測できる。よって，(iv)はCの照葉樹林である。 (2) それぞれのバイオームはA熱帯多雨林と亜熱帯多雨林，B雨緑樹林，C照葉樹林，D夏緑樹林，E針葉樹林，Fツンドラ，Gサバンナ，Hステップ，I硬葉樹林，J砂漠である。 (3) 暖かさの指数は，月平均気温5℃以上の各月について，月平均気温から5℃を引いた値の合計で求める。表2について，計算に用いることができる月は，5℃未満の1月を除いた2月〜12月である。 (4) Xが0.4以上であることを条件として，1月の平均気温4.6＋X〔℃〕を計算に含める。また，2月〜12月についてはそれぞれX℃上昇するから，暖かさの指数は(3)で求めた150.2より11Xだけ増

加することになる。　(5)　草を焼く野焼きや牛や馬の放牧によって低木を除去し草原を維持している。また解答例のほか草を刈り取る採草などが阿蘇地方での草原維持のために行われている。

二次試験 (県のみ)

【中学理科】

【１】(解答例)　音は日々体験できる現象であるため，音についての実験もできるだけ身近なものに焦点を当てて進めることが望ましい。

音が物体の振動によって生じることについては，喉に軽く手を当てて，声を出したり止めたりする活動，太鼓の表面に紙片などを置いて太鼓を叩き，紙片の様子を観察する活動，おんさを叩いてから水につけて水面の様子を観察する活動，水を入れたワイングラスの縁を濡れた手でこすった際の水面の様子を観察する活動などによって，音が出る際には音源(発音体)の振動が見られることを示す。

振動が伝わっていくことについては，例えば容器にブザーを入れ，容器内の空気を真空ポンプ等で抜いていったときの音の大きさを調べる活動などによって，空気中を音が伝わっていることを示すことができる。また，水を入れた水槽の中で金属棒を叩き，その音が聞こえるかを確かめる活動などを通して，水中にも音が伝わることを示すことができる。さらに，糸電話を用いて声が届くかどうかを調べる活動によって，糸のような固体でも音が伝わることが示せる。

音の高さや大きさが発音体の振動の仕方に関係することについては，弦や気柱の振動によって示すことができる。弦の場合は，弦を1本張ったモノコードにおいて，張力を変化させたり，途中を押さえたりしながら，強くはじく，あるいは弱くはじくことによって，弦の張力の強弱や弦の長さによって弦の出す音の高さが変化し，弦をはじく強さの強弱が弦の振幅の変化を生み，それが音の大きさの変化につながることを確かめることができる。気柱の場合は，水を入れた試験管

あるいは瓶の口に息を吹きかけて音を出し，水の量を変える実験によって，音の高さが気柱の長さによって変化することがわかり，また，吹きかける息の速さによって，音の大きさが変化することも示せる。

　実験に際しては，できるだけ生徒自らが音を出せる環境を整えることが重要である。全員に用意することが難しい真空ポンプを用いた実験などは，演示で行うこともやむを得ないが，その他の実験は生徒が自由に音を出す時間をとり，生徒自身が音を出してみて気づいたことを発言してもらうなどして，現象の特徴を生徒自身の言葉で説明できるようになることが望まれる。

〈解説〉中学校学習指導要領(平成29年告示)解説　理科編(平成29年7月)　第2章　理科の目標及び内容　第2節　各分野の目標及び内容　第1分野　2　第1分野の内容　(1)　身近な物理現象　(ア)　光と音　㋒　音の性質について　に示されている内容を参考に，適切な表現で，論理的かつわかりやすい構成を心がけて論述すること。また，生徒の興味・関心を引き出す点について述べているか，日常生活と関連付けて述べているか，具体的な実験方法について述べているか，効果的な指導の工夫について述べているか，などの観点も評価されるので留意すること。

【高校物理】

【1】(解答例)　一定量の物体について，その内部エネルギーの変化ΔUは，物体が受け取った熱量Qと，物体がされた仕事Wの和に等しい。これを熱力学第一法則という。数式で表すと，$\Delta U = Q + W$である。断熱変化とは，このうち$Q=0$，すなわち物体への熱の出入りがないようにして行う変化である。以下，物体は理想気体として述べる。熱力学第一法則から，$\Delta U = W$となるので，気体を断熱圧縮する($W>0$)ときには，$\Delta U>0$となって気体の温度は上がり，断熱膨張させる($W<0$)ときには，$\Delta U<0$となって気体の温度は下がる。なお，指導する際には，Wの符号に注意する。定義に従えば，気体が仕事をされるときに，$W>0$であるから，気体が圧縮される際に$W>0$となる。

　等温変化($pV=$(一定))と比較すると，気体が同じ状態から等しい体積だけ変化する場合，断熱変化の方が等温変化よりも圧力の変化が大きい。例えば，等温変化による膨張と断熱膨張を比較すると，物質量n，絶対温度Tの一定量の気体を等温変化させたときの圧力の減少に比べ，同じ状態の気体を断熱変化させたときの圧力の減少の方が大きくなるため，ボイル・シャルルの法則より，温度は下降する。断熱膨張の後の気体の絶対温度をT'とするとき，$T'<T$となり，$pV=nRT$ $\left(p=\dfrac{nRT}{V}\right)$を表す等温線よりも原点に近い，$pV=nRT'$ $\left(p=\dfrac{nRT'}{V}\right)$を表す等温線上となる。この変化を$p-V$図に表すと，下図のようになる。

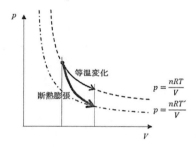

　身近な事例として，雲は，あたためられて上昇した空気が上空で周囲の気圧が低いことから断熱膨張し，急激に温度が下がって露点以下となり，水蒸気が水となってできる。また，自転車のタイヤに空気を入れる際，空気入れの筒の部分(空気が圧縮されている部分)が熱をもつのは，空気の圧縮が短時間で行われるために，熱が外部へ逃げにくく，断熱圧縮に近い状態になっているからである。

　ポアソンの法則とは，断熱変化する気体の圧力pと体積Vの間に，$pV^\gamma=$(一定)の関係があるという法則である。ここで，γは比熱比といい，定積モル比熱C_Vに対する定圧モル比熱C_pの比，すなわち$\dfrac{C_p}{C_V}$である。なお，単原子分子理想気体の場合は，$\gamma=\dfrac{5}{3}$となる。

　発展的内容ではあるが，ポアソンの式の導出は以下の通りである。数学・物理ともに習熟している生徒に対しては，導出についても指導すると効果があると思われる。

気体の物質量をn，気体定数をR，絶対温度をTとする。断熱変化により，圧力p，体積V，Tがそれぞれ$p+\Delta p$，$V+\Delta V$，$T+\Delta T$となったとすると，熱力学第一法則より，$\Delta U=W$であり，$W=-p\Delta V$と近似できる。一方，$\Delta U=nC_V\Delta T$であるから，$nC_V\Delta T=-p\Delta V$…①　一方，状態方程式から，$(p+\Delta p)(V+\Delta V)=nR(T+\Delta T)$より，$pV+p\Delta V+V\Delta p+\Delta p\Delta V=nRT+nR\Delta T$　微小量どうしの積$\Delta p\Delta V\fallingdotseq 0$とし，$pV=nRT$を用いると，$p\Delta V+V\Delta p=nR\Delta T$…②　①，②より，$\dfrac{C_V}{R}(p\Delta V+V\Delta p)=-p\Delta V$　両辺にRをかけて整理すると，$(C_V+R)p\Delta V+C_VV\Delta p=0$　マイヤーの関係式$C_V+R=C_p$より，$C_pp\Delta V+C_VV\Delta p=0$　ここで，$\gamma=\dfrac{C_p}{C_V}$とすると，$\gamma p\Delta V+V\Delta p=0$…③　一方，$pV^\gamma$の変化量は，積の微分法を応用すると，$p(\gamma V^{\gamma-1}\Delta V)+\Delta pV^\gamma=V^{\gamma-1}(\gamma p\Delta V+V\Delta p)$となるが，③よりこれは0であるから，$pV^\gamma=$(一定)となる。

〈解説〉適切な表現で，論理的かつわかりやすい構成を心がけて論述すること。断熱変化における温度変化については，熱力学第一法則を用いて述べる必要がある。また，必要に応じて理解を深めるのに役立つ図表を用いて論述できているか，身近な事例を取り上げて生徒の関心・意欲を高める工夫が述べているか，これらの観点も評価されるので留意すること。

【高校化学】

【1】1　(解答例)　「酸と塩基」学習計画(全8時間)

第1時　酸・塩基の定義とその性質

酸および塩基の例を挙げ，酸と水素イオン，塩基と水酸化物イオンの関係，水素イオンの授受を中心に，酸・塩基の定義を学習する。あわせて，イオン反応式をつくれるようにする。また，酸・塩基の性質についても学習する。

第2時　酸・塩基の強弱と電離度の関係

酸・塩基の強弱の違いについて学習する。また，電離度と酸・塩基の強弱の関連についても学習する。

第3時　水素イオン濃度・水酸化物イオン濃度

　　　酸・塩基の価数を学ぶ。これと，モル濃度，電離度から水素イオン濃度，水酸化物イオン濃度の求め方を学習する。

第4時　水素イオン濃度とpH

　　　前時で学んだ水素イオン濃度や水酸化物イオン濃度の求め方から，pHの計算方法を学習する。対数関数や指数関数についても触れる。

第5時　中和反応と塩の生成

　　　酸と塩基の反応を通して，生成する塩の種類，塩の加水分解について理解するとともに，その液性について学習する。

第6時　中和反応の量的関係

　　　中和反応の量的関係を，水素イオン濃度と水酸化物イオン濃度の関係を通して学習し，中和点では，酸と塩基の，(価数)×(モル濃度)×(体積)の値が等しくなることを理解する。

第7時　中和滴定曲線と指示薬

　　　強酸・弱酸，強塩基・弱塩基，それぞれの組合せで滴定曲線の変化を学ぶとともに，用いる適切な指示薬について，色の変化をあわせて学習する。

第8時　【実験】食酢の中和滴定

　　　ホールピペット，ビュレット，コニカルビーカー，メスフラスコなどの中和滴定に用いる器具の正しい使い方や水洗いと共洗いの違いを学び，中和滴定の方法を習得する。さらに得た結果を検証し，レポートを作成する。

　　　この実験を通して，結果を想定しながら実験を進めることを身につける。また，実験結果の検証等について，班員とのコミュニケーションを十分とり，コミュニケーション力や表現力を身につける。

2　(解答例)

(1)　食酢中の酢酸の量を調べる。

(2)　実験手順

　①　食酢を純水で10倍に薄める。

　　　ホールピペットで食酢を10mL正確にはかりとり，メスフラスコ

に入れ，こまごめピペットで正確に100mLにする。

② 滴定を行う。

・ホールピペットを共洗いし，10.0mLはかりとり，コニカルビーカーに移す。

・コニカルビーカーにフェノールフタレインを2，3滴加える。

・ビュレットを台にセットし，ろうとを用いて0.10mol/L水酸化ナトリウム水溶液を目盛りの約0mL付近まで入れる。

・滴定前の目盛りを最小目盛りの$\frac{1}{10}$まで読み取る。

・水酸化ナトリウム水溶液をコニカルビーカーに滴下する。滴下するたびにコニカルビーカーを振り混ぜる。

・おおよその見当をつけ，中和点近くでは1滴ずつ滴下する。

・コニカルビーカーの溶液の色が薄い赤色になるまで繰り返し，そのときの目盛りを最小目盛りの$\frac{1}{10}$まで読み取る。

・これを3回繰り返し，滴下量の平均値を求める。その際，大きく誤差が出たものは排除する。

(3) 結果

10倍に薄めた食酢中の酸の濃度は，使用した水酸化ナトリウム水溶液の濃度を0.10mol/Lとすると，0.075mol/L程度が予想される。したがって，薄める前の食酢の濃度は，0.75mol/Lとなる。食酢の密度を1.00g/cm³とすると，食酢の％濃度は4.5％となる。

考えられる誤差

・滴下量が多すぎたり，少なすぎたりした。

・色の見極め方を間違った。

・食酢の希釈が正確に行われていなかった。

・目盛りの読み取りが正確ではなかった。

考察

・コニカルビーカーの色が薄い赤色になる見極めが難しかった。

・ホールピペットの扱い方が難しかった。

・ビュレットの目盛りの読み取りが難しかった。

以上の点から，誤差が生じることが理解できた。

　　(4)　留意点

　　　・指示薬としてフェノールフタレインを用いた理由を考えさせる。

　　　・共洗いが必要な器具は何か，またその理由を考えさせる。

　　　・水酸化ナトリウム水溶液の調製は，時間の都合上教員側で実施し，生徒にはその理由などについても一考させる。

　　　・結果の算出について，水素イオンの授受の観点からの導き方を考えさせる。

　　　・これらの内容について，班員で意見を交換しながら進めるよう指示する。

　　薬品や器具の取り扱いの留意点

　　　・水酸化ナトリウム水溶液は皮膚や粘膜をいためるので，保護眼鏡を着用させ，手についた場合はすぐに水でよく洗うよう指示する。目に入った場合は，すぐに水で洗うとともに教員にも知らせるよう指示する。

　　　・ホールピペットやビュレットは先端が割れやすいため，慎重に取り扱うよう指示する。

　　　・廃液は，余った水酸化ナトリウム水溶液は回収し，中和した液は大量の水を流しながら流す。

　　　・ガラス器具の洗い方や片付け方を細かく指示する。

〈解説〉高等学校学習指導要領(平成30年告示)解説　理科編　理数編(平成30年7月)　第1部　理科編　第2章　理科の各科目　第4節　化学基礎　3　内容とその範囲，程度　(3)　物質の変化とその利用　(イ)　化学反応　⑦　酸・塩基と中和について　に示されている内容を参考に，適切な表現で，論理的かつわかりやすい構成を心がけて論述すること。生徒につけさせたい資質・能力を明確にし，理科の目標にも合致する学習計画や探究活動をつくる必要がある。実験操作・手順は適切であるだけでなく安全にも配慮しているか，予想される結果・考察は具体的に示されているか，これらの観点も評価されるので留意すること。高等学校学習指導要領解説には，『事故防止，薬品などの管理及び廃棄物の処理』の項があるので，必ず目を通しておきたい。

【高校生物】

【1】(1) (解答例) 植物の中には，暗期の長さによって花芽形成を行う
ものがある。花芽形成が行われるかそうでないかの境界となる連続し
た暗期の長さを限界暗期という。限界暗期よりも長く連続した暗期の
条件で花芽形成する植物は短日植物，限界暗期よりも短く連続した暗
期の条件で花芽形成する植物は長日植物という。例えば，図1におい
て，限界暗期11時間の植物①と②を考える。植物①は連続した暗期が
8時間で花芽形成していることから，長日植物であり，植物②は連続
した暗期が16時間で花芽形成していることから，短日植物である。

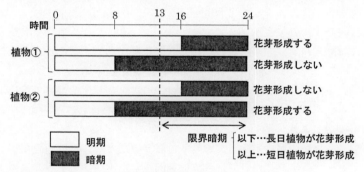

▲図1　暗期の長さによる花芽形成の有無

(2) (解答例) 短日植物であるオナモミを使用して，次のような実験1
〜5を行う。なお，オナモミは，茎が二又に分かれている個体を用い
る。

実験1：長日処理する。
実験2：短日処理する。
実験3：1枚の葉のみ短日処理する。
実験4：片方の枝の一部のみ短日処理する。
実験5：左側の茎の一部を環状除皮，右側の1枚の葉に短日処理する。
このとき，図2のような実験結果になる。

実験	1	2	3	4	5
図	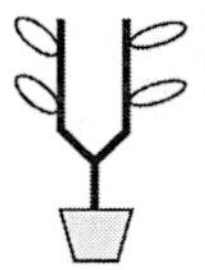	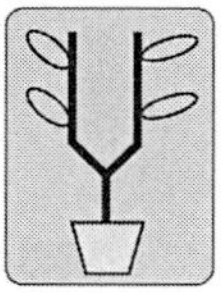	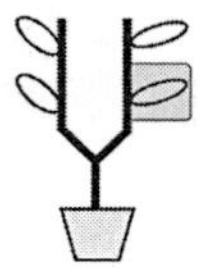	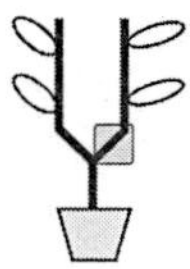	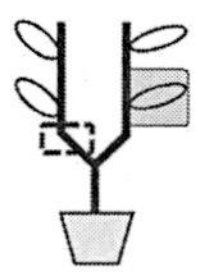
条件	長日処理	短日処理	1枚の葉のみ 短日処理	片方の枝の一部 のみ短日処理	一部に環状除皮、 1枚の葉に短日処理
花芽 形成	しない	する	する	しない	右側のみ 花芽形成する

▲図2　花芽形成の実験

実験1，2より，オナモミは短日条件で花芽を形成し，実験3，4より，日長条件は葉で受容することがわかる。実験5より，師部を取り除く環状除皮によって，左側の枝において花芽が形成されなかったことから，葉で合成された花芽形成ホルモンは師管を通ることがわかる。

〈解説〉適切な表現で，論理的かつわかりやすい構成を心がけて論述すること。明期や暗期の長さによる違いを図示しなければならないため，解答例のように明期と暗期の比率を図にまとめるとよい。長日植物，短日植物について定義しておくと，限界暗期と花芽形成の説明がしやすい。比較実験については各実験を図示し，実験結果を解答例のように一つの表にまとめるとわかりやすい構成となる。

2020年度　実施問題

一次試験 (県・市共通)

【中学理科】

【1】次の図1は，ヒトの循環系を模試的に表したものであり，a～dはそれぞれ血管の一部分を示している。また，X～Zは小腸，肝臓，肺のいずれかを示し，矢印は血液の流れる向きを表している。下の(1)～(5)の各問いに答えなさい。

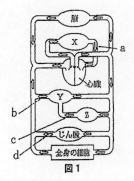

図1

(1)　器官Zの名称を答えなさい。

(2)　動脈と静脈のつくりを比較した時，静脈の特徴を2つ答えなさい。

(3)　血液中のアンモニアの割合が最も少ないのは血管a～dのどれか，記号で答えなさい。また，その理由を簡潔に答えなさい。

(4)　血液の4つの成分のうち，血小板以外の3つの成分は何か，答えなさい。また，血小板のはたらきについて，簡潔に答えなさい。

(5)　多細胞生物には，体外環境が変化しても，体内環境を一定の範囲内に保とうとするしくみやはたらきがある。体内環境が一定に維持されている状態を何というか，答えなさい。

(☆☆☆◎◎◎)

【２】 タマネギの根の成長のしくみについて調べるために，次のような実験を行った。下の(1)〜(5)の各問いに答えなさい。

> 【実験】 次の図2のように水につけて成長させたタマネギの根の先端部分を5mmくらい切り取り，うすい塩酸に入れて2〜3分間60℃のお湯で温めた後，水洗いした。その後，根の先端部分のプレパラートをつくり，顕微鏡で観察した結果が図3のA，Bである。図4は，図3のBで観察した細胞を模式的に示したものである。

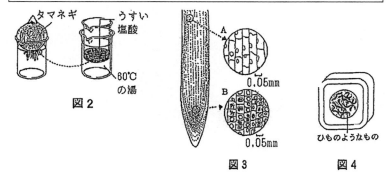

図2　　　図3　　　図4

(1) 切りとったタマネギの根の先端部分を，うすい塩酸に入れる理由を答えなさい。

(2) 図3のAとBの観察結果から，根が成長するためには，どのようなことが必要か，「細胞分裂」という語句を使って，簡潔に答えなさい。

(3) 図4で見られた，ひものようなものを何というか漢字で答えなさい。また，この中にある遺伝子の本体であるDNAについて，ワトソンとクリックにより発見された構造を何というか，答えなさい。

(4) 卵や精子には，その生物が個体として生命活動を営むために必要なすべての情報が1組ずつ入っている。この情報を何というか，答えなさい。

(5) ジャガイモなどの生産においては，よい品質のものをつくり続け

るために，生殖細胞の受精による有性生殖ではなく，無性生殖により生産されることがある。その理由を簡潔に答えなさい。

(☆☆◎◎◎)

【3】秋分の日に，ある地点で太陽の動きを調べるために，次のような観察を行った。下の(1)～(6)の各問いに答えなさい。

【観察】図5のように，画用紙に透明半球と同じ大きさの円をかき，その中心点をOとした。方位磁針を使って点A～Dが点Oから見て，東西南北のいずれかの方位となるようにし，日当たりのよい水平な場所においた。次に，午前8時から午後4時まで1時間毎に，図6のようにフェルトペンの先の影が，点Oの位置にくる位置で透明半球に●印をつけた。記録した点をなめらかに曲線で結び，それを透明半球の縁までのばすと図7のようになった。

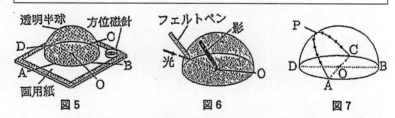

図5　　　　　図6　　　　　図7

(1) 図7において，東の方角を示しているのは，点A～Dのどれか，記号で答えなさい。また，曲線で表されたように太陽が天球上を動いているように見える見かけの動きを何というか，答えなさい。

(2) 図7において，●印間の曲線の長さはすべて6cmだった。また，午後4時の点から点Cまでの曲線の長さは，11.4cmであった。この日のこの地点での日の入りの時刻は，午後何時何分か答えなさい。

(3) この地点で冬至の日に，同様の観察を行った場合，各●印間の曲線の長さは秋分の日と比べてどうなるか，答えなさい。

(4) 次の文は，太陽の高度が季節によって異なる理由について述べたものである。（　①　），（　②　）に当てはまる適当な数字や語句を，

それぞれ答えなさい。

> 「地球は，地軸が公転面に立てた垂線に対して，（　①　）傾いたまま，（　②　）しているため」

(5)　この日，北海道と熊本県のある地点で，同じ身長の人が水平な地面に直立したときにできる影の長さを正午と午後4時の2回測定した。影の長さが最も長くなるのは，何時にどちらの地点で測定したときか，答えなさい。

(6)　現行の「中学校学習指導要領解説　理科編」の「第2章　理科の目標及び内容　(6)地球と宇宙」には，地球と宇宙に関する興味・関心を高め，自ら探究しようとする態度を育成するために，どのようなことが必要であると書かれているか。また，思考力，表現力などを育成するために，どのような工夫が必要であると書かれているか，簡潔に答えなさい。

(☆☆☆◎◎◎)

【４】天気の変化について，次の(1)～(6)の各問いに答えなさい。

(1)　次の図8は，日本付近でよく見られる温帯低気圧を示している。前線A－Dの名称を答えなさい。また，前線A－Bと前線A－Dの前線の記号を書きなさい。

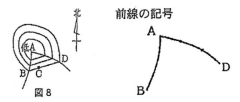

図8

(2)　次の文は，図8の地点Cで，これから天気がどのように変化するかを述べたものである。①～③に当てはまる適当な語句をそれぞれ（　）の中から選び，記号で答えなさい。

> 「今後，発生した①(ア　積乱雲　　イ　乱層雲)により激しい
> 雨が降る。前線通過後，気温は急に②(ア　上がり　　イ　下
> がり)，風向きは③(ア　東より　　イ　西より)に変わる」

(3) 次の表1は，気温と飽和水蒸気量の関係を示したものである。あ
る日の夕方，熊本では，気温18℃で，湿度が35％であった。空気
1m³中に含まれる水蒸気量は何gか。小数第2位を四捨五入して，小
数第1位まで答えなさい。

表1

気温 ［℃］	15	16	17	18	19	20
飽和水蒸気量［g／m³］	12.8	13.6	14.5	15.4	16.3	17.3

(4) 次の図9は，海岸付近で吹く海陸風について表したものである。
晴れた日の昼，海岸付近では矢印のように，海から陸に向かって風
が吹く。下の文はその理由を述べたものである。①，②に当てはま
る適当な語句をそれぞれ(　　)の中から選び，記号で答えなさい。

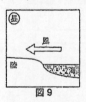

図9

> 「日射が強くなると，①(ア　陸　　イ　海)の方があたたまり
> やすいため，気圧は陸が，②(ア　高く　　イ　低く)なるため，
> 海から陸に向かって海風が吹く」

(5) 高気圧に覆われた晴れの夜には，地表面から熱が放出されて温度
が下がることで霜が降り，農作物に影響を与えることがある。この
現象を何というか答えなさい。

(6) 春や秋には，日本付近では，温帯低気圧と移動性高気圧が西から
東へ交互に通過していくことが多い。そのため天気も西から東へと
移り変わる。その理由を簡潔に答えなさい。

(☆☆◎◎◎)

281

【5】気体A～Eについて，次の実験1～3を行った。気体はアンモニア，酸素，窒素，二酸化炭素，水素のいずれかであり，下の表2はそれぞれの気体の性質をまとめたものである。下の(1)～(5)の各問いに答えなさい。

【実験1】気体Aを集気びんに集め，その中に火のついたろうそくを入れたところ，ろうそくの火は消えた。また，石灰水の入った集気びんの中に気体Aを入れてよく振ったところ，変化は見られなかった。

【実験2】気体Eを水に溶かし，緑色のBTB液を加えると黄色になった。

【実験3】気体Cと気体Dの混合気体に点火すると，爆発的に反応して燃えた。

表2

	気体A	気体B	気体C	気体D	気体E
水へのとけ方	溶けにくい	非常に溶けやすい	わずかに溶ける	溶けにくい	少し溶ける
密度〔g／L〕(20℃)	1.17	0.72	1.33	0.08	1.84
沸点〔℃〕	－196	－33	－183	－253	－

(1)　気体A，Eは何か。その物質名を化学式で答えなさい。

(2)　気体Bを乾いた500mLフラスコに集めて，次の図10のような装置をつくりスポイトを使い<u>フラスコ内に少量の水を入れると，ビーカーの水が吸い上げられて</u>，ガラス管の先から，フェノールフタレイン溶液を加えた水の色が変化しながら噴水が起きた。あとの①～③の各問いに答えなさい。

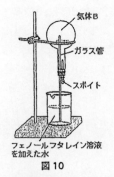

図10

① 気体Bは何か。その物質名を答えなさい。また，溶液の色は，何色から何色に変化したか答えなさい。

② 下線部の現象を「圧力」という言葉を使い簡潔に説明しなさい。

③ 500mLの気体Bを完全に溶かすために必要な水は何mLか。小数第2位を四捨五入して，小数第1位まで答えなさい。ただし，水の温度は10℃，気体Bは，1気圧10℃の水1mLに900mL溶けるものとする。

(3) 気体C，Dの発生法として適当なものはどれか。最も適当なものを次の表3のア〜エからそれぞれ1つ選び，記号で答えなさい。また，気体Cを捕集する最も適当な方法を何というか答えなさい。

表3

ア	二酸化マンガンにうすい過酸化水素水（オキシドール）を加える。
イ	石灰石にうすい塩酸を加える。
ウ	亜鉛にうすい塩酸を加える。
エ	塩化アンモニウムと水酸化ナトリウムを混ぜて加熱する。

(4) 気体A〜Dの中から，1気圧−160℃において気体の状態であるものをすべて選び，記号で答えなさい。

(5) 気体Cと気体Dを用いて，水の電気分解とは逆の化学変化を利用する電池を何というか。その名称を答えなさい。

(☆☆☆◎◎◎)

283

【6】次の図11のように，緑色のBTB液を2，3滴加えた10mLの水酸化ナトリウム水溶液に，こまごめピペットを用いて塩酸を少しずつ加え，2mLごとに水溶液の色の変化を記録した。下の表4はその結果をまとめたものである。下の(1)～(8)の各問いに答えなさい。

こまごめ
ピペット

ガラス
棒

塩酸

ＢＴＢ液を加えた
水酸化ナトリウム水溶液
図11

表4

塩酸の体積 [mL]	0	2	4	6	8	10
水溶液の色	青	青	青	緑	黄	黄

(1)　塩酸を加える前の水酸化ナトリウム水溶液は青色になっていることから，何性の水溶液であるといえるか，答えなさい。

(2)　緑色になった水溶液をスライドガラスに1滴とり，ドライヤーで乾かしたあと顕微鏡で見ると，立方体の結晶が見えた。この物質は何か，物質名で答えなさい。

(3)　一般的に中和によって，酸とアルカリからできる物質は，何と何か，名称を答えなさい。

(4)　この実験について述べた次の文が正しくなるように，（　a　），（　b　）にあてはまる語句を下の〔　　〕のア～カから1つずつ選び，記号で答えなさい。

> 「中和が起こっているのは，塩酸を（　a　）ときから，塩酸を（　b　）ときまでである。」
> 〔　ア　加え始めた　　イ　2mL加えた　　ウ　4mL加えた
> 　　エ　6mL加えた　　オ　8mL加えた　　カ　10mL加えた　〕

(5) 塩酸を8mL加えたとき，水溶液中に存在するイオンをイオン式ですべて答えなさい。

(6) 酸とアルカリの中和反応をイオン式を用いて答えなさい。

(7) 塩酸と水酸化バリウムが中和するときの化学反応式を答えなさい。

(8) ある濃度の希硫酸10mLを過不足なく中和するために，0.20mol/Lの水酸化ナトリウム水溶液を7.8mL使用した。この希硫酸の濃度は何mol/Lか答えなさい。

(☆☆◎◎◎)

【7】次の図12は，モーターに電源装置とスイッチをつないだ回路で，モーターが回転する原理を模式的に表したものである。図13は，コイルに検流計をつないだ装置と棒磁石で，電流を発生させる装置を模式的に表したものである。下の(1)～(5)の各問いに答えなさい。

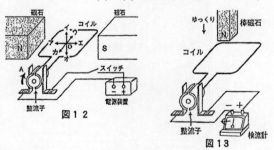

図12　図13

(1) 図12の状態で，スイッチを閉じて電流を流したとき，点Oにおけるコイルがつくる磁界の向きを，図中のア～カから1つ選び，記号で答えなさい。

(2) 図12で，スイッチを閉じて電流を流したとき，コイルはAの矢印の向きに回転した。モーターの回転する向きを逆向きにするためには，どのような方法があるか，適当なものを次のア～エから2つ選び，記号で答えなさい。

　ア　電流を強くする

イ　電流の向きを逆にする

ウ　磁石による磁界の向きを逆にする

エ　磁界を強くする(磁力の強い磁石を使う)

(3)　図12の整流子は，どのようなはたらきをしているか。簡潔に答えなさい。

(4)　図13で，棒磁石のN極をゆっくりコイルに近づけたとき，コイルに電圧が生じて電流が流れた。この現象を何というか，漢字で答えなさい。

(5)　次の①，②の場合，図13の実験と比べて検流計の振れの向きと大きさはどうなるか，それぞれ簡潔に答えなさい。

①　コイルの巻き数を増やして，棒磁石のS極を図13と同じゆっくりの速さでコイルに近づけた。

②　コイルの巻き数は同じで，棒磁石のS極を速くコイルから遠ざけた。

(☆☆☆◎◎◎)

【8】次の図14のように質量10kgの物体にひもを付けて手で引っ張り，50Nの一定の力で摩擦のある床の上を一定の速さで5.0m移動させた。下の(1)～(7)の各問いに答えなさい。

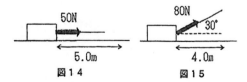

図14　　　　　図15

(1)　この時，4.0秒かかった。物体の平均の速さは時速何kmか，答えなさい。

(2)　物体が一定の速さで動いている時，物体と床の間にはたらく摩擦力の大きさは何Nか，答えなさい。

(3)　手がした仕事の大きさは何Jか，答えなさい。また，このときの仕事率は何Wか，答えなさい。

(4)　(3)において，手の代わりに滑車付きモーターで物体を水平方向に
引っ張った。モーターに100Vの電圧を加えると0.8Aの電流が流れて
いた。モーターの消費電力は何Wか，答えなさい。また，モーター
の消費電力の何％が物体を引っ張ることに使われたか，小数第2位
を四捨五入して，小数第1位まで答えなさい。

(5)　(4)の実験のように，実際の仕事率はモーターの消費電力より小さ
くなる。その理由を簡潔に答えなさい。

(6)　上の図15のように，同じ物体を摩擦のある別の床の上を水平方向
から30°の向きに80Nの力を加え続けたところ，物体は4.0m移動した。
加えた力がした仕事は何Jか答えなさい。ただし，$\sqrt{3}=1.7$とする。

(7)　現行の「中学校学習指導要領解説　理科編」の「第3章　1　(2)
十分に観察，実験の時間を探究する時間の設定」の記述に，「課題
解決のために探究する時間などを設けるようにすること」とある。
その際，3つの学習活動が充実するよう配慮を求めている。どのよ
うな学習活動か，3つ答えなさい。

(☆☆☆◎◎◎)

【高校物理】

【1】現行の「高等学校学習指導要領　第5節　理科」の「第2款　各科目」
について，「第3　物理」の「2　内容」の(2)波」には，「水面波，音，
光などの波動現象を観察，実験などを通して探究し，<u>共通する基本的
な概念や法則</u>を系統的に理解させるとともに，それらを[　①　]や社
会と関連付けて[　②　]できるようにする。」とある。

次の(1)，(2)の各問いに答えなさい。

(1)　[　①　]，[　②　]に当てはまる最も適当な語句をそれぞれ答え
なさい。

(2)　下線部の例として，「ホイヘンスの原理」について説明しなさい。

(☆☆☆◎◎◎)

【２】次の(1)～(5)の各問いに答えなさい。

(1)　ボールを真上に投げ上げた。ボールは最高点に達した後，投げた位置に落下した。このとき，ボールは，速さに比例する空気による抵抗を受けるものとする。投げ上げてから落下するまでに，ボールに生じる加速度の大きさの変化について，正しいものを，次のア～エから1つ選び，記号で答えなさい。

　　ア　減少する。　　　　　　　イ　増加する。

　　ウ　減少後，増加する。　　　エ　増加後，減少する。

(2)　図のように，長さ1.0mの軽い一様な棒の両端に，質量900gの球Aと，質量600gの球Bを固定した。全体の重心の位置は球Aから何mの位置か。正しいものを，下のア～エから1つ選び，記号で答えなさい。ただし，球の大きさを無視できるものとする。

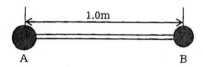

　　ア　0.20m　　イ　0.40m　　ウ　0.60m　　エ　0.80m

(3)　1cmあたり5000本の溝をもつ回折格子の面に垂直に単色光を入射させたところ，入射方向から30°の方向に2次の明線が現れた。この単色光の波長はいくらか。正しいものを，次のア～エから1つ選び，記号で答えなさい。

　　ア　4.0×10^{-7}m　　イ　5.0×10^{-7}m　　ウ　6.0×10^{-7}m

　　エ　7.0×10^{-7}m

(4)　図のように，直交座標の軸をとり，x軸の正の向きに一様な磁場を加えた。原点Oにある正に帯電した荷電粒子にy軸の正の向きの初速度を与えたところ，荷電粒子はどのような運動をするか。正しいものを，あとのア～エから1つ選び，記号で答えなさい。

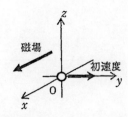

ア　xy平面内で放物運動をする。

イ　xy平面内で等速円運動をする。

ウ　yz平面内で等速円運動をする。

エ　y軸上を正の向きに等加速度運動をする。

(5)　α線，β線，γ線の本体について，正しく述べたものを，次のア
　　〜エから1つ選び，記号で答えなさい。

ア　α線はエネルギーの大きなヘリウム原子核，β線は波長の短い
　　電磁波である。

イ　β線はエネルギーの大きな電子，γ線はエネルギーの大きなヘ
　　リウム原子核である。

ウ　α線は波長の短い電磁波，γ線はエネルギーの大きな電子であ
　　る。

エ　β線はエネルギーの大きな電子，γ線は波長の短い電磁波であ
　　る。

(☆☆☆◎◎◎)

【3】図のように，段差のあるなめらかな面を右向きに速さv_0ですべって
　　いる質量mの物体Aが質量Mの物体Bに達した後，物体Bも面をすべり
　　始めた。物体Aは物体Bの上をある距離だけすべって，物体B上に静止
　　した。

　　　物体Aと物体Bとの間の動摩擦係数をμ，重力加速度の大きさをgと
　　して，あとの(1)〜(5)の各問いに答えなさい。

　　　ただし，段差と物体Bの高さは同じであるとし，物体Aの進んできた
　　向きを正の向きとする。

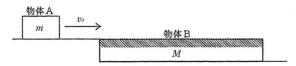

(1) 物体Aが物体B上をすべっているとき，物体Bが物体Aから面に平行な向きに受けている力の大きさを求めなさい。

(2) 物体Aが物体B上をすべっているとき，物体Aの加速度を求めなさい。

(3) 物体Aが物体Bに達してから，物体B上に静止するまでにかかった時間を求めなさい。

(4) 物体Aが物体B上で静止した後の物体Bの速さを求めなさい。

(5) 物体Aが物体Bの上をすべった距離を求めなさい。

(☆☆☆◎◎◎)

【4】図は，ある熱機関の$p-V$図である。n〔mol〕の単原子分子理想気体を，圧力p〔Pa〕，体積V〔m^3〕の状態AからA→B→C→D→Aの順に状態を変化させた。A→B及びC→Dは定積変化，B→C及びD→Aは定圧変化である。状態Aの気体の温度をT_A〔K〕，気体定数をR〔J/mol・K)〕〕として，下の(1)〜(5)の各問いに答えなさい。

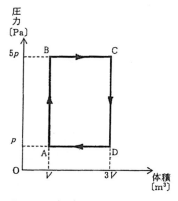

(1) 圧力$5p$〔Pa〕，体積$3V$〔m^3〕の状態Cの気体の温度を，T_Aを用い

て表しなさい。

(2)　A→Bの変化において気体が吸収した熱量を，n，R，T_Aを用いて
表しなさい。

(3)　$D→A$の変化において気体が放出した熱量を，n，R，T_Aを用いて
表しなさい。

(4)　この1回のサイクルで気体がした仕事を，n，R，T_Aを用いて表し
なさい。

(5)　このサイクルを熱機関とみなしたときの熱効率を求めなさい。

(☆☆◎◎◎)

【5】図のように，電気容量CのコンデンサーC_1，C_2，電気容量$2C$のコン
デンサーC_3，電気抵抗値Rの抵抗R_1，R_2，起電力Eで内部抵抗rの電池
をスイッチS_1，S_2，S_3と導線でつないだ。はじめ，すべてのコンデン
サーは電荷を蓄えておらず，スイッチはすべて開いているものとして，
下の(1)～(5)の各問いに答えなさい。

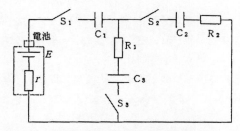

まず，スイッチS_1を閉じた後，スイッチS_2を閉じた。

(1)　C_1，C_2の合成容量を求めなさい。

(2)　スイッチS_2を閉じた直後にR_2を流れる電流を求めなさい。

(3)　十分に時間がたった後，C_2が蓄えた電気量を求めなさい。

次に，スイッチS_2を開き，スイッチS_3を閉じた。

(4)　スイッチS_3を閉じた直後にR_1を流れる電流を求めなさい。

(5)　十分に時間がたった後，C_3が蓄えた電気量を求めなさい。

(☆☆☆◎◎◎)

【高校化学】

原子量　H＝1.0　　C＝12　　O＝16　　Na＝23　　Cl＝35.5
気体定数：R＝8.3×10³ Pa・L/(K・mol)

【1】 新「高等学校学習指導要領　理科」について，次の1～3の各問いに答えなさい。

1　次の文章は，「第1款　目標」である。文章中の空欄[　ア　]～[　ウ　]に当てはまる言葉を答えなさい。

　　　自然の事物・現象に関わり，理科の[　ア　]を働かせ，見通しをもって観察，実験を行うことなどを通して，自然の事物・現象を科学的に探究するために必要な資質・能力を次のとおり育成することを目指す。

　(1)　自然の事物・現象についての理解を深め，科学的に探究するために必要な観察，実験などに関する[　イ　]を身に付けるようにする。

　(2)　観察，実験などを行い，科学的に探究する力を養う。

　(3)　自然の事物・現象に主体的に関わり，科学的に探究しようとする[　ウ　]を養う。

2　「第2款　各科目　第5　化学　3　内容の取扱い」の中で，この科目の学習を通して経験できるようにすることとされているのは何か，答えなさい。

3　「第2款　各科目　第5　化学　3　内容の取扱い」には，「2　内容(2)　物質の変化と平衡　ア　(ア)　化学反応とエネルギー　⑦　化学反応と熱・光」において，ヘスの法則を扱うことが示されている。加えて，結合エネルギーに触れるとともに，定性的に触れるよう示されていることは何か，答えなさい。

(☆☆☆◎◎◎)

【2】 次の文章を読み，下の1～6の各問いに答えなさい。

試験管に①マグネシウムを入れて，希硫酸を加えて気体を発生させた。発生した気体を水上置換法で容器に集めたところ，気体の体積は27℃，$1.0×10^5$Paで415mLであった。次に，②集めた気体の一部を試験管にとり，マッチの火を近づけたところ，炎をあげて燃えた。

1 下線部①の反応を化学反応式で答えなさい。

2 マグネシウムと同じように希硫酸と反応して，気体を発生させるものを，次の(a)～(d)からすべて選び，記号で答えなさい。

(a) アルミニウム (b) 銀 (c) 鉄 (d) 銅

3 気体の捕集法として水上置換法が適している気体を，次の(a)～(e)からすべて選び，記号で答えなさい。

(a) アンモニア (b) 一酸化窒素 (c) 塩化水素

(d) 酸素 (e)二酸化窒素

4 気体を集めた容器内は気液平衡の状態になっている。気液平衡の状態について説明しなさい。

5 下線部②の反応について，還元された原子の名称とそのときの酸化数の変化を例にならって答えなさい。

(例) 炭素 ＋2 → ＋4

6 この実験で得られた気体の物質量〔mol〕を有効数字2桁で答えなさい。ただし，気体はすべて理想気体とし，27℃における水蒸気圧は$4.0×10^3$Paとする。

(☆☆◎◎◎)

【3】 次の表の反応熱について，下の1～5の各問いに答えなさい。ただし，炭素の単体は黒鉛とする。

	反応熱 〔kJ/mol〕
一酸化炭素(気)の生成熱	111
二酸化炭素(気)の生成熱	394
水素(気)の燃焼熱	286
プロパン(気)の燃焼熱	2219

1 一酸化炭素(気)の生成熱とプロパン(気)の燃焼熱を，物質の状態を

省略せずに熱化学方程式で表しなさい。

2　プロパン2.2gを完全燃焼させたときに発生する熱量〔kJ〕，必要な空気の標準状態における体積〔L〕をそれぞれ有効数字2桁で答えなさい。ただし，空気は体積比で窒素：酸素＝4：1の混合気体とする。

3　プロパンの生成熱〔kJ/mol〕を答えなさい。答えに至る過程も示すこと。

4　次の(a)～(c)について，一酸化炭素だけに当てはまる場合は(ア)，二酸化炭素だけに当てはまる場合は(イ)，両方に当てはまる場合は(ウ)，両方に当てはまらない場合は(エ)の記号で答えなさい。

(a)　水に溶けて酸性を示す

(b)　無色無臭の気体である

(c)　空気中で燃焼する

5　黒鉛3.0gが不完全燃焼して，一酸化炭素3.5gと二酸化炭素5.5gが生成したとき，発生した熱量〔kJ〕を有効数字2桁で答えなさい。

(☆☆☆◎◎◎)

【4】次の1～4の各問いに答えなさい。ただし，温度は常に25℃とし，酢酸の電離定数は$K_a＝2.7×10^{-5}$mol/L，水のイオン積は$K_w＝1.0×10^{-14}$〔mol/L〕^{2}，$\log_{10}2＝0.30$，$\log_{10}3＝0.48$とする。

1　0.10mol/L塩酸のpHを有効数字2桁で答えなさい。

2　0.10mol/L酢酸のpHを有効数字2桁で答えなさい。

3　0.10mol/酢酸を0.10mol/L水酸化ナトリウム水溶液で中和したとき，中和点のpHを有効数字2桁で答えなさい。

4　0.10mol/L酢酸100mLと0.10mol/L水酸化ナトリウム水溶液50mLを混合して水溶液を調製した。

(1)　この水溶液は緩衝作用をもつ。緩衝作用について，イオン反応式を用いて説明しなさい。

(2)　この水溶液に水酸化ナトリウムを加えてpHを5.0とするとき，理論上必要となる水酸化ナトリウムの物質量〔mol〕を有効数字2桁で答えなさい。答えに至る過程も示すこと。なお，水溶液の体

積は変化しないものとする。

(☆☆☆☆◎◎◎)

【5】次の文章を読み，下の1～4の各問いに答えなさい。

周期表の1族元素のうち，[　ア　]を除く6種類の元素をアルカリ金属という。単体のナトリウムは還元力が強く，酸素や①水と激しく反応するため，[　イ　]中で保存する。ガラスやセッケンの原料として用いられる炭酸ナトリウムの工業的製法に②アンモニアソーダ法がある。炭酸ナトリウム水溶液から結晶を取り出すと十水和物が得られるが，この結晶を空気中に放置すると水和水の一部を失って一水和物となる。この現象を[　ウ　]という。

1　文中の空欄[　ア　]～[　ウ　]と当てはまる最も適当な語句を答えなさい。

2　下線部①について，3種類のアルカリ金属の単体(Li，Na，K)の水との反応性の大小関係について，「イオン化エネルギー」及び「原子半径」の2つの語を用いて説明しなさい。

3　下線部②について，塩化ナトリウムから炭酸水素ナトリウムを得る反応の化学反応式を答えなさい。このとき，アンモニアを用いる理由を答えなさい。

4　下線部②について，塩化ナトリウム234kgから理論上得られる炭酸ナトリウムの質量〔kg〕を答えなさい。

(☆☆☆◎◎◎◎)

【6】次の文章を読み，あとの1～5の各問いに答えなさい。

炭素と水素からなる有機化合物には，脂肪族炭化水素や芳香族炭化水素等がある。脂肪族炭化水素には，分子内の結合がすべて単結合のアルカン，炭素原子間に二重結合を1個もつアルケン，炭素原子間に三重結合を1個もつアルキンがある。

炭素数が4以上のアルカンや芳香族炭化水素には，①構造異性体が存在し，アルケンには，構造異性体のほかに②幾何異性体(シス－トラン

ス異性体)が存在する。アルカンや芳香族炭化水素は③置換反応を起こしやすく，アルケンとアルキンは二重結合や三重結合が④付加反応を起こしやすい。

1　下線部①について，構造異性体とはどのような異性体か。簡潔に説明しなさい。

2　次の芳香族炭化水素のうち，水素原子1個を塩素原子に置換してできる化合物の構造異性体が最も多いものを1つ選び，(a)～(e)の記号で答えなさい。

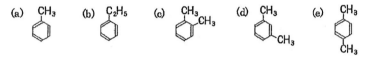

3　下線部②について，分子式C_5H_{10}で表される化合物のうち，幾何異性体の関係にあるすべての化合物を違いが分かるように構造式で書きなさい。

4　下線部③について，トルエンをニトロ化すると，おもに2種類の一置換体が生成し，さらにニトロ化を行うと2，4，6－トリニトロトルエンが生成する。このとき，おもに生成する2種類の一置換体の構造式と，これらの置換体が生成する理由を答えなさい。

5　下線部④において，エチレンと水が反応した場合およびアセチレンと水が反応した場合の化学反応式を答えなさい。

(☆☆☆○○○)

【7】次の文章を読み，あとの1～5の各問いに答えなさい。

　　タンパク質は構成成分によって分類され，加水分解によってアミノ酸だけを生じる[　ア　]タンパク質と，加水分解によってアミノ酸以外に，糖類，リン酸など他の物質を生じる[　イ　]タンパク質がある。アミノ酸のうち生体内で合成されないか，合成されにくいものを[　ウ　]という。タンパク質は，①ビウレット反応や②キサントプロテイン反応など特有の呈色反応を示す。

　　③トリペプチドA(分子式$C_{10}H_{20}N_4O_4$)には，等電点が7より大きなアミ

ノ酸が含まれており，不斉炭素原子を1つもつ。

　51個のアミノ酸からなる④<u>ウシのインスリン</u>(分子式$C_{254}H_{377}N_{65}O_{75}S_6$)は，2つのペプチド鎖をもち，含硫アミノ酸はシステインのみであり，すべてのシステインは分子内にジスルフィド結合を形成している。

1　文中の空欄[　ア　]～[　ウ　]に当てはまる最も適当な語句を答えなさい。

2　下線部①について，ビウレット反応を示すペプチドの特徴を答えなさい。

3　下線部②について，卵白水溶液はキサントプロテイン反応を示す。このことから，卵白にはどのような特徴を持つアミノ酸が含まれていることがわかるか，答えなさい。

4　下線部③について，トリペプチドAを構成するすべてのアミノ酸の名称と数を答えなさい。

5　下線部④について，次の(1)，(2)を答えなさい。

(1)　分子内のジスルフィド結合の数

(2)　分子内のペプチド結合の数

(☆☆◎◎)

【高校生物】

【1】次の文は，新「高等学校学習指導要領　理科」の「7　生物」の目標の一部である。下の(1)～(4)の各問いに答えなさい。

　生物や生物現象に関わり，①<u>理科の見方・考え方</u>を働かせ，見通しをもって観察，実験を行うことなどを通して，生物や生物現象を科学的に探究するために②<u>必要な資質・能力</u>を次のとおり育成することを目指す。

(1)　下線部①について，中央教育審議会教育課程部会の理科ワーキンググループにおける審議のとりまとめにおいて，「自然の事物・現象を，質的・量的な関係や[　ア　]な関係などの科学的な視点で捉え，比較したり，[　イ　]たりするなどの科学的に探究する方法を用いて考えること」と示されている。文中の[　ア　]，[　イ　]に

当てはまる最も適当な語句を答えなさい。

(2)　下線部①について，理科の見方のうち，「生命」を柱とする領域では，生命に関する自然の事物・現象を主としてどのような視点で捉えることと整理することができるか，答えなさい。

(3)　下線部②について，「学びに向かう力，人間性等」の育成においては，理科の目標に示されている「主体的に関わり，科学的に探究しようとする態度」に加え，生物の目標で示されている態度について答えなさい。

(4)　今回の改訂では，進化の視点を重視している。進化の仕組みについて，遺伝子頻度が変化する要因を見いださせて理解させたい。遺伝的浮動が遺伝子頻度を変化させる要因であることを気付かせるために，どのような実験が考えられるか，簡潔に答えなさい。

(☆☆☆◎◎◎)

【２】細胞の構造について，次の(1)～(4)の各問いに答えなさい。

(1)　次の表は，試料A～Eの構造体a～d及びミトコンドリアの存在を電子顕微鏡で観察した結果である。表中の＋は存在が確認できたもの，－は確認できなかったものを示している。試料A～E，構造体a～dに当てはまる最も適当なものを，下のア～ケから1つずつ選び，それぞれ記号で答えなさい。

試料\構造体	A	B	C	D	E
a	－	－	＋	＋	＋
b	＋	＋	＋	＋	＋
c	＋	－	＋	＋	－
d	－	－	＋	－	－
ミトコンドリア	－	－	＋	＋	＋

【試　料】ア　アオカビ　　イ　ゾウリムシ　　ウ　大腸菌
　　　　　エ　クロレラ　　オ　マウスの成熟赤血球

【構造体】カ　細胞壁　　キ　細胞膜　　ク　核膜　　ケ　葉緑体

(2)　原核生物がほかの細胞の内部に入り込んで，細胞小器官が生じたとする考えを何というか，答えなさい。

(3)　(2)が提唱された根拠を2つ答えなさい。

(4)　細胞骨格について，次の(i)～(v)の各問いに答えなさい。

(i)　核膜の真下で網目状構造を形成する細胞骨格の名称を答えなさい。

(ii)　シャジクモの細胞では，葉緑体が一定方向に動いているのが見られる。この現象を何というか，答えなさい。

(iii)　(ii)の現象の速度を求めるために，接眼ミクロメーターと1目盛りが$\frac{1}{100}$mmの対物ミクロメーターを使用した。接眼ミクロメーター10目盛り分と対物ミクロメーター25目盛り分が一致した倍率で，シャジクモを観察したところ，葉緑体が10秒間に30目盛り分移動した。このときの速度〔μm/秒〕を求めなさい。

(iv)　対物ミクロメーターに直接試料をのせて検鏡してはいけない理由を2つ答えなさい。

(v)　細胞内での物質や細胞小器官の移動は，細胞骨格とその上を移動するモータータンパク質のはたらきによって行われる。次の文の[　ア　]～[　エ　]に当てはまる最も適当な語句を答えなさい。

　　モータータンパク質には，アクチンフィラメント上を移動する[　ア　]，[　イ　]上を移動するキネシンと[　ウ　]が知られている。これらのモータータンパク質は，いずれも[　エ　]としての活性をもつ。

(☆☆☆○○○○)

【3】次の文章を読み，あとの(1)～(6)の各問いに答えなさい。

　葉緑体のチラコイドにおいて，光化学系Ⅱでは，活性化された反応中心のクロロフィルから[　X　]が放出される。これに伴って水が分解されて[　X　]が生じ，光化学系Ⅱの反応中心がこの[　X　]を受け取る。

　　次に，光化学系Ⅱを飛び出した[　X　]は，光化学系Ⅰにある反応中心のクロロフィルに受け渡される。このクロロフィルも光エネルギーを吸収して活性化され，[　X　]は再び放出され，還元型補酵素がつく

られる。

　また，[　Y　]は，葉緑体のストロマでC_5化合物と結合してC_6化合物になるが，すぐに2つに分かれて，2分子のC_3化合物になる。このC_3化合物は多くの酵素のはたらきによってC_5化合物を再生する。

(1)　文中の[　X　]，[　Y　]に当てはまる最も適当な語句を答えなさい。

(2)　次の反応式はチラコイドでの反応を示したものである。反応式の右辺を完成させなさい。

$$12H_2O \quad + \quad 12NADP^+ \quad \rightarrow \quad \boxed{}$$

(3)　光化学系Ⅱ及びⅠの反応における光リン酸化のしくみを説明しなさい。

(4)　次の図1は，光合成速度と温度との関係を示したものであり，実線は弱光下，破線は強光下での関係を示している。図2は，見かけの光合成速度及び呼吸速度と温度の関係を示したものであり，実線は見かけの光合成速度，破線は呼吸速度を示している。

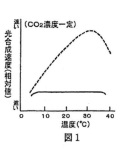
図1

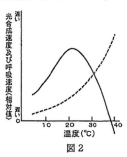
図2

　次の(i)(ii)の各問いに答えなさい。

(i)　図1について，次の①，②の根拠を簡潔に説明しなさい。

　①　弱光下で，光合成速度は温度の影響をほとんど受けない。

　②　強光下で，約30℃までは温度の上昇とともに光合成速度が速くなる。

(ii)　図2について，真の光合成速度と温度との関係を示すグラフを図中に描き加えなさい。

(5) 光合成によって，5分子の二酸化炭素が使われるとき，生成されるグルコース及び放出される酸素はそれぞれ何分子か，有効数字1桁で答えなさい。

(6) C_4植物は，カルビン・ベンソン回路の他に，熱帯地方などの強光下の環境でよく育つために必要な経路をもつ。この経路では，[　Y　]は，どのようなしくみで固定されるか。下線部の文を参考に説明しなさい。

(☆☆☆◎◎◎◎)

【4】ショウジョウバエ，ウニ，カエル，ニワトリ，ヒトの発生について，次の(1)～(7)の各問いに答えなさい。

(1) 下線部に示した生物について，初期発生が全割であるものをすべて選び，生物名で答えなさい。

(2) ショウジョウバエの未受精卵には，母性効果遺伝子が含まれ，胚の前後軸の決定に関与している。胚の前後軸の決定のしくみについて，母性効果遺伝子の例を挙げ，説明しなさい。

(3) ウニの16細胞期を図示しなさい。なお，図中に割球の種類名と個数を明記すること。

(4) 次図は，カエルの胞胚の断面を模式的に表したものである。図の記号A～Fは区切った各領域を示している。図中のX側またはY側が，将来カエルの背側になることを明らかにするためには，BまたはF領域の発生過程を追跡調査することの他に，どのような方法が考えられるか説明しなさい。

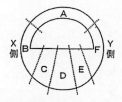

(5) ニワトリの受精卵をふ卵器で温めてから，5日目及び8日目の胚から背中の表皮を，10日目及び13日目，15日目の胚から肢の真皮を切

り出し，交換移植実験を行ったところ，背中の表皮は次の表のように分化した。下の(i)，(ii)の各問いに答えなさい。

結合に用いる肢の真皮の日数		背中の表皮	
		5日目	8日目
肢の真皮	10日目	羽毛	羽毛
	13日目	うろこ	羽毛
	15日目	うろこ	羽毛

(i)　上表の結果から，肢の真皮によって，背中の表皮の分化が影響を受けないようになるのは，どの時期と考えられるか。次のア～カから最も適当なものを選び，記号で答えなさい。

ア　受精～5日目　　イ　5～8日目　　　ウ　8～10日目

エ　10～13日目　　オ　13～15日目　　カ　15日目以降

(ii)　背中の表皮が羽毛になるか，うろこになるかを決めるのは真皮であるが，羽毛が生える向きを決めるのは表皮である。このことを確かめるためには，どのような実験が必要か。簡潔に説明しなさい。

(6)　脊椎動物の進化において，陸生化に伴って胚に備わった形態の1つに胚膜がある。次の(i)，(ii)の各問いに答えなさい。

(i)　羊膜は，外胚葉，中胚葉，内胚葉のうち，どの胚葉に由来するか，答えなさい。

(ii)　ニワトリの卵においてガス交換の役割を担い，かつヒトにおいて胎盤の由来となる胚膜を，次のア～エのうちからすべて選び，記号で答えなさい。

ア　羊膜　　イ　しょう膜　　ウ　尿膜　　エ　卵黄のう

(7)　次のア～オのうち，誤りを含むものを1つ選び，記号で答えなさい。

ア　ホメオティック遺伝子には，相同性の高い塩基配列が存在し，これをホメオボックスという。

イ　ホメオボックスをもつ遺伝子をHox遺伝子と呼び，転写・翻訳されてできるタンパク質には，ホメオドメインと呼ばれる共通した構造がある。

ウ　ヒトは4組のHox遺伝子をもち，4組とも同一染色体上にある。

エ　Hox遺伝子は，位置情報を与える役割があり，染色体上での配列どおりに胚の前後軸に沿って発現する。

オ　Hox遺伝子の重複により，複雑な形態や機能の出現が可能になったと考えられている。

(☆☆☆☆◎◎◎)

【5】熊本県では，「みんなの川環境調査－川の生き物と水質を調べてみよう－」の取組を行っている。この調査の記録用紙には，調査地点の様子や①水質，川底，②底生動物による水環境評価の項目がある。また，河川などにさまざまな物質が流れ込んで環境が変化したり，流れ込んだ物質が生物に取り込まれたりして，生態系に影響を与える場合がある。次の(1)～(6)の各問いに答えなさい。

(1)　下線部①について，評価項目の一つにCODがある。CODとは何か，簡潔に説明しなさい。

(2)　下線部②について，環境条件の評価の基準となる生物を何というか，答えなさい。

(3)　快適な水環境の目印であるサワガニについて，背側から体全体がわかるように描きなさい。

(4)　河川などに有機物が流れ込んでも，希釈や微生物による分解などによって，有機物の量は減少する。このはたらきを何というか，答えなさい。

(5)　次図は，河川に汚水が流れ込んだ後の上流側から下流側への物質量と個体数の変化を示したものである。図中のa～hに当てはまる最も適当なものをあとのア～クから1つずつ選び，記号で答えなさい。

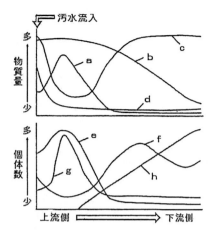

【物質】ア　酸素　　イ　NH_4^+　　ウ　BOD　　エ　浮遊物質

【個体】オ　藻類　　カ　イトミミズ　　キ　細菌類

　　　　ク　清水性動物

(6)　赤潮が発生すると，魚介類の大量死が起こることがある。その理由を2つ答えなさい。

(☆☆☆◎◎◎)

二次試験 (県のみ)

【中学理科】

【1】生物の殖え方について，親の形質が子に伝わることやその伝わり方，有性生殖と無性生殖の特徴や違いに着目させ，日常生活との関連を踏まえながら理解させる指導方法について論述しなさい。

(☆☆☆☆◎◎)

【高校物理】

【1】抵抗，コンデンサー，コイルを直列につないだ回路における共振について述べなさい。その際，共振回路の利用について身近な事例を示

すなど，実際に授業をする際の創意工夫をする点や留意事項について
も併せて述べなさい。

(☆☆☆◎◎◎)

【高校化学】

【1】次の1，2の各問いに答えなさい。

1 反応熱に関する単元の学習計画(5時間程度)を次の(1)，(2)をふまえ
て作りなさい。

(1) 生徒につけさせたい資質，能力 (2) 探究活動

2 計画した探究活動について次の(1)～(4)に答えなさい。

(1) 探究活動名 (2) 実験手順等

(3) 予想される結果や考察 (4) 探究活動における留意点

(☆☆☆☆◎◎◎)

【高校生物】

【1】「遺伝子の本体はDNAである」という根拠になったハーシーとチェイ
スの実験を，(1)方法，(2)結果，(3)結論が分かるように図を用いて
説明しなさい。

(☆☆☆◎◎)

解答・解説

一次試験 (県・市共通)

【中学理科】

【1】(1) 小腸 (2) 壁がうすい，弁がある (3) 記号…b 理由
…アンモニアが，肝臓で毒性の少ない尿素につくり変えられたから。
(4) 成分…赤血球，白血球，血しょう はたらき…出血したときに

血液を固まらせる。　　(5)　恒常性(ホメオスタシス)

〈解説〉(1)　Xは肺，Yは肝臓，Zは小腸である。　　(2)　静脈は血管が伸縮する必要がないため，血管にある筋肉が少ないので動脈よりも壁がうすく，弾力性が乏しいのも特徴である。また，心臓のような強い力の援助を受けることができないため，逆流を防ぐ仕組みとして静脈弁がある。　　(3)　タンパク質の分解によって生じるアンモニアは細胞にとって有毒な物質である。哺乳類や両生類(成体)などでは，肝臓の細胞で比較的毒性の少ない尿素に合成される。　　(4)　血しょう(血漿)は，血液の約55％を占める液体成分であり，栄養素，酸素，老廃物などの物質を運ぶ。また，いろいろな抗体が含まれ，病原体の排除に重要な働きをしている。　　(5)　恒常性には，腎臓や肝臓，循環系など多くの器官が関与する。また，自律神経系や内分泌系による調節を受ける。

【2】(1)　細胞と細胞の結合を切って見やすくするため。　　(2)　細胞分裂により細胞の数が増えることと，増えた細胞がもとの大きさに成長すること。　　(3)　ひものようなもの…染色体　　構造…2重らせん構造　　(4)　ゲノム　　(5)　無性生殖では親と全く同じ遺伝子を持つ個体がつくられるから。

〈解説〉(1)　細胞分裂を見るには，成長が盛んな根の先端部分を観察する。うすい塩酸に入れることで，細胞がばらばらに離れやすくなる。また，塩酸によって細胞が死ぬので，分裂が止まった状態にすることができ，観察しやすくなる。　　(2)　Bでは細胞内の染色体の様子から，細胞分裂が盛んに行われていることが確認できる。根の成長では，根端分裂組織で細胞が分裂し，数を増やしたのち(図3のB)，細胞自身を成長させ大きくする(図3のA)。　　(3)　染色体はDNAとタンパク質の複合体である。1953年にワトソンとクリックによって，DNAの分子構造を解明し，DNAは2重らせん構造をもつ細長い分子であることを発見した。　　(4)　卵や精子といった配偶子には，親の持つ2組のゲノムのうち1組のゲノムが入っている。受精をすると，親と同じく2組のゲノムを持つ個体が生じる。生物によって1組のゲノムに含まれる染色体

の数は異なっており，ヒトの体細胞は「2n＝46本」の染色体を持つ。そして，ヒトのゲノムは23本である。　(5)　生殖細胞の受精を行うと，親と違う組み合わせの遺伝子を持った子が生じる。ジャガイモなどの生産では，親個体の持つ特定の性質を次世代に伝えるために無性生殖をおこなう。ジャガイモなどの植物の無性生殖の場合は，種子ではなく体の一部から新しい個体をつくる栄養生殖の方法によって行われる。

【3】(1)　記号…A　　見かけの動き…日周運動　　(2)　午後5時54分　(3)　変わらない　　(4)　① 23.4°　　② 公転　　(5)　午後4時に北海道　　(6)　興味・関心…・身近な天体を観察させる。　・宇宙に関する資料を情報として与えたりする。　(どちらか1つ)　　・思考力・表現力…・図やモデルを使って説明させる。

〈解説〉(1)　点Oと記録した点を結んだ直線の延長上に太陽がある。したがって，Dが南であり，Aが東，Cが西となる。地球の自転によって，太陽や星が毎日観測者の周りを回る見かけの運動を，天体の日周運動という。　　(2)　曲線の長さは時間に比例する。1時間の移動の長さが6cmにあたる。11.4cmは，11.4÷6＝1.9で，1.9時間＝1時間54分。よって，日の入りは午後4時の1時間54分後の午後5時54分である。

(3)　地球の自転の速さは一定だから，日周運動で太陽が動く速さも一定である。　　(4)　地軸の傾きがあることによって，北半球では夏至の頃は太陽の南中高度が高く，冬至の頃は太陽の南中高度が低くなる。(5)　太陽の高度が低い方が影は長い。熊本よりも北海道の方が緯度が高いので，太陽の高度は低い。また，正午よりも午後4時の方が太陽の高度は低い。　　(6)　本資料の「第2章　理科の目標及び内容　第2節〔第2分野〕2　(6)地球と宇宙」に記載がある。

【4】(1)　名称…温暖前線　　記号…

(2)　①　ア　　②　イ　　③　イ　　(3)　5.4g　　(4)　①　ア
②　イ　　(5)　放射冷却　　(6)　日本の上空では，偏西風が吹いているため。

〈解説〉(1)　北半球の温帯低気圧では，低気圧の中心から寒冷前線が南西に伸び，温暖前線が南東に伸びる。　(2)　地点Cでは寒冷前線が通過するので，積乱雲が発達して強いにわか雨や雷雨が降る。通過後は寒気が入り込むので気温は下がり，風向きは南よりから西よりに変わる。　(3)　気温18℃における飽和水蒸気量は15.4g/m³だから，求める水蒸気量は，15.4×0.35＝5.39〔g〕となる。　(4)　海は陸よりも熱容量が大きく，暖まりにくく冷めにくいため，海面の温度の変化は小さい。昼は日射を受けて陸地の温度が上がり，上昇気流が起こって低圧部ができ，相対的に気圧が高い海から陸に向かって海風が吹く。
(5)　地表から出ていく放射が，地表が受け取る放射を上回り，地表の温度が下がる現象を放射冷却という。雲や水蒸気が多いときは，それらの温室効果で放射冷却が弱まる。　(6)　中高緯度では地表付近から上空まで偏西風が吹いている。偏西風帯には低気圧や高気圧の渦の列が連なっており，これらは偏西風に伴って西から東へ移動する。

【5】(1)　気体A…N_2　　気体E…CO_2　　(2)　①　物質名…アンモニア
色…無色から赤色に変化　　②　アンモニアがフラスコ内の水に溶け，フラスコ内の圧力の低下により水が吸い上げられた。
③　0.6mL　　(3)　発生法…気体C　ア　　気体D　ウ　　捕集法…水上置換法　　(4)　気体A，C，D　　(5)　燃料電池

〈解説〉(1)　表2から，気体Bは水に非常に溶けやすいことからアンモニアNH_3である。気体Eは水に少し溶け，密度の大きい二酸化炭素CO_2であり，実験2で酸性を示したこととも合致する。また，実験3の内容と，気体Dの密度がたいへん小さいことから，気体Cが酸素O_2，気体Dが水素H_2である。残る気体Aは窒素N_2であり，実験1の内容とも合致する。
(2)　①　気体BのアンモニアNH_3は水に非常に溶けやすく，水に溶けると水酸化アンモニウムという電解質のアルカリ性水溶液となる。フ

ェノールフタレイン溶液はアルカリ検出の指示薬で，酸性，中性では無色で，アルカリ性になると赤色に変化する。　②　アンモニアはスポイトから入れた少量の水に多く溶け込むため，フラスコ内の圧力が低下する。　③　NH_3は1気圧10℃の水1mLに900mL溶けるため，500mLのNH_3を溶かすために必要な水の体積は，$500 \div 900 = 0.55 \cdots$で，約0.6mLとなる。　(3)　気体Cが酸素$O_2$，気体Dが水素$H_2$である。表3で発生する気体は，アが酸素$O_2$，イが二酸化炭素$CO_2$，ウが水素$H_2$，エがアンモニア$NH_3$である。　(4)　1気圧−160℃において気体の状態であるものは，沸点が−160℃より低いもの，つまり，沸点が−196℃のA，−183℃のC，−253℃のDである。　(5)　燃料電池は水素と酸素を用いて，負極で$H_2 \rightarrow 2H^+ + 2e^-$，正極で$O_2 + 4H^+ + 4e^- \rightarrow 2H_2O$の反応により，電流を取り出す電池である。

【6】(1)　アルカリ性(塩基性)　　(2)　塩化ナトリウム　　(3)　塩と水　(4)　a　ア　　b　エ　　(5)　H^+, Cl^-, Na^+　　(6)　$H^+ + OH^-$ $\rightarrow H_2O$　　(7)　$2HCl + Ba(OH)_2 \rightarrow BaCl_2 + 2H_2O$　(8)　0.078mol/L

〈解説〉(1)　BTB溶液は酸性で黄色，中性で緑色，アルカリ性(塩基性)で青色を示す。　(2)　水酸化ナトリウムと塩化水素の中和反応により生じる塩は，塩化ナトリウムNaClである。　(3)　水素イオンと水酸化物イオンとが結合して水をつくり，たがいの性質を打ち消す。この反応を中和反応という。また，酸の陰イオンとアルカリの陽イオンとが結合してできた物質を塩という。　(4)　塩酸を8mL加えたときには黄色に変化している。この変化は，中和反応が終了し，余分に加えられた塩酸によるものである。よって中和が起こっているのは，塩酸を加え始めたときから塩酸を6mL加えたときまでである。　(5)　塩酸を8mL加えたときには，中和は完了している。最初にあったNa^+とOH^-のうち，OH^-は消費されてなくなっている。　(6)　中和は酸のH^+と塩基のOH^-が結びついて水H_2Oを生じる反応である。　(7)　塩酸HClは1価の酸，水酸化バリウム$Ba(OH)_2$は2価の塩基である。　(8)　硫酸

H_2SO_4は2価の酸，水酸化ナトリウムNaOHは1価の塩基である。よって，希硫酸の濃度をx〔mol/L〕とすると，$2x \times \dfrac{10}{1000} = 0.20 \times \dfrac{7.8}{1000}$　より，$x = 0.078$〔mol/L〕となる。

【7】(1)　イ　　(2)　イ，ウ　　(3)　半回転ごとにコイルに流れる電流の向きを逆にして，同じ向きにコイルが回転するようにしている。(同じ向きにコイルに力が加わるようにしている。)　　(4)　電磁誘導　(5)　①　向き…逆(反対)になる　　大きさ…大きくなる　　②　向き…同じ(変わらない)　　大きさ…大きくなる

〈解説〉(1)　コイルに流れる電流の向きに対し，右ねじの法則を適用する。コイルのどの部分の電流がつくる磁界も上向きに生じる。(2)　フレミング左手の法則では，力の向きは外部からの磁界の向きと，電流の向きによって決まる。　(3)　整流子の工夫がないと，コイルは最大でも半回転して停止してしまう。　(4)　コイルを貫く磁界の変化によって，コイルに電圧が生じ，電流が流れる。この電流を誘導電流という。　(5)　誘導電流は，コイルの巻き数が多いほど，また磁界の変化が大きいほど大きくなる。①では磁界の向きが変わるので，誘導電流の向きも逆になる。また，コイルの巻き数が多いので，誘導電流も大きくなる。②では，N極を近づけるときと，S極を遠ざけるときで，誘導電流の向きは同じである。また，磁界の変化が大きく，誘導電流も大きくなる。

【8】(1)　4.5km/時　　(2)　50N　　(3)　仕事の大きさ…250J　　仕事率…62.5W　　(4)　80W，78.1％　　(5)　ひもと滑車などの摩擦やモーターに発生する熱などのため。　　(6)　272J　　(7)　・問題を見いだし観察，実験を計画する学習活動　　・観察，実験の結果を分析し解釈する学習活動　　・科学的な概念を使用して考えたり説明したりする学習活動

〈解説〉(1)　平均の速さは，5.0÷4.0＝1.25〔m/秒〕である。時速で表すと，1.25×60×60＝4500〔m/時〕だから，4.5〔km/時〕となる。

(2)　一定の速さで動いているので，物体を引く力と動摩擦力がつり合っている。　(3)　50Nの力で，その向きに5.0m動かしたので，仕事は50×5.0＝250〔J〕である。これを4.0秒間で行ったから，仕事率は250÷4.0＝62.5〔W〕となる。　(4)　電力は，電流と電圧の積で表され，0.8×100＝80〔W〕である。物体を引く仕事の仕事率は62.5Wだから，求める割合は　62.5÷80×100≒78.1〔％〕となる。　(5)　エネルギーが熱や音などに変換して，損失が生じる。　(6)　物体を引く力のうち，運動方向に沿う分力は，$80×\frac{\sqrt{3}}{2}≒68$である。よって，求める仕事は68×4.0＝272〔J〕となる。　(7)　現行の中学校学習指導要領解説理科編(平成20年7月)の「第3章　指導計画の作成と内容の取扱い」の「1　(2)十分な観察，実験の時間や探究する時間の設定」に記載がある。

【高校物理】

【1】(1)　①　日常生活　　②　考察　　(2)　波面の各点からは，波の進む前方に素元波が出る。これらの素元波に共通に接する面が，次の瞬間の波面になる。

〈解説〉(1)　解答参照　(2)　ある瞬間の1つの波面上のすべての点が新しい波源となり，同じ速さ，同じ振動数の素元波を送り出す。これら素元波を観測することはできず，波の進む前方でこれらの素元波の波面に共通に接する曲面(あるいは平面)が次の波面として観測される。

【2】(1)　ア　　(2)　イ　　(3)　イ　　(4)　ウ　　(5)　エ

〈解説〉(1)　ボールが最高点に達するまでは，重力も空気抵抗も鉛直下向きであるが，速さが減ると空気抵抗も減るので，加速度の大きさは減少する。次に，最高点に達した後は，重力が下向き，空気抵抗は上向きであり，重力の方が大きいが，速さが増すと空気抵抗も大きくなり，加速度の大きさは減少する。したがって，全区間を通して加速度は減少し続ける。　(2)　求める重心の位置は，球Aと球Bを結ぶ線分を，球Aと球Bの質量の逆比，すなわち600：900＝2：3に内分する点に

なる。したがって，求める位置は球Aから0.40mの位置である。

(3)　波長をλ〔m〕とすると，2次の明線の条件は，$\dfrac{0.01}{5000} \times \sin30° = 2\lambda$と書ける。よって，$\lambda = 5.0 \times 10^{-7}$〔m〕となる。　　(4)　荷電粒子の初速度に対するローレンツ力の向きは$-z$方向であり，その後も，荷電粒子の速度に対して直角の向きにローレンツ力がかかり続ける。そのため，荷電粒子はyz平面内で等速円運動を行う。　　(5)　α線はエネルギーの大きなヘリウム原子核，β線はエネルギーの大きな電子，γ線は波長の短い電磁波である。

【３】(1)　物体Aが受ける動摩擦力の大きさはμmgなので，物体Bが物体Aから受ける力の大きさもμmg　　(2)　物体Aの加速度をαとすると，$m\alpha = -\mu mg$より　$\alpha = -\mu g$　　(3)　物体Bの加速度をβとし，求める時間をtとすると，$M\beta = \mu mg$より　$\beta = \dfrac{\mu mg}{M}$　　物体A，Bが等しい速度になるので，$v_0 - \mu gt = \dfrac{\mu mg}{M}t$　　$t = \dfrac{Mv_0}{\mu(M+m)g}$

(4)　求める速さをvとすると(3)より，$v = \dfrac{\mu mg}{M} \times \dfrac{Mv_0}{\mu(M+m)g} = \dfrac{mv_0}{M+m}$

(5)　物体Aが物体Bの上をすべった距離をxとすると，$\dfrac{1}{2}(M+m)v^2 - \dfrac{1}{2}mv_0^2 = -\mu mgx$　　より　$x = \dfrac{Mv_0^2}{2\mu(M+m)g}$

〈解説〉(1)　物体Aは，左向きに動摩擦力を受ける。その反作用で，物体Bも同じ大きさの力を右向きに受ける。　　(2)　物体Aに水平方向にかかる力は，左向きの摩擦力だけである。これを運動方程式に書き表す。(3)　物体Bについても運動方程式から加速度を求める。双方の加速度運動の式を書き，物体Aと物体Bの速度が等しくなると，物体Bに対して物体Aが静止する。　　(4)　前問で求めた時間を用いて，加速度運動の式から求める。あるいは，両者が一体となったと考え，運動量保存から，$mv_0 = (M+m)v$として求めてもよい。　　(5)　前後の運動エネルギーの差が，摩擦力によって失われたと考えて式を立てる。あるいは，加速度運動の式を使って，物体Aの移動距離$v_0t + \dfrac{1}{2}\alpha t^2$から物体Bの移動距離$\dfrac{1}{2}\beta t^2$を引いても求められる。

【4】(1)　ボイル・シャルルの法則より，$\dfrac{pV}{T_A}=\dfrac{5p\cdot V}{T_B}=\dfrac{5p\cdot 3V}{T_C}=$

$\dfrac{p\cdot 3V}{T_D}$になり，$T_B=5T_A$，$T_C=15T_A$，$T_D=3T_A$　よって，$15T_A$〔K〕

(2)　定積モル比熱をC_V，気体が吸収した熱量をQ_{AB}とする。$Q_{AB}=$

$nC_V(T_B-T_A)=\dfrac{3}{2}nR\cdot 4T_A=6nRT_A$　よって，$6nRT_A$〔J〕　　(3)　定圧

モル比熱をC_p，気体が吸収した熱量をQ_{DA}とする。$Q_{DA}=nC_p(T_A-T_D)$

$=\dfrac{5}{2}nR\cdot(-2T_A)=-5nRT_A$　よって　$5nRT_A$〔J〕　　(4)　状態方程式

より，$pV=nRT_A$　　この1回のサイクルで気体がした仕事をWとする

と，$W=(5p-p)\cdot(3V-V)=8pV=8nRT_A$　よって，$8nRT_A$〔J〕

(5)　B→CとC→Dにおいて，気体が吸収した熱量をそれぞれQ_{BC}，Q_{CD}

とする。$Q_{BC}=nC_p(T_C-T_B)=\dfrac{5}{2}nR\cdot 10T_A=25nRT_A$，$Q_{CD}=nC_V(T_D-$

$T_C)=\dfrac{3}{2}nR\cdot(-12T_A)=-18nRT_A$　よって，熱効率eとすると，

$e=\dfrac{8nRT_A}{6nRT_A+25nRT_A}=\dfrac{8}{31}$

〈解説〉(1)　CはAに対して，圧力が5倍で体積が3倍なので，ボイル・シ
ャルルの法則より，温度は$3\times5=15$倍である。　　(2)　Bの温度は$5T_A$で
ある。A→Bは定積変化であり，理想気体の定積モル比熱が$\dfrac{3}{2}R$である
ことから求める。　　(3)　Dの温度は$3T_A$である。D→Aは定圧変化
であり，理想気体の定圧モル比熱が$\dfrac{5}{2}R$であることから求める。

(4)　気体がB→Cでした仕事は$5p(3V-V)$であり，D→Aでされた仕事は
$p(3V-V)$である。その差は$8pV$である。これを，状態方程式$pV=$
RT_Aを用いて書き直す。　　(5)　吸収した熱量は，A→Bでは(2)の通り
$6nRT_A$，B→Cでは$\dfrac{5}{2}R\times n(15T_A-5T_A)=25nRT_A$で，合計は$31nRT_A$で
ある。一方，正味した仕事は(4)の通り$8nRT_A$である。これらから熱効
率を求める。

【5】(1)　コンデンサーを直列に接続した場合の合成容量なので，合成
容量をC'とすると，$\dfrac{1}{C'}=\dfrac{1}{C}+\dfrac{1}{C}$　よって，$C'=\dfrac{1}{2}C$　　(2)　スイッ

チS_2を閉じた直後，コンデンサーには電気量が蓄えられていないので，電流をIとすると，キルヒホッフの法則より，$E=RI+rI$　よって，$I=\dfrac{E}{R+r}$　(3)　$Q=CV$より，C_1，C_2を1つのコンデンサーとみなしたとき蓄える電気量は$Q=\dfrac{1}{2}CE$　よって，C_2が蓄える電気量Q_2は，$Q_2=\dfrac{1}{2}CE$　(4)　電流をI'とすると，キルヒホッフの法則より$E-\dfrac{E}{2}=RI'+rI'$　よって，$I'=\dfrac{E}{2(R+r)}$　(5)　十分時間が経過したときのC_1，C_3に蓄えられる電気量をそれぞれQ_1，Q_3とするとキルヒホッフの法則より，$\dfrac{Q_1}{C}+\dfrac{Q_3}{2C}=E$　…①　電荷保存則より，$-Q_1+Q_3=-\dfrac{1}{2}CE$　…②　①②より，$Q_3=\dfrac{1}{3}CE$

〈解説〉(1)　コンデンサーの直列接続の式から求める。　(2)　スイッチS_2を閉じた直後は，C_1とC_2を導線と同じとみなす。すると，電圧Eに対し，R_2の抵抗Rと電池の内部抵抗rが直列につながった回路となる。(3)　コンデンサーが直列に接続されているため，2つのコンデンサーに蓄えられていた電気量は等しく，それは，合成容量に蓄えられた電気量とも等しい。　(4)　充電されたC_1の両端の電圧は$\dfrac{E}{2}$である。スイッチS_3を閉じた直後は，C_3を導線と同じとみなすと，電圧$\left(E-\dfrac{E}{2}\right)$に対し，$R_1$の抵抗$R$と電池の内部抵抗$r$が直列につながった回路となる。(5)　充電された$C_1$の負極には$-\dfrac{1}{2}CE$の電荷がある。電荷量が保存されるので，スイッチ$S_3$を閉じて時間が経過したあと，$C_1$の負極と$C_3$の正極にある電荷の和も$-\dfrac{1}{2}CE$である。また，$C_1$と$C_3$の電圧の和が$E$となる。これらから式をつくればよい。

【高校化学】

【1】1　ア　見方・考え方　イ　技能　ウ　態度　2　探求の全ての学習過程　3　吸熱反応が自発的に進む要因
〈解説〉1　今回の学習指導要領改訂によって，教科目標に(1)〜(3)がつく

ようになった。(1)では「知識及び技能」，(2)では「思考力，判断力，表現力等」，(3)では「学びに向かう力，人間性等」を示している。教科目標は頻出問題の一つなので，十分に学習しておくこと。　3　なお，ヘスの法則は総熱量不変の法則ともいい，反応熱は変化前後の状態だけで決まり，変化の過程には無関係である，ことを指す。

【2】1　$Mg + H_2SO_4 \rightarrow MgSO_4 + H_2$　　2　(a), (c)　　3　(b), (d)

4　単位時間当たりに蒸発する分子の数と，凝縮する分子の数が等しくなり，見かけ上蒸発も凝縮も起こっていないような状態

5　原子名…酸素　　酸化数の変化…$0 \rightarrow -2$　　6　1.6×10^{-2}mol

〈解説〉1～2　マグネシウムのように，水素よりイオン化傾向の大きい金属に酸を加えると，水素を発生して溶ける。2について，水素よりイオン化傾向の小さい金属である銅や銀は，酸化力のある希硝酸，濃硝酸，熱濃硫酸には溶ける。　3　水に難溶，不溶の気体は水上置換法での捕集が望ましい。水に可溶な気体の場合，捕集したい気体の分子量と空気の平均分子量との大小を利用して，上方置換法もしくは下方置換法を選択する。　4　液体から気体になる速度と，気体から液体になる速度が等しく，見かけ上，気体と液体の量が変化していない。5　水素の燃焼反応$2H_2 + O_2 \rightarrow 2H_2O$より，還元されたのは酸素である。酸化数は単体$O_2$から水分子$H_2O$になるので，0から$-2$となる。

6　捕集した気体の圧力は，水素の圧力だけでなく，水上置換のため水の飽和水蒸気圧が含まれる。よって，水素について理想気体の状態方程式より，$(1.0-0.04) \times 10^5 \times 0.415 = n \times 8.3 \times 10^3 \times 300$より，物質量は，$n = 1.6 \times 10^{-2}$〔mol〕となる。

【3】1　一酸化炭素…$C(黒鉛) + \frac{1}{2}O_2(気) = CO(気) + 111kJ$

プロパン…$C_3H_8(気) + 5O_2(気) = 3CO_2(気) + 4H_2O(液) + 2219kJ$

2　反応熱…1.1×10^2kJ　　空気の体積…28L　　3　$C(黒鉛) + O_2(気) = CO_2(気) + 394kJ$…①　　$H_2(気) + \frac{1}{2}O_2(気) = H_2O(液) + 286kJ$…②

315

$C_3H_8(気)+5O_2(気)=3CO_2(気)+4H_2O(液)+2219kJ \cdots ③$　　求める熱化学方程式は，$3C(黒鉛)+4H_2(気)=C_3H_8(気)+QkJ$であり，与式①〜③を用いて生成熱を求めると①×3＋②×4－③より，$Q=107$

107kJ/mol

4　(a)　(イ)　　　(b)　(ウ)　　　(c)　(ア)　　5　63kJ

〈解説〉1　生成熱とは，化合物1molがその成分元素の単体から生成する時の反応熱である。また燃焼熱とは，物質1molが完全燃焼する時の反応熱であり，常に発熱反応である。　2　$C_3H_8=44$だから，2.2gのプロパンは0.05molである。プロパンの燃焼の熱化学方程式より，2219×0.05＝$1.1×10^2$〔kJ〕となる。また，必要な酸素量は0.05×5＝0.25〔mol〕だから，必要な空気の体積は，0.25×5×22.4＝28〔L〕である。3　求める熱化学方程式は，$3C(黒鉛)+4H_2(気) \to C_3H_8(気)+QkJ$であり，表の下3つの熱化学反応式を組み合わせると，Qが求められる。

4　(a)　二酸化炭素は水に溶け，炭酸を生成するため，酸性を示す。(b)　ともに無色無臭の気体である。　(c)　二酸化炭素は，これ以上空気中の燃焼では酸化されない。　5　$CO=28$より，一酸化炭素3.5gは0.125molである。また，二酸化炭素5.5gは，$CO_2=44$より0.125molである。また，一酸化炭素および二酸化炭素の生成熱を熱化学方程式で表すと，$C(黒鉛)+\dfrac{1}{2}O_2(気)=CO(気)+111kJ$，$C(黒鉛)+O_2(気)=CO_2(気)+394kJ$であり，燃焼熱と一致する。したがって，発生した熱量は，111×0.125＋394×0.125＝63.125〔kJ〕となる。

【4】1　1.0　　2　2.8　　3　8.6　　4　(1)　少量の酸を加えるとH^+＋$CH_3COO^- \to CH_3COOH$，少量の塩基を加えると$CH_3COOH+OH^- \to CH_3COO^-+H_2O$となり，溶液のpHをほぼ一定に保つ作用。

(2)　水酸化ナトリウムをx〔mol〕，水溶液の体積をv〔L〕とすると，
$$K=\frac{[H^+][CH_3COO^-]}{[CH_3COOH]}=\frac{10^{-5}×(5.0×10^{-3}+x)/v}{(5.0×10^{-3}-x)/v}=2.7×10^{-5}$$
$x=2.29×10^{-3}$　　$2.3×10^{-3}$mol

〈解説〉1　$[H^+]$＝酸の濃度×電離度×価数＝0.1×1×1＝10^{-1}である。よ

って，pH＝1.0である。　2　酢酸の濃度をC〔mol/L〕，電離度をαとすると，$K_a=\dfrac{[\text{H}^+][\text{CH}_3\text{COO}^-]}{[\text{CH}_3\text{COOH}]}=\dfrac{C\alpha\times C\alpha}{C(1-\alpha)}$であり，$\alpha\ll1$より$K_a=C\alpha^2$となる。これより，$\alpha=\sqrt{\dfrac{K_a}{C}}$であり，$[\text{H}^+]=C\alpha=\sqrt{CK_a}=\sqrt{0.10\times2.7\times10^{-5}}=\sqrt{2.7}\times10^{-3}$となる。よって，pH$=-\log_{10}[\text{H}^+]=-\dfrac{1}{2}\log_{10}(3^3\times10^{-1})+3=-\dfrac{1}{2}\times(3\times0.48-1)+3=2.78\fallingdotseq2.8$となる。

3　1Lずつの中和により0.10molの酢酸ナトリウムが生成し，液の量は2倍になっているので，0.050mol/Lの酢酸ナトリウム水溶液のpHを求めればよい。酢酸ナトリウムは完全に電離しているので，$C_1=[\text{CH}_3\text{COO}^-]=0.050$mol/Lとおく。加水分解$\text{CH}_3\text{COO}^-+\text{H}_2\text{O}\rightarrow\text{CH}_3\text{COOH}+\text{OH}^-$について，加水分解定数$K_h=\dfrac{[\text{CH}_3\text{COOH}][\text{OH}^-]}{[\text{CH}_3\text{COO}^-]}$とおくと，$K_h=\dfrac{[\text{CH}_3\text{COOH}]K_w}{[\text{CH}_3\text{COO}^-][\text{H}^+]}=\dfrac{K_w}{K_a}$となる。また，加水分解度を$h$とすると，$K_h=\dfrac{C_1h\times C_1h}{C_1(1-h)}$であり，$h\ll1$より，$K_h=C_1h^2$となる。これより，$h=\sqrt{\dfrac{K_h}{C_1}}=\sqrt{\dfrac{K_w}{C_1K_a}}$となる。よって，$[\text{OH}^-]=C_1h=\sqrt{\dfrac{C_1K_w}{K_a}}$，$[\text{H}^+]=\dfrac{K_w}{[\text{OH}^-]}=\sqrt{\dfrac{K_aK_w}{C_1}}$となる。数値を代入して，$[\text{H}^+]=\sqrt{\dfrac{2.7\times10^{-5}\times1.0\times10^{-14}}{0.050}}=\sqrt{54\times10^{-1}\times10^{-9}}$となり，pH$=-\log_{10}[\text{H}^+]=-\dfrac{1}{2}\log_{10}(3^3\times2\times10^{-1})+9=-\dfrac{1}{2}\times(3\times0.48+0.30-1)+9=8.63\fallingdotseq8.6$となる。　4　(1)　酢酸と酢酸ナトリウムの混合溶液になる。酸や塩基を加えてもpHが変化しにくい。　(2)　水酸化ナトリウムをx〔mol〕加えると，中和によりCH_3COOHがx〔mol〕減少し，CH_3COONaがx〔mol〕増加する。酢酸ナトリウムは完全に電離するので，CH_3COO^-もx〔mol〕増加する。

【5】1　ア　水素　　イ　石油　　ウ　風解　　2　原子半径が大きな原子ほどイオン化エネルギーが小さく，水と反応しやすい。原子半径はLi，Na，Kの順に大きくなるため，水との反応性はLi，Na，Kの順に

大きくなる。　　3　化学反応式…$NaCl＋NH_3＋CO_2＋H_2O → NaHCO_3＋$
NH_4Cl　　理由…より多くの二酸化炭素を飽和塩化ナトリウム水溶液
に溶解させるため。　　4　212kg

〈解説〉1　アルカリ金属の単体は，強い還元作用を示す。常温で水と激
しく反応して水酸化物を生じ，水素を発生する。風解を起こす結晶に
は，炭酸ナトリウム十水和物のほかに硫酸銅(Ⅱ)五水和物などがある。
2　典型元素の原子半径は，同族元素どうしでは原子番号が大きいほ
ど，同周期元素どうしでは原子番号が小さいほど大きくなる。
3　アンモニアを加えて塩基性条件にすることで，二酸化炭素の水へ
の溶解平衡が溶解しやすい方向へ傾き，より多くの二酸化炭素を反応
溶液中に取り込むことができる。　　4　アンモニアソーダ法では，
2molの$NaCl$から1molのNa_2CO_3が得られる。$NaCl＝58.5$，$Na_2CO_3＝106$
より，理論上得られる炭酸ナトリウムの質量は，$\dfrac{234 \times 106}{2 \times 58.5}＝212$〔kg〕
である。

【6】1　分子式は同じであるが原子の結合の順序が異なる異性体
2　(b)
3　シス型　　　　　　　　トランス型

4　構造式…

理由…メチル基をもつトルエンはオルト・パラ配向性を示し，オルト
位またはパラ位で置換反応が起こるから。　　5　エチレン…$CH_2CH_2＋$
$H_2O → CH_3CH_2OH$　　　アセチレン…$C_2H_2＋H_2O → CH_3CHO$

〈解説〉1　構造異性体における構造の違いには，炭素骨格の違いによる
骨格異性体，置換基の結合の位置の違いによる位置異性体，官能基の

違いによる官能基異性体がある。　2　(a)はオルト位，メタ位，パラ位，メチル基の水素の4か所で置換反応が起こり得る。(b)はオルト位，メタ位，パラ位，エチル基の水素2つの計5か所で置換反応が起こり得る。(c)ではベンゼン環の2か所とメチル基の水素の計3か所，(d)ではベンゼン環の3か所とメチル基の水素の計4か所，(e)ではベンゼン環の1か所とメチル基の水素の計2か所で置換反応が起こる。　3　分子式C_5H_{10}で表される化合物のうち，幾何異性体を有するのは2－ペンテンである。　4　メチル基は電子供与性置換基の一つであり，共鳴効果によってトルエンのオルト位とパラ位の反応性が高まるためである。5　アセチレンに水が付加すると，ビニルアルコール$(CH_2＝CHOH)$が生じる。しかし，ビニルアルコールはケト－エノール互変異性によって，より安定なアセトアルデヒド(CH_3CHO)へと構造を変える。

【7】1　ア　単純　　イ　複合　　ウ　必須アミノ酸　　2　ペプチド結合を2つ以上含む構造をもつ　　3　側鎖にベンゼン環をもつアミノ酸を含む　　4　リシン1個，グリシン2個　　5　(1)　3　　(2)　49
〈解説〉1　同一の炭素原子にアミノ基とカルボキシ基が結合したものをα－アミノ酸という。α－アミノ酸だけで構成されているタンパク質を単純タンパク質，α－アミノ酸のほかに糖類，リン酸，色素などで構成されているタンパク質を複合タンパク質という。　2　ビウレット反応とは，タンパク質水溶液に水酸化ナトリウム水溶液を加えた後，少量の硫酸銅(Ⅱ)水溶液を加えると赤紫色を呈する反応である。この呈色はトリペプチド以上のタンパク質が銅(Ⅱ)イオンに配位することによる。　3　キサントプロテイン反応によって，タンパク質中に硝酸によってニトロ化されやすい，チロシンなどのベンゼン環をもつα－アミノ酸が含まれていることがわかる。　4　不斉炭素原子を1つしかもたないことから，3つのアミノ酸のうち2つはグリシンである。残るα－アミノ酸には窒素が2原子含まれる。等電点が7以上のα－アミノ酸だから，リシンである。　5　(1)　分子式からシステインが2つのペプチド鎖に6分子含まれているから，分子内のジスルフィド結合

は3つである。　　(2)　N個のアミノ酸で構成される2本のペプチド鎖に含まれるペプチド結合の数は(N−2)個である。ウシのインスリンは51個のアミノ酸からなるので，ペプチド結合の数は49である。

【高校生物】

【1】(1)　ア　時間的・空間的　　イ　関係付け　　(2)　共通性・多様性の視点　　(3)　生命を尊重し，自然環境の保全に寄与する態度　(4)　2色の同じ大きさのガラス玉を多数用い，一対の対立遺伝子に見立て無作為に選ぶモデル実験を行う。

〈解説〉(1)〜(3)　目標に関する詳細などについては，学習指導要領解説で示されている。出題傾向を把握し，出題のおそれがある箇所は一通り学習するとよい。特に熊本県では改訂の背景も出題されているので，第1章から十分学習しておきたい。　　(4)　学習指導要領解説では，解説文で実験例が示されているものもある。目的などを明確にして整理しておくとよいだろう。

【2】(1)　【試料】　A　ウ　　B　オ　　C　エ　　D　ア　　E　イ　【構造体】　a　ク　　b　キ　　c　カ　　d　ケ　　(2)　細胞内共生説(共生説)　　(3)　・ミトコンドリアと葉緑体が独自のDNAをもっていること。　　・ミドリゾウリムシのように，細胞内に他の単細胞生物が共生している生物が現存していること。　　(4)　(i)　中間径フィラメント　　(ii)　細胞質流動(原形質流動)　　(iii)　式…$\dfrac{10 \times 25}{10} \times \dfrac{30}{10} = 75$　答え…75 μm/秒　　(iv)　・試料か目盛りのいずれにしかピントが合わないため。　　・測りたい場所に目盛りを移動させることができないため。　　(v)　ア　ミオシン　　イ　微小管　　ウ　ダイニン　エ　ATP分解酵素

〈解説〉(1)　bはすべての試料にあるので細胞膜，dはCのみにあるので，dが葉緑体，Cがクロレラとわかる。ミトコンドリアがないAとBは原核生物である大腸菌かマウスの成熟赤血球であり，原核生物がもたないaは核膜，残ったcが細胞壁となる。AとBについては，大腸菌には細

胞壁があるため，Aが大腸菌でBがマウスの成熟赤血球である。EとD
については，ゾウリムシには細胞壁がないことから，Eがゾウリムシ，
Dがアオカビとわかる。　(2)　細胞内共生説は1967年ごろ，米国のマー
ギュリスらによって提唱された。　(3)　解答については，①どちら
も独自のDNAをもつ，②それぞれ分裂によって半自律的に増殖する，
③細菌と同様にDNAは環状で，タンパク質が結合していない，④リボ
ソームRNAの遺伝子の塩基配列が細胞本体のものと異なり細菌のもの
に近い，⑤二重膜構造をもつ，といった証拠が挙げられる。
(4)　(i)　細胞骨格は，アクチンフィラメント，微小管，中間径フィラ
メントで構成され，これらのうち安定した強度をもつのは中間径フィ
ラメントである。　(ii)　細胞質流動には一定のパターンがあることも
知っておくとよい。　(iii)　対物ミクロメーターの1目盛りは10μmな
ので，25目盛りだと250μmになる。これが，接眼ミクロメーター10目
盛りの長さと等しいので，接眼ミクロメーター1目盛りの長さは25μm
とわかる。そして，1秒間に平均接眼ミクロメーター3目盛り分動くこ
とから，速度は25×3＝75〔μm/秒〕となる。　(iv)　他の理由として，
10μmを下回るサイズの試料の大きさを測定できない，観察物の方向
に合わせて目盛りの方向を変えることができない等が考えられる。
(v)　モータータンパク質には，アクチンフィラメントの上を滑るよう
に移動するミオシン，微小管の上を移動するダイニンやキネシンがあ
る。これらはATPを加水分解してエネルギーを得ている。

【3】(1)　X　電子(e^-)　　Y　二酸化炭素(CO_2)　　(2)　$6O_2+$
$12(NADPH+H^+)$　　(3)　ストロマからチラコイド内へ水素イオンが
輸送され，その結果，チラコイド内の水素イオン濃度が上昇し，水素
イオンの濃度勾配ができる。チラコイド膜にはATP合成酵素が存在し，
水素イオンがチラコイドの内側から，ATP合成酵素を通過してストロ
マ側へ流れるときにATPが合成される。　　(4)　(i)　①　光の強さが
限定要因になっている。　　②　温度が限定要因になっている。

(ii)

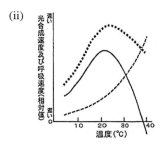

（5）　グルコース…0.8分子　　　酸素…5分子　　　（6）　CO_2は，主に葉肉細胞で，C_3化合物と結合してC_4化合物になる。このC_4化合物は，維管束鞘細胞に集められ，CO_2とC_3化合物に分解される。

〈解説〉(1)　チラコイドでの反応は，光化学系Ⅰでの電子の放出から始まり，最終的には還元型補酵素がつくられる。ストロマでの反応は，二酸化炭素を取り込むことで反応が進む。　　(2)　$NADP^+$は還元されて，NADPHが生成される。　　(3)　まず光化学反応が起き，次に水の分解と還元型補酵素の生成が行われる。最後にATPの生産が行われる流れが光リン酸化である。　　(4)　(i)　一定時間内に行われる光合成量は，光の強さ，温度，二酸化炭素濃度の3条件によって左右される。図1は二酸化炭素濃度が一定である。　　①　弱光下では温度に関わらず光合成速度がずっと遅いことから，限定要因は光の強さである。②　強光下では，温度によって光合成速度が違うため，限定要因は温度である。　　(ii)　真の光合成速度から呼吸速度を引いたものが，見かけの光合成速度である。よって，真の光合成速度は，図2の2つのグラフの値の和となる。　　(5)　光合成の全体式は，$6CO_2 + 12H_2O + 光エネルギー \rightarrow C_6H_{12}O_6 + 6H_2O + 6O_2$である。酸素と二酸化炭素の分子の数は同じであるため，放出される酸素は5分子である。生成されるグルコースは二酸化炭素の分子の数の6分の1であるため，0.83分子となる。(6)　光が強く，温度が高い環境下のサトウキビなどの植物では，葉肉細胞内で，取り込んだ二酸化炭素をC_3化合物に固定して，カルビン・ベンソン回路に与える。これにより，低濃度の二酸化炭素でも有効活用できる。

【4】(1) ウニ，カエル，ヒト　　(2)　卵の前端にビコイドmRNAが蓄
えられており，受精すると翻訳され，ビコイドタンパク質が胚の前端
から後端にかけて拡散し，濃度勾配を生じる。この濃度勾配が位置情
報となり前後軸が決定される。

(3)

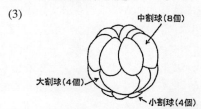

中割球（8個）

大割球（4個）

小割球（4個）

(4)　A領域とC領域を接着させて培養し，A領域から脊索が形成されれ
ば，X側が背側になる。　　(5)　(i)　イ　　(ii)　背中の表皮を前後逆
転させて，真皮と組み合わせて培養し，生じる羽毛の向きを観察す
る。　　(6)　(i)　外胚葉，中胚葉　　(ii)　イ，ウ　　(7)　ウ

〈解説〉(1)　棘皮動物，原索動物，哺乳類は卵黄が少なく，一様に分布
しており，全割で等割である。また，環形動物，軟体動物，両生類は
卵黄が多く，植物極側に偏っている端黄卵であり，全割で不等割であ
る。一方，魚類，鳥類，爬虫類は卵黄が動物極側に偏っている端黄卵
であり，部分割で盤割である。そして，節足動物の心黄卵は，部分割
で表割である。　　(2)　母性効果遺伝子の主な例として，ビコイド遺伝
子とナノス遺伝子がある。卵の前方にはビコイド遺伝子のmRNAが，
後方にはナノス遺伝子のmRNAが局在している。受精後，これらの
mRNAが翻訳されてつくられたタンパク質の濃度勾配が位置情報とな
り，胚の前後軸が決定される。　　(3)　ウニは等黄卵を形成し，経割を
2回，緯割を1回の等割により8細胞期となる。その次の第4卵割におい
て，動物極側では経割が起こり8個の中割球が生じるが，植物極側で
は植物極側寄りで緯割が起こり，大割球と小割球が4個ずつ生じ，16
細胞期となる。　　(4)　X側が背側になるならば，Bの領域が周囲の影
響を受けて，脊索等に分化するように誘導されるはずである。Bの領
域と接するのは，AとCの領域であるが，Aの領域はXからY側までま

たがっており，背側への分化の誘導をしない。したがって，Cの領域に脊索への分化を誘導する能力があると仮定し，Aの領域と接着させて培養実験を行い，Aの領域に脊索が生じることを確かめる。

(5)　(i)　表より，発生開始後5日目の背中の真皮ではうろこが生じている。一方，8日目の背中の真皮では，どれも羽毛が生じている。このことから，発生開始後5～8日目に背中の表皮の分化が決定される。
(ii)　羽毛が生える向きが表皮によって決定されるならば，表皮の向きを反転させると羽毛の生える方向が変化するはずである。これを確かめる実験を行うとよい。　(6)　(i)　陸上に卵を産む鳥類や爬虫類などは，発生の過程で胚膜が形成され，胚を乾燥から守っている。胚膜のうち，内側に羊水を満たして胚を浸す働きをするのが羊膜であり，外胚葉と中胚葉から生じる。　(ii)　しょう膜は，胚の周囲を包み，胚を保護する役割をもつ。また，尿膜は胚の排出物を蓄え，しょう膜と合わさって血管を発達させ，ガス交換を行う。　(7)　ウ　ヒトでは計39個のHox遺伝子が存在するとされ，4つの異なる染色体上に約10個ずつ並んでいる。

【5】(1)　水中に存在する有機物を化学的に酸化するのに必要な酸素量。
(2)　指標生物　(3)　　　　　　　　　　　　　(4)　自然浄化

(5)　a　イ　　b　ウ　　c　ア　　d　エ　　e　キ　　f　オ　　g　カ
h　ク　　(6)　・プランクトンが魚介類のえらに多量に付着して窒息させるから。　・プランクトンの遺体の分解に水中の酸素が消費され，酸素濃度が極端に低下し呼吸ができなくなるから。

〈解説〉(1)　一方，生物化学的酸素要求量(BOD)は，水中の有機物が微生物によって酸化・分解される過程で消費される酸素量である。BODとCODのいずれも，値が高いと水中に有機物が多く，汚濁していることを表す。　(2)　具体例として，水系の富栄養化の目安として用いられ

るイトミミズなどが挙げられる。 (3) サワガニはきれいな水にすむ生物として水質階級Ⅰの指標生物に用いられる。十脚目に分類されるように脚が10本あり，甲羅の両端から左右に5本ずつ生えている。左右それぞれ頭部に近い脚に大きなはさみがついている。はさみには，可動指と不動指がある。 (4) 川や海に流入した有機物などの汚濁物質が泥や岩などへの吸着や沈殿，多量の水による希釈，微生物による分解などによって減少していく現象を自然浄化という。自然浄化の範囲を超えて汚濁物質が流入すると，水質汚濁が進む。 (5) 汚水に含まれる有機物が流入すると，細菌類が増加する。このとき，酸素が消費され減少する。また，浮遊物質や細菌類により，水中の光量が減少するため，藻類が減少する。次に，増加した細菌類をエサとするイトミミズや原生生物が増加する。生物が増加すると，硝化菌等の分解者の働きによってNH_4^+等の無機塩類が増加する。無機塩類の増加や，光量を遮っていた細菌類の減少の結果，藻類は増加し，水中の酸素量も増加する。下流に行くほど清浄な河川となり，清水性動物が増加する。(6) 赤潮は海で，主に植物プランクトンが異常発生する現象を指す。

二次試験 (県のみ)

【中学理科】

【1】〈解答例〉

(1) 学習の目標

　①なぜ動物の子どもは雄と雌がいないとできないのか，②ゾウリムシには雄と雌がいないのになぜ子どもができるのか，の2つのテーマに沿って有性生殖と無性生殖の特徴を整理する。そして，③ヒトの子どもは親と全く一緒にならないのはなぜかを考えさせ，有性生殖のしくみを捉えさせる。

(2) 内容

　導入は，一斉指導によって，①と②を発問する。このとき，受精の

過程が分かりやすい魚類や，ヒトと近縁で身近な哺乳類の殖え方，そして，ゾウリムシやジャガイモなどについて，写真やイラスト，映像などの視聴覚教材を用いながら，生徒への投げかけをおこなう。これらについて，展開に進む。

　①について，「動物の雄は精子，雌は卵という生殖細胞を持ち，これらが受精し受精卵ができないと子どももできないから」という内容で解説する。生殖細胞の受精によって子を殖やす方法を有性生殖ということを確認する。

　②について，ゾウリムシのような単細胞生物のほとんどは体細胞分裂をすることで子どもを殖やす無性生殖を行っているという内容で解説する。無性生殖には，サツマイモ，ジャガイモなどの栄養生殖も含まれることを確認し，この殖え方によってできた子どもは親のコピーであることを捉えさせる。ここで，日常の野菜や果物が，親のコピーである利点について考えさせ，発表させる。

　以上をふまえて，学習目標の③を提示する。この発問に対し，グループ活動の形態をとる。時間を取って，各グループで話し合わせる。数分の机間巡視の後，様子を見ながら，ヒトの殖え方は有性生殖であること，生殖細胞の染色体の数は体細胞の半分であること，有性生殖のとき，受精卵の染色体は精子と卵それぞれ半分ずつを受け継いでいることを全体で確認し，ヒントを与える。グループごとにまとまった意見を発表させ，意見交流を行う。

(3)　まとめ

　ヒトの子どもが親と全く一緒にならないのは，ヒトが有性生殖を行うからで，精子，卵の半数ずつの染色体が合体して受精卵となるためである，という内容でまとめる。

〈解説〉現行の中学校学習指導要領(平成20年3月告示)では，「第2章　第4節　理科」「第2　各分野の目標及び内容〔第2分野〕2内容　(5)生命の連続性　ア(イ)」に該当する内容で，第3学年で取り扱う。学習指導要領解説の該当箇所の記載内容も参考になる。

　解答例は，有性生殖と無性生殖の違いについて整理した後，有性生

殖が形質の多様性を生み出すのに有利であることを考える事を通して，生物の殖え方についての理解を深めさせる流れである。生徒による継続観察は難しいが，視聴覚教材の活用は有効である。日常生活との関連は題材として，指導で取り扱う生物を最も身近な「ヒト」にすることが共通の理解を得やすい。また，一斉指導とグループ指導をまじえることで，単調な指導を避けることができる。生物の殖え方に関する知識を得たうえで，日常生活の疑問について考察させる流れが，より実践的であろう。関心・意欲・態度と，科学的思考，そして，知識・理解を，バランスよく配置したい。

【高校物理】

【1】(解答例) 抵抗，コンデンサー，コイルを直列につないだ回路では，回路に加わる交流電圧の周波数が特定の値をとったときに大きな電流が流れ，それ以外の周波数では電流が小さくなる。この現象を共振とよぶ。共振回路は，テレビやラジオにおける電磁波の受信回路で，周波数に合わせて選局できる仕組みにも応用されている。共振の原因は，コンデンサーとコイルの交流に対する応答の違いである。

　例えば，抵抗，コンデンサー，コイルを直列につないだRLC直列回路を考える。図のように，交流電源，抵抗，コイル，コンデンサーにかかる電圧をそれぞれV，V_R，V_L，V_Cとし，その最大値をV_0，V_{R_0}，V_{L_0}，V_{C_0}とおく。また，電流をIとし，その最大値をI_0とおく。また，交流電圧の角振動数をωとする。

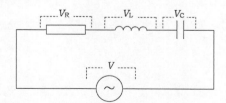

　抵抗の電圧の最大値は$V_{R_0}=RI_0$であり，コイルの電圧の最大値は$V_{L_0}=\omega LI_0$，コンデンサーの電圧の最大値は$V_{C_0}=\dfrac{I_0}{\omega C}$である。
　また，抵抗の両端の電圧は，抵抗に流れる電流と同位相であるが，

コイルの両端の電圧は，コイルを流れる電流より位相が$\frac{\pi}{2}$進み，コンデンサーの両端の電圧は，コンデンサーに流れ込む電流よりも位相が$\frac{\pi}{2}$遅れる。このことを踏まえると，V_{R_0}，V_{L_0}，V_{C_0}とV_0との関係は，図のようになる。

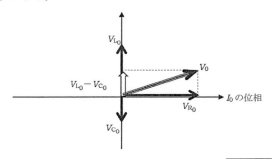

これより，V_0は，$V_0 = \sqrt{(V_{R_0})^2 + (V_{L_0} - V_{C_0})^2} = I_0\sqrt{R^2 + \left(\omega L - \dfrac{1}{\omega C}\right)^2}$と書ける。この式で，$\dfrac{V_0}{I_0} = \sqrt{R^2 + \left(\omega L - \dfrac{1}{\omega C}\right)^2}$は，RLC直列回路の交流に対する抵抗に相当し，RLC直列回路のインピーダンスと呼ばれる。インピーダンスが小さいと，流れる電流は大きい。そこで，インピーダンスの最小値を考察すると，$\omega L - \dfrac{1}{\omega C} = 0$となるとき，すなわち，$\omega = \dfrac{1}{\sqrt{LC}}$となるときである。$\omega$がこの値から少しでもずれると，$\omega L - \dfrac{1}{\omega C} \neq 0$となり，インピーダンスは大きくなって，電流は小さくなる。角振動数ωと周波数fの間には，$\omega = 2\pi f$の関係があることから，共振周波数f_0は，$f_0 = \dfrac{1}{2\pi\sqrt{LC}}$となる。抵抗$R$を小さくとれば，周波数$f$に対する電流の変化が非常に大きくなる。このような回路を特に共振回路という。

　授業では，回路に電流計を接続して，交流電源の周波数を変化させていき，共振周波数付近で電流が急増することを確認させることが考えられる。また，抵抗の代わりに豆電球を接続して，ある周波数のときに明るく光り，周波数が大きくても小さくても電球が暗いことを視

覚的に見せてもよい。これを応用すると，CとLを適当に選ぶことで，様々な周波数の混じった電波から，ある特定の周波数領域の信号だけを取り出すことができる。

〈解説〉共振回路の身近な事例としては，テレビやラジオの選局回路があげられる。生徒にとっても，ラジオのチューナーで，周波数を合わせることで音声を聴くことができる経験から，イメージがわきやすいだろう。解答例では，インピーダンスを導出するとともに，共振周波数の周辺で，電流が急増することを視覚的に見せる工夫も加えている。

【高校化学】

【1】1　(解答例) 単元の目標，すなわち生徒につけさせたい資質，能力を，「化学反応には熱の出入りがあることを理解する」「化学反応における熱の発生や吸収は，反応の前後における物質の持つエネルギー差から生ずることを理解する」「熱化学方程式を作成し，ヘスの法則とともにその意味を理解する」とする。

　学習計画として，反応熱と熱化学方程式について3時間，ヘスの法則について2時間とする。反応熱と熱化学方程式について，導入として，演示実験を通して，化学反応には発熱反応と吸熱反応があることを示す。さらに，展開として，反応熱とエネルギーの関係について理解させる。反応に関与する熱については，エネルギー図を用いてその意味を捉えさせ，実際に熱化学方程式の読み書きを行う。そして，後述の探究活動を行い，観察・実験の技能を学ぶ。一方，ヘスの法則について，反応熱と反応経路の関係に関心を向け，反応熱と生成熱，結合エネルギーの関係に気付かせる。さらに，ヘスの法則を用いると，直接測定するのが困難な反応熱を求められることを理解する。

2　(1)　塩酸とマグネシウムとの反応熱の測定　　(2)　【準備】　電子天秤，発泡スチロールカップ，温度計，メスシリンダー，薬さじ，スターラー，粉末マグネシウム，1.0mol/L塩酸　　【操作】　①　メスシリンダーで1.0mol/Lの塩酸100mLを測り，発泡スチロールカップに入れ温度を測定する。　　②　マグネシウムの粉末を電子天秤で

0.48g(0.02mol)測り取る。　③　操作②で測り取ったマグネシウムを操作①のカップに入れ，スターラーで攪拌しながら最高温度を測る。　④　操作①〜③を3度行い，最高温度を記録する。　(3)　温度が上昇したことから，化学反応により熱が発生することが確認できる。マグネシウムはすべて溶ける。測定した温度の上昇から，発生した熱量を算出し，それをもとに熱化学方程式を書いてみる。あらかじめ資料で調べた熱化学方程式と比べると，実験から求めた熱量は，理論値よりも小さい。これは，各操作において，熱の損失があったためと考えられる。　(4)　①目的，内容，方法を十分に理解させる，②使用する薬品や計測器具の適正な取り扱いについて理解させる，③薬品類は必要以上に用いない，④整理・整頓し，不要なものは置かない，⑤分からないことがあれは指導者に質問する，などを徹底しておく。

〈解説〉1　5時間程度の学習計画を作成するので，おおまかな時間配分の計画があった方がよい。　2　化学への興味・関心を高め，日常生活とのつながりの中で化学への理解を深める。そのため，意欲の持てる教材の選定と，具体的な活動に関する留意点などをあげる。本問では，取り組み易く理解しやすい実験を選び，物質名だけでなく器具名や具体的な実験操作をまじえて記述する。解答例の実験は，操作が簡単であるが，測定した反応熱と理論値との誤差が生じる。3回の測定値の誤差について，また，理論値との相違について考察するきっかけとなる。(4)については，まずは安全に留意し，興味と関心をもって意欲的・主体的に取り組み，結果について理論的に十分に考察し理解できることを念頭に置く。高等学校学習指導要領解説に『事故防止，薬品などの管理及び廃棄物の処理』があるので，必ず目を通しておきたい。

【高校生物】

【１】(解答例) (1)　方法…①　ファージは，タンパク質(外殻)とDNAからなる。タンパク質には放射性硫黄^{35}Sで，DNAには放射性リン^{32}Pで，それぞれ標識をつけたT$_2$ファージを，培養液中で大腸菌に感染させる。②　3〜5分後，培養液をミキサーで攪拌し，大腸菌表面からT$_2$ファー

ジの外殻をはがす。　③　この培養液を遠心分離し，大腸菌のみを
沈殿させる。

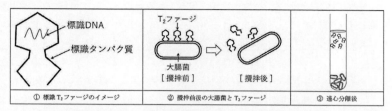

| ① 標識T₂ファージのイメージ | ② 撹拌前後の大腸菌とT₂ファージ | ③ 遠心分離後 |

(2)　結果…遠心分離した培養液において，沈殿物と上澄み液のそれぞ
れの放射能を調べたところ，大腸菌からなる沈殿物からは，^{32}Pは検出
されたが，^{35}Sは検出されなかった。また，上澄みからは，^{32}Pと^{35}Sの両
方が検出された。

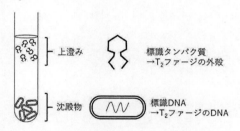

(3)　結論…親T₂ファージが大腸菌へ注入したのは，タンパク質ではな
くDNAだけである。すなわち，子ファージを作る能力のある物質は
DNAであり，これが遺伝子の本体である。子ファージのタンパク質は，
親ファージから受け継いだものではなく，大腸菌のタンパク質を材料
に作ったものである。

〈解説〉ファージは，細菌に感染するウイルスであり，T₂ファージはタン
　　　パク質とDNAだけという簡単な構造をしている。タンパク質の構成元
　　　素は炭素(C)，水素(H)，酸素(O)，窒素(N)，硫黄(S)である一方，DNA
　　　の構成元素は，C，H，O，N，リン(P)でありSを含まない。これに注
　　　目することで，タンパク質とDNAを区別することができる。なお，2
　　　つの元素は放射線同位体の形(^{32}P，^{35}S)を標識としている。実際は，2つ
　　　の元素に関する実験は同時ではなく，別々に行われている。

●書籍内容の訂正等について

　弊社では教員採用試験対策シリーズ（参考書，過去問，全国まるごと過去問題集），公務員試験対策シリーズ，公立幼稚園・保育士試験対策シリーズ，会社別就職試験対策シリーズについて，正誤表をホームページ（https://www.kyodo-s.jp）に掲載いたします。内容に訂正等，疑問点がございましたら，まずホームページをご確認ください。もし，正誤表に掲載されていない訂正等，疑問点がございましたら，下記項目をご記入の上，以下の送付先までお送りいただくようお願いいたします。

① **書籍名，都道府県（学校）名，年度**
（例：教員採用試験過去問シリーズ　小学校教諭 過去問　2025年度版）
② **ページ数**（書籍に記載されているページ数をご記入ください。）
③ **訂正等，疑問点**（内容は具体的にご記入ください。）
（例：問題文では"ア〜オの中から選べ"とあるが，選択肢はエまでしかない）

〔ご注意〕

○ 電話での質問や相談等につきましては，受付けておりません。ご注意ください。

○ 正誤表の更新は適宜行います。

○ いただいた疑問点につきましては，当社編集制作部で検討の上，正誤表への反映を決定させていただきます（個別回答は，原則行いませんのであしからずご了承ください）。

●情報提供のお願い

　協同教育研究会では，これから教員採用試験を受験される方々に，より正確な問題を，より多くご提供できるよう情報の収集を行っております。つきましては，教員採用試験に関する次の項目の情報を，以下の送付先までお送りいただけますと幸いでございます。お送りいただきました方には謝礼を差し上げます。

（情報量があまりに少ない場合は，謝礼をご用意できかねる場合があります）。

◆あなたの受験された面接試験，論作文試験の実施方法や質問内容

◆教員採用試験の受験体験記

送付先	○電子メール：edit@kyodo-s.jp ○FAX：03-3233-1233（協同出版株式会社　編集制作部 行） ○郵送：〒101-0054　東京都千代田区神田錦町2-5 　　　　　　　協同出版株式会社　編集制作部 行 ○HP：https://kyodo-s.jp/provision（右記のQRコードからもアクセスできます）

　※謝礼をお送りする関係から，いずれの方法でお送りいただく際にも，「お名前」「ご住所」は，必ず明記いただきますよう，よろしくお願い申し上げます。

教員採用試験「過去問」シリーズ

熊本県・熊本市の
理科 過去問

編　集	Ⓒ 協同教育研究会
発　行	令和6年4月10日
発行者	小貫　輝雄
発行所	協同出版株式会社
	〒101-0054　東京都千代田区神田錦町2‐5
	電話　03−3295−1341
	振替　東京00190−4−94061
印刷所	協同出版・POD工場

落丁・乱丁はお取り替えいたします。